安全科学与工程数据统计分析及SAS应用

石晶　主编

中国商务出版社
CHINA COMMERCE AND TRADE PRESS

图书在版编目（CIP）数据

安全科学与工程数据统计分析及SAS应用 / 石晶主编
. — 北京：中国商务出版社，2022.8
　　ISBN 978-7-5103-3570-9

　　Ⅰ.①安… Ⅱ.①石… Ⅲ.①统计分析 — 应用软件 —
应用 — 劳动卫生 — 卫生工程 Ⅳ.①C819②X96

　　中国版本图书馆CIP数据核字(2020)第206187号

安全科学与工程数据统计分析及SAS应用

ANQUAN KEXUE YU GONGCHENG SHUJU TONGJI FENXI JI SAS YINGYONG

石晶　主编

出版发行：中国商务出版社
地　　址：北京市东城区安定门外大街东后巷 28 号　　邮　编：100710
网　　址：http://www.cctpress.com
责任编辑：汪沁
电　　话：010-64212247（总编室）　010-64515163（事业部）
　　　　　010-64208388（发行部）　010-64515150（直　销）
印　　刷：宝蕾元仁浩（天津）印刷有限公司
开　　本：710 毫米 × 1000 毫米　1/16
印　　张：21
版　　次：2022 年 8 月第 1 版　　　印　次：2022 年 8 月第 1 次印刷
字　　数：300 千字　　　　　　　　定　价：89.00 元

前 言

SAS（Statistical Analysis System）软件因其强大的统计分析功能被誉为统计分析的标准软件，该软件于1966年由美国北卡罗来纳州立大学开发，在国际上享有较高的声誉。正因为如此，该软件在各个领域都得到了广泛的应用，其相关课程在国内外经济类和医学类院校开设的情况较为普遍，而在安全科学与工程领域教学中开设较少，且市面上关于SAS统计分析的软件多数侧重程序编写和结果展示，很少有贴近安全科学与工程相关专业的SAS软件统计分析书籍。本书主编通过十多年的教学经验积累，在研究SAS软件官方指导教程的基础上，以最贴近学生毕业后从事的安全工程、应急技术与管理、职业卫生工程等相关工作或者市场需求的案例为引导，通过案例分析的方式详细讲述了分析过程中统计方法的选择以及SAS软件的应用，强调学生的实践能力。本教材在讲义教学阶段取得了较好的教学效果，因此，编者产生了将其它出版成教材，为更多的相关学科学生和学者提供参考的想法。

《安全科学与工程数据统计分析及SAS应用》立足于安全学科与工程相关的安全工程、应急技术与管理、职业卫生工程等专业数据及调查研究案例的特点，以分析研究目的和数据类型为基础，针对每一案例的数据，说明如何选用分析方法，并解释为什么要用这种方法，以及如何通过SAS统计分析软件来实现分析过程，进而对SAS统计软件的输出结果给出详细的解释。本书从学生熟悉的安全学科相关情境、具体实例开始引入教学内容，让学生在具体案例中通过假设、分析、探究、思考等过程理解安全科学中统计的方法、原理与分析思路，通过分析探索案例数据可能揭示的事件本质，在知识的发生、发展与运用过程中，强调培养学生实际解决问题的能力。当然，SAS软件只是统计分析实现的一种工具和手段，分析思路和原理才是本书想描述的重点，读者在掌握了相关思路和原理后，完全可以选用自己喜欢的其他统计分析软件对数据进行分析。

　　本书将统计学与安全工程、职业卫生工程、应急技术与管理相关理论相结合，详细介绍了相关案例的分析技术和方法，可供相关专业本科及研究生作为教材使用。

　　本书在编写过程中得到中国劳动关系学院和诸多专家学者的大力支持。在此特别感谢中国劳动关系学院对教材出版提供的资助；感谢北京市科学技术研究院城市安全与环境科学研究所高级工程师桑亮参与本书第一、二、七章的编写与论证；感谢中国建设设计研究院教授级高工张昊参与本书第三、四、六章的编写与论证；感谢中国劳动关系学院王立坤、黄橙、钟家威、唐尧等参与本书的修订校对并提供了参考意见。本书在编写过程中也受到了许多前辈书籍的启发，具体书目和作者列于参考文献中，在此一并致以最衷心的感谢。由于作者水平有限，本书难免有不足和错漏之处，恳请各位专家学者、广大读者批评指正。

石　晶

2022 年 5 月于北京

目 录

第一章 SAS软件安装与基本统计知识 ……………………………1

　　第一节 SAS软件的准备与安装………………………… 2

　　第二节 统计知识基础……………………………… 12

　　第三节 常用的概率分布与抽样分布……………… 16

第二章 SAS软件界面操作与SAS程序语言简介 ……… 23

　　第一节 SAS界面操作………………………………… 24

　　第二节 SAS语言基础………………………………… 34

　　第三节 SAS数据步（data步）基础1——数据集的导入与创建… 42

　　第四节 SAS数据步（data步）基础2——数据集的处理与管理… 59

　　第五节 SAS过程步（proc步）基础 …………………… 75

第三章 研究设计与样本量估计 …………………………… 83

　　第一节 研究设计…………………………………… 84

　　第二节 完全随机设计与样本含量估计……………… 91

　　第三节 随机区组设计与样本含量估计……………… 96

　　第四节 相关性分析和回归分析的样本含量估计…… 98

第四章 描述性统计分析 ……………………………………103

　　第一节 定量资料的描述性统计分析…………………105

　　第二节 分类资料的描述性统计分析…………………125

第五章 定量资料的差异性分析 ……………………………131

　　第一节 正态分布资料的差异性分析…………………132

　　第二节 非正态分布资料的差异性分析………………152

　　第三节 配对资料的差异性分析………………………166

第四节　随机区组资料的差异性分析 …………………………………… 173

第五节　多重检验 …………………………………………………………… 179

第六章　分类资料的差异性分析 ………………………………………… 187

第一节　列联表与卡方检验 ………………………………………………… 188

第二节　四格表资料的差异性分析 ………………………………………… 192

第三节　R×2 表资料的差异性分析 ……………………………………… 196

第四节　2×C 表无序资料的差异性分析 ………………………………… 200

第五节　2×C 表有序资料的差异性分析 ………………………………… 202

第六节　多层分类资料的差异性分析 ……………………………………… 205

第七节　配对分类资料的差异性分析 ……………………………………… 210

第七章　相关分析 ………………………………………………………… 215

第一节　相关分析 …………………………………………………………… 216

第二节　线性相关分析 ……………………………………………………… 221

第三节　分类资料的相关分析 ……………………………………………… 229

第四节　多分类指标的相关分析 …………………………………………… 232

第八章　回归分析 ………………………………………………………… 239

第一节　回归分析简介 ……………………………………………………… 240

第二节　一元线性回归 ……………………………………………………… 253

第三节　多元线性回归 ……………………………………………………… 260

第四节　Logistic 回归 ……………………………………………………… 268

第九章　其他常用统计分析方法 ………………………………………… 285

第一节　主成分分析 ………………………………………………………… 286

第二节　聚类分析 …………………………………………………………… 294

第三节　生存分析 …………………………………………………………… 310

参考文献 …………………………………………………………………… 329

第一章　SAS 软件安装与基本统计知识

教学目的

1. 能够正确安装 SAS 软件。
2. 掌握统计的基础知识。
3. 掌握常用的概率分布与抽样分布。

教学要求

1. 安装 SAS 软件。
2. 能够正确解释和辨析变量、方差、小概率事件等基本统计概念。
3. 能够熟练解释常用的概率分布与抽样分布的特点、相互关系等。

第一节　SAS 软件的准备与安装

　　SAS 全称是 Statistical Analysis System，在数据处理和统计分析领域，SAS 一直被誉为国际上的标准软件系统。其领先的技术和全面的功能，使他成为全球数据分析的首选软件。目前全球 500 强企业中，90% 以上的公司使用 SAS 软件解决方案。SAS 是一个综合软件系统，包含了众多的功能模块，可分别完成不同的任务。最常用的有 SAS/BASE（基础模块）、SAS/STAT（统计模块）、SAS/GRAPH（绘图）、SAS/QC（质量控制）、SAS/OR（运筹规划）、SAS/ETS（计量经济和时间序列）、SAS/GIS（地理信息系统）等。安全科学数据统计中用到的主要是 SAS/BASE 和 SAS/STAT，本书中所涉及的 SAS 命令均属于这两个模块。

　　目前对 SAS 软件存在一种误解，一提到 SAS 就想到编程，好像遥不可及。事实上，SAS 的编程跟其他软件的编程不同。SAS 中的命令大多有固定的格式和选项，只要记住常用的命令和选项，就可以轻松实现各种统计分析方法的编程。SAS是统计分析的辅助工具，只要统计方法选择正确，分析思路明确，仅利用SAS完成数据的分析并不难。

　　SAS是全球最大的私营软件之一，由美国北卡罗来纳州立大学于1966年开发而成。目前，SAS软件已经开发至9.4版本，他由数十个专用模块构成，功能包括数据访问、数据储存及管理、应用开发、图形处理、数据分析、报告编制、运筹学方法、计量经济学与预测等。SAS系统主要完成以数据为中心的四大任务：数据访问、数据管理、数据呈现、数据分析。SAS目前已被广泛应用于政府行政管理、科研、教育、生产和金融等不同领域，并且发挥着愈发重要的作用，其全球直接用户已经超过300万人。

　　SAS不是免费的统计软件，用户可选择购买需要的模块，与Base SAS一起构成一个用户化的SAS系统。在SAS的诸多专用模块中，Base SAS模块是SAS系统的核心，其他各模块均在Base SAS提供的环境中运行，SAS/STAT软件为众多的SAS分析产品提供统计分析基础，提供了一套综合全面的工具，可以满足整个组织的数据分析需求。所以就数据统计分析而言，SAS/STAT是必不可少的，安装后足以进行方差分析、多元回归、聚类分析等常见统计分析。其他模块用户可以根据自己的需求选择安装。

　　SAS软件的安装过程并不复杂，一般需要以下几个过程。

1.开始安装

　　找到光盘或U盘中的SAS软件，右键点击setup，以"管理员身份运行"安装程序，见图1.1。

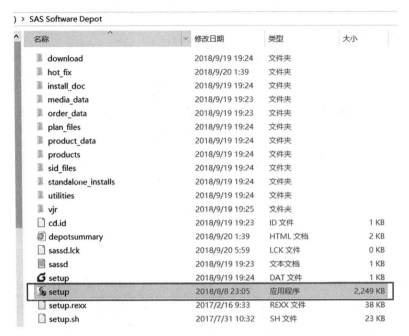

图1.1 SAS软件安装文件

2.选择安装语言和任务

图1.2 选择安装语言界面

选择安装语言后，点击确定，然后点击"下一步"开始安装，见图1.2、图1.3。

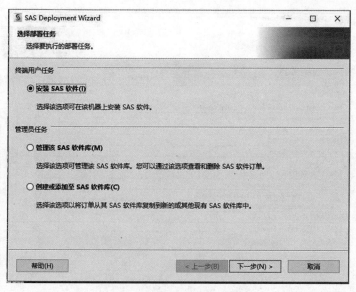

图1.3　选择安装任务界面

3.选择安装位置和安装产品

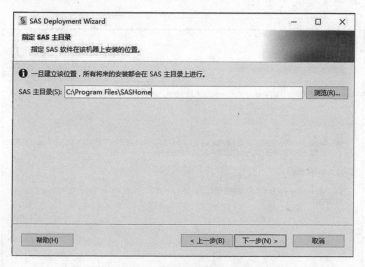

图1.4　选择安装位置界面

　　选择SAS Deployment的安装产品模块，一般按默认即可，见图1.4、图1.5。

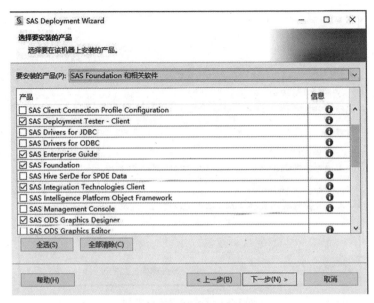

图 1.5　选择安装产品界面

4.选择安装模式（图 1.6）

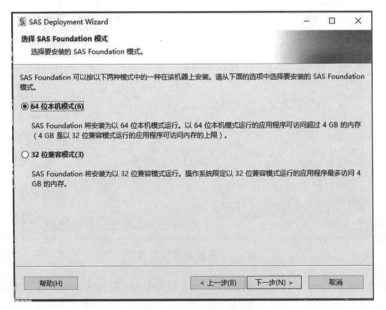

图 1.6　选择安装模式界面

5.选择需要安装的Foundation产品模块（图1.7）

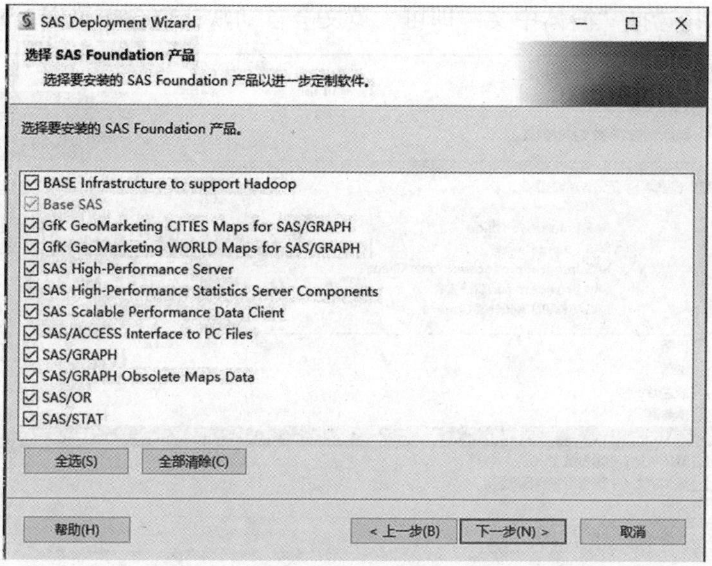

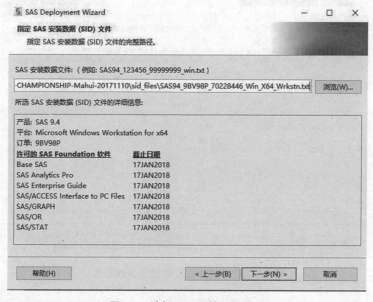

图1.7　选择安装Foundation产品界面

6.指定购买的SID许可的文件位置

注意所使用的SID是否在使用截止日期之前，否则无法完成安装，见图1.8。

图1.8　选择SID文件位置界面

7.选择使用中需要支持的语言

通常只选择"简体中文"即可，英文会自动默认包含，见图1.9。

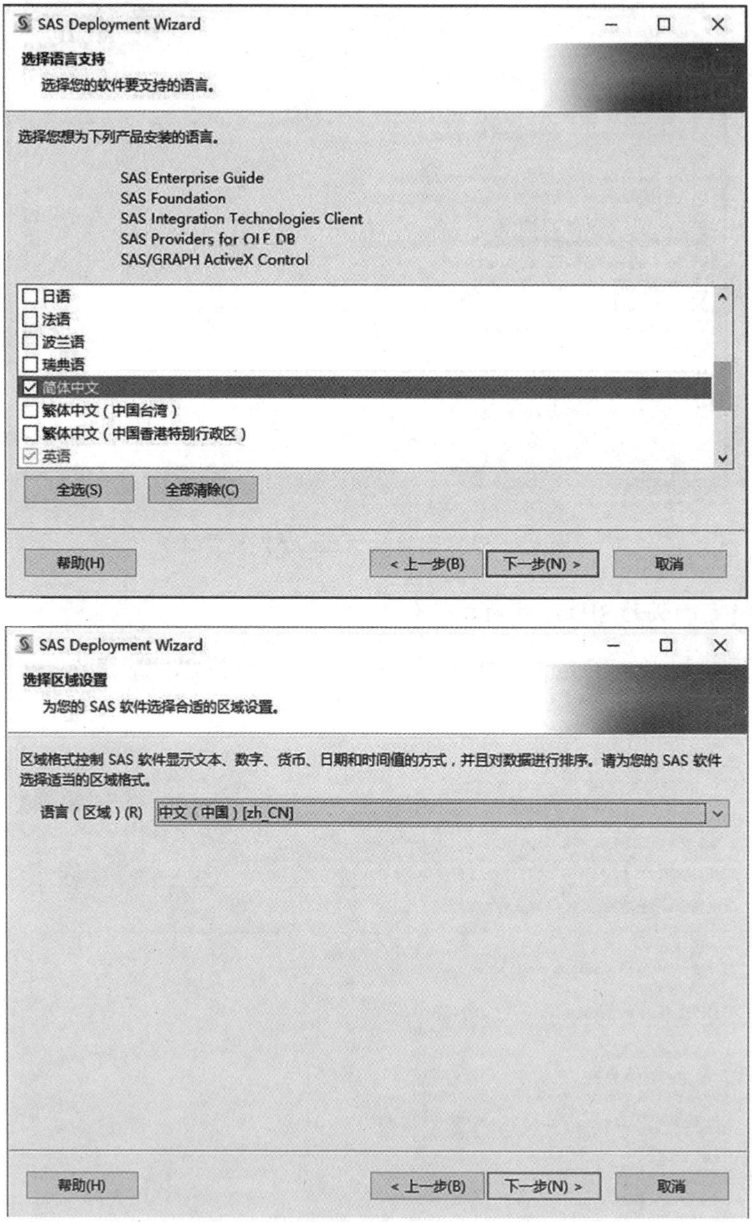

图1.9　选择软件语言和使用区域界面

8.选择打开SAS文件时默认的产品类型

一般个人用户选择SAS Foundation即可。点击"下一步"后SAS软件就会开始安装。会出现图1.10~图1.13的界面。安装的"第1阶段"完成后，可能会被要求重启计算机。请选择"重启"。重启完成后，SAS通常会自动跳出安装程序，并往下继续安装；如果没有自动跳出安装程序，请手动再次运行"setup"，从头开始重复一次即可。

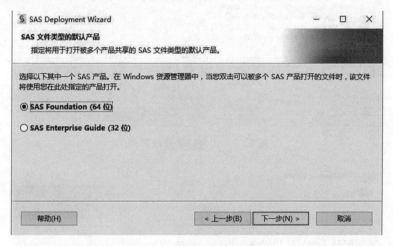

图1.10 选择默认产品界面

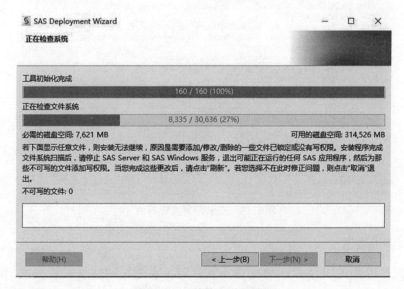

图1.11 系统检查过程界面

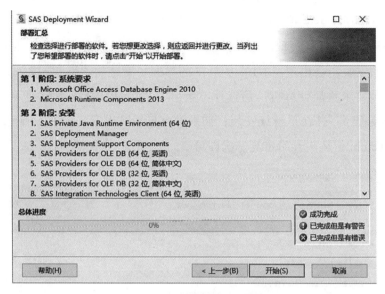

图1.12　安装部署开始界面

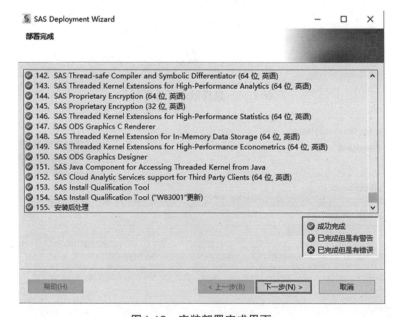

图1.13　安装部署完成界面

9.等待安装完成

根据电脑的内存和CUP配置不同，SAS软件安装过程安装完成的时间会有所不同，一般需要15分钟左右，配置低的机器需要1个小时甚至更久一些，如图1.14完成安装。

图1.14　安装完成界面

10.安装后的验证

安装完成后，在开始菜单可以找到安装好的SAS软件，点击运行SAS软件即可，见图1.15。

图1.15　安装后电脑的开始菜单界面

打开程序"SAS9.4（中文（简体））"，在语法编辑器中输入（不区分大小写）：

proc setinit;

run;

点击"运行"。如果出现图1.16上方列出的安装模块和过期日期，则表明安装成功。

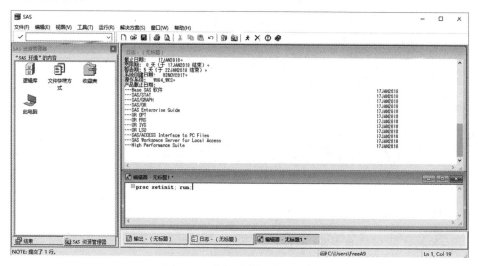

图1.16　安装后验证过程界面

第二节　统计知识基础

一、总体和样本

总体和样本是相对的。总体是根据研究目的确定的个体的全体集合，样本则是从总体中抽取的部分个体的集合。总体根据研究目的不同而不同，比如要了解某学校学生的身高，则该校所有学生的身高就是总体。如果采用随机抽样的方法从该校抽取部分学生测量身高，然后利用统计学方法估计该校所有学生的身高，则被抽取的学生身高就是样本。再如，要比较两种噪声控制方法的控制效果，则所有使用这两种噪声控制方法的控制效果就是总体，但使用这两种噪声控制方法的企业可能很多，并且地理位置分布范围极广，其资料很难全部获得，只能选择一部分使用这两种噪声控制方法的企业，观察记录其控制效果，以此推断两种噪声控制方法的控制效果是否不同，所选择企业的噪声控制效果就是样本。样本通常被用来估计整体。在一次研究中，对所有研究对象进行研究往往在人、财、时间消耗上都不现实，因此，统计分析中常使用随机抽样的方法，用随机抽出的样本测量值来估计整体实际值。这一过程在统计分析中称为参数估计。

样本指每一次抽样的全部资料，不要与样本量弄混，样本量是每一个样本里抽样的数量。每一个样本又叫做个体（individual）。

二、参数和统计量

参数和统计量也是相对的。参数是描述总体特征的指标，统计量则是描述样本特征的指标。统计分析的一个重要目的就是通过样本统计量估计总体参数。

三、变量

变量（variable）是对研究个体进行观察或测量的某种特征。如对身高进行测量，身高就是变量；观察某防尘口罩的效果，效果就是变量。变量的观察值构成资料（data），也就是我们接触到的具体数据。

四、变量的分类

变量可分为两大类：一是定量资料（quantitative data），又分为离散型资料和连续型资料。连续型资料可以取任意数值，可以有小数点，如身高、体重、经济损失、风量风速等。离散型资料只能取整数，不能有小数点，如发病人数、事故起数、死亡人数等。连续型随机变量可以取在一定范围内的任何一个值，即有无限多个值，其概率分布只能用函数表示，没有办法通过列表方式获得；离散型变量可以取有限个数值（如抽小球），也可以取无限个数值，概率分布可以用列表表示，也可以用函数表示。二是定性资料（qualitative data），即分类资料（categorical data），又分为无序分类资料和有序分类资料。无序分类资料指各分类之间无等级或程度的变化，如籍贯分为北京、上海、吉林、安徽等，他们的关系是平等的，无高低、大小、等级之分。有序分类资料也称等级资料（ordinal data），指各分类之间有等级或程度的差异，如生产安全事故后果分为一般、较大、重大、特大四类，各类之间有等级差别。还有一类特殊的分类资料称为二分类资料，如性别的男和女，硬币的正面和反面，事故发生或者不发生，人员死亡或者未死亡等，这些资料可能的观察结果只有两个，通常取值为0和1。

我们关心数据类型是因为数据类型会影响所选择的数据统计方法，进而影响通过抽样估计而得到的整体结果的科学性与可靠性。

五、第一类错误和第二类错误

统计学结论往往是建立在样本数据基础上的，由于样本是随机抽取的，因此不可避免地会存在抽样误差，使结论存在一定的错误风险。常见的错误有两类：第一类错误是假阳性错误，即把"无统计学意义"错误地判断为"有统计学意义"。第二类错误是假阴性错误，即把"有统计学意义"错误地判断为"无统计学意义"。在样本量一定的条件下，第一类错误风险越大，则第二类错误风险越小，反之亦然，见表1.1。

表1.1　第一类错误与第二类错误

		根据研究结果的判断	
		拒绝 H_0（实际上拒绝零假设）	接受 H_0（实际上不拒绝零假设）
真实情况	H_0 是真实的（理论上不拒绝零假设）	错误判断（阳性判断错误、伪阳性、type-1 error）	正确判断
	H_0 是不真实的（理论上拒绝零假设）	正确判断	错误判断（阴性判断错误、伪阴性、type-2 error）

一般情况下，我们希望把第一类错误即"弃真"率或者"假阳"率控制在一个很小的范围，通常这个范围为α=0.05（详见小概率事件）我们也将α称为检验水准。此时，如果我们拒绝原假设 H_0，则我们就有95%（即1-α）的把握断定原假设不为真，而95%就是置信水平（confidence level）。

统计学中普遍以0.05作为假设检验的检验水准，但这不代表所有研究的检验水准一定要设置在0.05。检验水准是研究者自己根据已有的研究资料去选择设定的一个值，当如有以往学者的研究结果等证据表明检验水准应该比0.05更严格时，如选用的0.01或者更宽松选用的0.1，在统计分析中应该对其进行科学合理的调整。

近年来，关于统计数据中普遍使用0.05作为假设检验水准也存在诸多争议。有专家分析大量的研究数据后发现，假设检验水准越高，统计分析出现同样显著结果的可重复性就越低，当检验水准选择为0.05时，结果重复率不到30%，而那些选择0.01作为检验水准的研究，其结果重复率可以达到60%以上。也有专家认为虽然降低检验水准可以使研究结果更加接近真实情况，但同时会提高很多研究的人力物力成本太大，研究的性价比降低。所以，虽然目前国际上仍然普遍采用0.05作为检验水准，但研究者在研究过程中要根据不同的情况去选择。

六、小概率事件与小概率反证法

"小概率事件在一次抽样中不发生"是统计学中参数估计和假设检验的基础。统计学不是哲学，"小概率事件在一次抽样中不发生"这句话在哲学范畴内不成立，但统计学认为，一般情况下，小概率事件在一次抽样中不会发生。但是，如果做了多次抽样或者试验，小概率事件仍然可能发生，而它发生的次数由置信度决定，比如置信度为5%，则意味着做100次试验或者抽样，小概率事件发生的大概次数为5次。那所谓的小概率事件的概率是多少呢？统计学反复抽样后告诉我们，这个小概率通常选择5%，即$\alpha=0.05$。当然小概率事件的概率也可以通过科研数据支持选用其他概率，常见的包括0.1%、1%、10%等。小概率事件在统计学的假设检验中意义重大。如果在一次抽样试验中，小概率事件发生了，基于小概率事件在一次抽样中不发生这个假设，说明这次抽样不应该在我们既定假设的总体中出现，进而说明原来的假设不成立，比如抽样属于假设的总体或者两组数据间没有统计学差异，这就是小概率反证法。

七、方差齐性问题

研究两样本是否有明显差异实际上是想研究两样本代表的总体是否有明显差异，总体差异来源于组间差异和组内差异两方面，组间差异来源于分组本身，比如男女。组内差异是随机的，所以理论上来源于同一本的两个样本的组内差异没什么区别，即方差齐性。

✎ 课后练习：

1. 第一类错误与第二类错误有什么区别和联系？

2. 变量是如何分类的？

3. 小概率事件的小概率值如何选择？

第三节　常用的概率分布与抽样分布

一、参数和非参数检验

研究者通常以采样的方式调查总体参数，即样本代表总体。但样本能否代表总体需要经过统计检验证明，这就是假设检验过程。通常，假设检验包括参数检验和非参数检验两种。参数检验是针对参数做的假设，非参数检验是针对总体分布情况做的假设，这是区分参数检验和非参数检验的一个重要特征。二者的根本区别在于参数检验要利用总体的信息——总体分布、总体的一些参数特征，如方差，以总体分布和样本信息推断总体参数；非参数检验不需要利用上述总体的信息，仅以样本信息推断总体分布。参数检验只能用于等距数据和比例数据，非参数检验则主要用于记数数据，虽也可用于等距和比例数据，但精确性会降低。非参数检验往往不假定总体的分布类型，直接对总体的分布的某种假设，例如对称性、分位数大小等做统计检验。最常见的非参数检验统计量有 3 类：计数统计量、秩统计量和符号秩统计量。一般来说，正态分布用参数检验，非正态分布可以考虑用非参数检验。

参数检验是在总体分布形式已知的情况下，对总体分布的参数，如均值、方差等进行推断的方法。但是，在数据分析过程中，由于种种原因，人们往往无法对总体分布形态作简单假定，此时参数检验的方法就不再适用了。非参数检验是一类在总体方差未知或知道甚少的情况下，利用样本数据对总体分布形态等进行推断的方法。由于非参数检验方法在推断过程中不涉及有关总体分布的参数，因而得名为"非参数"检验。

参数检验。先用测得的样本数据计算检验统计量，若计算的统计量值落入约定显著性水平α时的拒绝区域内，说明被检参数在所约定的检验水准或显著性水平α下统计上有显著性差异；反之，若计算的统计量值落入约定显著性水平α时的接受区域内，说明被检参数之间在统计上没有显著性差异，是同一总体的参数估计值。

二、常用的概率分布

常用的概率（总体）分布主要包括二项分布、泊松（Poisson）分布和正态（高斯）分布。其中二项分布主要用于研究离散型变量，如二分类变量结果出现的规律；Poisson分布主要用于研究离散型变量，如二分类稀有事件的频数和描述单位时间、空间等的事件发生频数的规律；正态（高斯）分布主要用于研究连续型变量。

（1）二项分布：在安全科学领域中，有一些随机事件是只具有两种互斥结果的离散型随机事件，称为二项分类变量（dichotomous variable），如隐患后果的事故发生与不发生，安全措施的有效与无效，事故中从业人员的死亡与未死亡等。二项分布（binomial distribution）就是对这类只具有两种互斥结果的离散型随机事件的规律性进行描述的一种概率分布。二项分布是由伯努利提出的概念，指的是重复n次独立的伯努利试验，在每次试验中只有两种可能的结果，而且两种结果互相对立，并且相互独立，与其他各次试验结果无关，事件发生与否的概率在每一次独立试验中都保持不变，这一系列试验总称为n重伯努利实验。随机变量X服从参数为n和π的二项分布，常记为X~B（n，π）。其中，X为出现某一结果的次数，π是事件的概率；X的均数μ=nπ，方差=nπ（1−π）。

在二项分布中，π 越接近 0.5，图形越对称，π 小则图形左偏，π 大则图形右偏，但无论 π 是多少，只要不是十分接近 0 或 1，n 越大，图形越趋近于对称轴为 nπ 的对称分布。当 n→∞ 时，特别是当 nπ 和 n(1−π) 都大于 5，且 n＞40 时，二项分布近似于正态分布。

（2）泊松分布：X~P(μ)，其中 X 为出现某一结果的次数，μ 为均数。例如，已知每 10 个球里有 4 个黑球（0.4），现有 100 个球，随机抽 10 个，求抽到黑球 0/1/2 和 ≥3 个黑球的概率。X~P(μ=0.4)，也可以用来描述某随机事件 A 在单位时间（或空间）内发生次数为 X 的概率分布。Poisson 分布是 p 很小，样本含量 n 趋向于无穷大时，二项分布的极限形式。反之，n 很大时，二项分布趋向于泊松分布，所以二项分布的概率常用泊松分布的概率来近似。当 μ 越来越大时，泊松分布接近正态分布，当 μ=20 时，二项分布接近正态分布，当 μ=50 时，可以认为 Poisson 分布呈正态分布 N(μ，μ)，按正态分布处理。

（3）正态分布：X~N(μ，σ^2)，又称高斯分布，其中 X 为连续型变量取值，μ 为均数，σ^2 为方差。正态分布的特征包括：① 概率密度函数均数处最高；② 均数为对称中心；③ 正态分布的均数与中位数为同一数值；④ 决定正态曲线的有两个参数：位置参数（总体均数）和形状参数（总体标准差），在同一组 X 的情况下，标准差小曲线比较瘦，标准差大曲线比较胖，标准差相同的两组正态分布表现为一样高矮胖瘦，总体 μ 和 σ 一旦确定，曲线就唯一确定了。正态分布的特殊形式是标准正态分布 N(0，1)，可通过对任意正态分布进行 Z=(X−μ)/σ 变换得到。

三、常用抽样分布

常用的抽样分布包括 t 分布、卡方分布和 F 分布。受教材篇幅限制，这里不再详细介绍三种分布的具体数理统计知识。在本教材涉及的统计分析过程中，三种分布可以简单的理解为：t 分布是来自正态分布总体的抽样均值的分布；卡方分布为（标准正态分布变量）^{2} 的分布；F 分布可以认为是（卡方分布变量/卡方分布变量）得到的。上述三种分布是三种没有未知参数，只有自由度的概率分布。

（1）t分布：是把来自正态分布总体的抽样样本均数标准化所形成的新函数；

（2）卡方分布：如果Z服从标准正态分布，则其平方服从自由度为1的卡方分布。在统计学中，自由度指在计算某一统计量时，取值不受限制的变量个数。通常自由度=n−k。其中n为样本含量，k为被限制的条件数或变量个数，或计算某一统计量时用到的其他独立统计量的个数。

（3）F分布：如果两个随机变量（X_1，X_2，自由度分别为v_1，v_2）都服从卡方分布，则（X_1/v_1）/（X_2/v_2）服从自由度为（v_1，v_2）的F分布；当两个样本（样本量分别为n_1、n_2）是从两个方差相等的正态分布总体中抽出来的时，两样本的方差之商s_1^2/s_2^2服从自由度为（n_1-1，n_2-1）的F分布。

四、P 值与显著性

显著性一词来源于英文的"sigtificant"，听起来像是代表差异程度比较大。但实际上significant的含义为"这样的结果很可能并不是偶然原因造成的，而是样本所代表的总体之间的差异造成的"。可以将统计分析结果中的P值理解为目前所做出的结论有多大的犯错误风险。P值越小，所得结论错误的风险越小，即结论越可靠；P值越大，错误的风险越大，即结论的可靠性越差。当统计分析结果显示P ≤ 0.05时，结论可以表述成"差异有统计学意义"，而不应该直接写成"有显著差异"。通过统计分析得出的结论并不等于事实，它只是反映了从样本数据统计分析得到当前结果可能不是偶然的。另外需要注意的是，P值大小与数据之间实际差异程度没有任何联系，它只能代表结果的可靠程度。比如，统计结果P=0.03和P=0.04，并不代表P=0.03的统计数据之间的差异比P=0.04的差异大，只代表此时做出"有统计学差异"这一结论可能犯错误的概率一个是3%，另一个是4%。而且，理论上，样本含量越大，越有可能得到更小的P值。所以，增大样本量可能得到更小的P值，据此有的人便认为统计学是骗人的，得到什么样的结果是可以人为控制的。实际上并非如此，大样本的P值小，表明大样本的结果更为稳定可靠，恰恰反映了统计学的严谨性。如果不断地增加样本，而结果仍然不变，统计学就会认为这种建立在大样本基础上的结果是可靠的，而不是偶然的，就会给出一个小的P值。如果发现小样本的结果有差异，统计学就会认为基于小样本的差异不一定可靠，因此会给出一个较大的P值。

五、单侧检验与双侧检验

单侧检验和双侧检验多用于组间比较。比如要比较A、B两种安全技术措施的效果，如果预期或者以往有很多研究表明B措施效果强于A措施，则可以在进行统计分析时选择采用单侧检验。这种情形也常用于新措施与传统措施比较。预期新安全技术措施的效果不可能比旧措施差，可用单侧检验。如果对两种措施的效果并不确定，事先对A、B两组数据的以往经验了解不多，B措施可能优于A措施，也可能劣于A措施，则多采用双侧检验。单侧检验和双侧检验的选择必须根据专业知识在数据分析之前确定。

需要注意的是，对于同一数据，单侧检验比双侧检验更容易得到"有统计学意义"或者"P值更小"的结果。因此，有的研究者在不符合事实的情况下为了得到显著的结果故意使用单侧检验，这样做就等同于在统计分析过程中造假，是不可取的，统计分析结果也并不能反映实际情况。本书中的案例分析如果没有特殊说明，均为双侧检验。

六、安全工程及职业卫生工程数据统计分析应尽量避免的几个误区

1.统计学方法盲目套用

很多读者在分析安全科学数据用到统计学方法时，不考虑安全及职业卫生数据的特点，甚至不参考相关书籍，而是从网上搜一篇文章，完全依照文章的方法和步骤进行分析，不管自己的数据使用这种分析方法是否正确。而目前国内外期刊杂志不少文章都存在统计方法误用滥用的现象，造成统计分析和研究结果存在较大的误差，甚至根本是错误的。

2.方法一味追求复杂、新颖

不少读者存在这样的错误认知，认为使用的统计分析方法看起来越难懂、越复杂、越新颖，就越能体现出研究的水平，更容易被期刊评审专家所接受，其实不然。统计方法并没有绝对意义上的优劣之分，只有是否适用于研究数据。对于数据分析，在利用简单的方法就能够实现分析目的时，应尽

量采用简单方法，因为简单方法适用范围广，不易出错，甚至可以简化复杂数据的分析。一味追求复杂、新颖，不考虑方法是否适用于研究数据，就背离了研究的目的，研究结果的可信度和实际意义更无从谈起。

3.研究目的大而全

很多安全科学领域的调查研究者受研究项目来源、资金、时间等很多研究条件的限制，往往希望把握每一次研究调查的机会，在一次研究中尽可能多地收集数据、收集信息，以便实现更多的研究目的。但这样做的代价是对研究目标的把握变差，研究目的大而全往往导致在研究过程中顾此失彼，结果反而是哪个目标都没研究好。

课后练习：

1.简述什么是 t 分布。

2.什么是正态分布，他与卡方分布有什么关系？

第二章　SAS 软件界面操作与 SAS 程序语言简介

教学目的

1. 掌握SAS软件的界面操作。

2. 掌握SAS基础语言。

3. 掌握SAS数据步与过程步的常用语句。

教学要求

1. 熟练使用SAS操作界面。

2. 理解SAS数据集、逻辑库等的内在关系，熟练使用SAS基本语句与表达式。

3. 熟练使用数据步常用语句。

4. 熟悉使用过程步常用语句。

第一节　SAS 界面操作

一、SAS 软件主界面窗口

SAS操作系统界面如图2.1所示。SAS操作系统界面的顶端左上角为SAS图标，图标下第一行为菜单栏。菜单栏与常见的Microsoft Office软件系统相似，包括文件（file）、编辑（edit）、查看（view）、工具（tools）、运行（run）、解决方案（solutions）、窗口（window）、帮助（help）等菜单。各菜单下主要内容如表2.1：

图2.1　SAS软件操作界面

表2.1　SAS软件系统界面菜单栏名称与选项

菜单名称	菜单选项
文件	打开、关闭、保存、打印、发送、数据导入、数据导出等
编辑	撤销、剪切、复制、粘贴、选定、清空、查找、替换等
查看	显示不同的窗口，如编辑窗口、图形窗口、日志窗口、结果输出窗口等
工具	图形、报表等的编辑，以及对SAS的一些简单设定
运行	对程序运行的控制，可以直接运行，也可选择部分程序运行
窗口	各个窗口的排列、大小调整等
帮助	SAS中各种模块、各种命令的帮助
解决方案	提供了各种可以调用的模块。该菜单还提供了"分析家（analyst）"，可用于下拉菜单式的分析，适用于新手上路

　　工具栏中的图标和功能与其他常用windows界面办公软件类似，其中最为常用的■图标为程序运行的标志，当程序编写好之后，点此图标便可运行。

　　"文件"主要用于文件打开、关闭、保存、打印、发送、数据导入、数据导出等，详见图2.2。

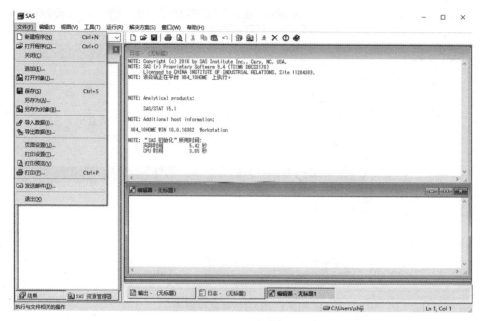

图2.2　SAS文件菜单

　　"编辑"主要有撤销、剪切、复制、粘贴、选定、清空、查找、替换等
功能，详见图2.3。

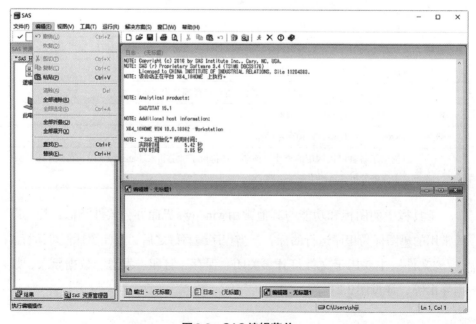

图2.3　SAS编辑菜单

"视图"主要用于显示不同的窗口，如编辑、图形、日志、结果输出等，详见图2.4。

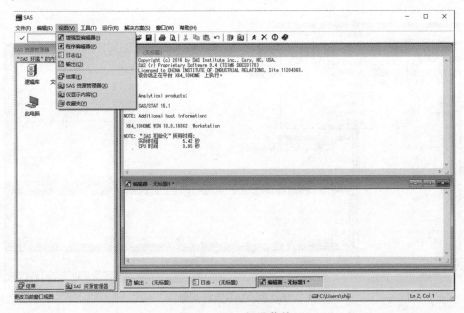

图2.4　SAS视图菜单

"工具"主要用于对图形、报表等的编辑，以及对SAS的一些简单设定，详见图2.5。

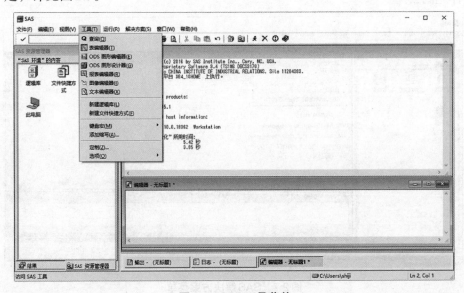

图2.5　SAS工具菜单

　　"运行"主要用于对程序运行的控制，可以直接运行，也可选择部分程序运行，详见图2.6。

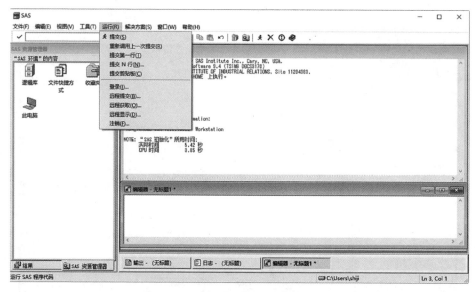

图2.6　SAS运行菜单

　　"解决方案"是SAS中最主要的菜单，提供了各种可以调用的模块。还提供了"分析家（analyst）"，可用于下拉菜单式的分析，适用于新手上路，详见图2.7。

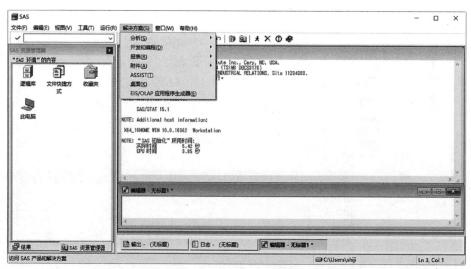

图2.7　SAS解决方案菜单

"窗口"主要用于各个窗口的排列、大小调整等，详见图2.8。

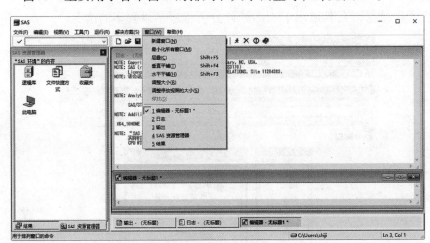

图2.8　SAS窗口菜单

"帮助"主要提供了SAS中各种模块、各种命令的帮助，可以随时查看，详见图2.9。

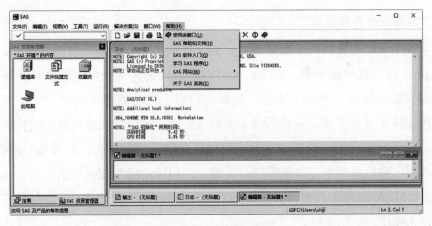

图2.9　SAS帮助菜单

二、SAS 软件常用窗口

1.资源管理器与结果列表窗口

左边的SAS资源管理器（explorer）与windows系统的计算机类似，可以通过双击图标调出需要的窗口和文件夹等资源，见图2.10。点击最下端的选项卡，还可以调出结果列表窗口，在 SAS 程序运行后可以从此树状图快速调出程序结果，尤其适用于 SAS 统计分析程序结果较多的情况。

图2.10　SAS 资源管理器与编辑器的菜单

2.程序编辑器窗口

程序编辑器窗口用于程序编写。SAS 提供了一般型和增强型（enhanced editor）两种程序编辑器，SAS 启动后一般直接进入增强型编辑窗口。这两种编辑器的区别主要在于增强型编辑窗口对不同的程序语句赋予了不同的颜色，便于发现错误，这是 SAS 8 版本以后增加的增强型编辑窗口的特有功能。程序会根据输入的正确语句或数据自动赋予四种颜色，即深蓝、浅蓝、黄底黑字和白底黑字。如果程序书写错误，相应的颜色就会发生变化。比如 PROC MEANS 为深蓝色，如果将 PROC 改为 PROD，则 PROC 变为红色，提示输入错误，见图2.11。

图2.11　编辑器窗口程序显示内容

实际中常见的SAS程序错误有：拼写错误，如将proc拼写为prod；遗漏run语句，导致程序无法执行；漏写分号，或写成了中文状态下的分号；数据后的分号没有另起一行；使用了不存在的命令、选项；过程步中的变量名称与所处理的数据集中的变量名称不符；引号不对称等。编程完成后，可以通过点击✕提交运行，运行后如果有分析结果，则分析结果会显示在输出窗口内，如果没有分析结果，比如只是创建一个数据集，或者要求在日志窗口输出结果，则结果可以通过查询逻辑库内的数据集或者查询日志窗口看到，无论何种方式，运行的过程信息都会显示在日志窗口内。

3.日志窗口

SAS的日志窗口用于显示SAS运行过程的信息。日志窗口也会用不同的颜色对使用者进行提示，如将proc拼写为prod并提交运行时，日志窗口会有一句绿色的语句提示"假定符号proc错拼为prod"，即尽管PROC拼写错误，SAS也会自动判断使用者可能想输入的语句，自动纠正后输出结果。日志窗口一般会有四种颜色字体：黑色是对程序的重复，没有太大意义；蓝色字体主要起"提示（note）"作用，提供了SAS运行的常规信息，一般情况下我们不必理会；绿色字体起"警告（warning）"作用，一般提示的是小错误，SAS大多会自动纠正，而且继续运行；红色字体提示程序出现"错误（error）"，SAS已经无法运行下去，需要根据提示修改程序，见图2.12。

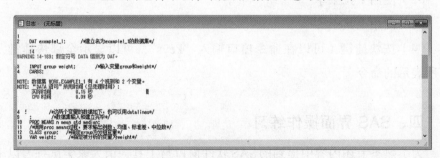

图2.12　日志窗口显示内容

每次运行结束后，应该养成首先查看日志窗口信息的习惯。因为很多时候，当使用者提交了错误的SAS程序，尤其是错误并不出现在程序命令中，而是出现在算法逻辑或其他数据中时，SAS仍然会运行并自动在结果输出窗口跳出分析结果，如果此时直接选用输出窗口的结果，就会得到错误的结论，而在查看输出窗口前首先查看日志窗口，会最大限度地避免错误发生。

4.窗口切换

编辑窗口（editor）、日志窗口（log）和输出窗口（output）是 SAS 最常用的窗口，SAS 软件在打开时默认同时开启这些窗口。这些窗口的切换（移至前台并击活）可用以下任意一种操作实现。

（1）点击窗口本身。

（2）由菜单项"窗口（W）"可切换到已打开的窗口，或由视图（View）加入新窗口。

（3）Ctrl + Tab 依次切换。

（4）用设置的快捷键。

（5）发布命令。

（6）点击窗口条中某一窗口图标。

读者可以分别尝试，找到自己喜欢的切换方式。

三、发布 SAS 命令

发布 SAS 命令有四种方式。

（1）在命令窗直接键入命令。

（2）使用下拉菜单。

（3）使用工具条。

（4）按快捷键（可以在命令窗口输入"keys"，可以显示全部快捷键及其所表示的命令）。

四、SAS 界面操作练习

为了熟悉上述内容中提到的 SAS 软件窗口与工具，请大家尝试练习以下 SAS 程序，体验 SAS 操作界面与窗口。

注意：（1）在 SAS 程序中，不区分大小写。

（2）所有字符输入格式为英文格式。

（3）程序中/*和*/之间的内容为程序说明和解释语句（注释语句），练习时可以不输入。注释语句可以出现在任何空格可以出现的地方。

（4）注意程序里面的空格及符号，输入错误可能会导致程序运行错误。

（5）SAS语句书写形式比较灵活，可以从一行的任意位置开始，几个SAS语句可以写在同一行上，一个语句也可以写成几行。但在一个语句的各项之间至少要有一个空格，一些特殊符号可以占据空格的位置，比如a=b+c与a= b + c是等价的。

例2.1

data example1_1;   /*建立名为example1_1的数据集（文件）*/

input group weight;   /*为这个文件创建变量group和weight*/

cards; /*为group和weight，这两个变量赋值如下，此处cards也可以换成DATAlines*/

1　81.0

1　60.0

2　55.0

2　80.0

;   /*数据输入完毕*/

run;   /*运行*/

proc means n mean std median data= example1_1;

/*调用proc means过程对example1_1文件数据进行分析，要求输出例数n、均值mean、标准差std、中位数median*/

class group; /*按group变量进行分组，并对每组数据进行分析*/

var weight;   /*指定被分析的变量为weight*/

run;   /*运行*/

课后练习：

1.启动SAS系统。

2.在程序编辑窗口运行例2.1中的SAS程序，查看日志（log）窗口和输出（output）结果。

3.查看有哪些快捷键。

4.导入一个SAS程序。

5.用help（帮助）系统查找means过程的句法说明。

第二节　SAS 语言基础

一、SAS 数据集

1.数据集构成

SAS数据集一般由描述信息和数据值组成，类似excel表格建立的数据文件。SAS数据集的一行称为一个观测行，一个观测行一般就是一个个体的信息。SAS数据集的一列称为一个变量，包括一组有着相同特征的值。SAS使用缺失值表示一个观测中某个变量值的缺失。

2.通过菜单查看和修改数据集

SAS通过表编辑器（Viewtable）来浏览、操作SAS数据集。可以双击直接打开数据集（默认启动表编辑器）。也可以打开工具菜单——表编辑器，再在表编辑器打开的情况下，单击逻辑库下的数据集。

数据集打开后进入表编辑器界面（表），有浏览和编辑两种模式，默认为浏览模式，即不能更改表里面的内容。可以通过单击右键，在弹出的菜单中选择Edit Mode选项，或者通过菜单编辑——编辑模式进入。

可以直接选择数据菜单——列属性或表属性查看表或者列的属性。在列标题上单击右键，可以查看和编辑整列的属性。

二、SAS 逻辑库

SAS逻辑库就像SAS系统的文件夹，用于存放SAS文件。SAS数据集（文件）是存储在SAS逻辑库中由SAS创建和处理的SAS文件，是SAS存储数据的主要方式。设定一个SAS逻辑库就是与操作系统的某个物理位置（子目录）建立一个联系，让SAS系统对该位置上的SAS文件进行管理。解除一个SAS逻辑库只是解除上述联系，并不删除该物理位置上的SAS文件。多个SAS逻辑库可与同一个物理位置相连接，一个SAS逻辑库也可与多个物理位置相连接。进入资源管理器窗口即可查看SAS文件库的属性和内容。在库名处点击鼠标右键并选属性（properties），即可显示该库的属性。

1.逻辑库名

逻辑库库名一般不超过8个字符，以字母或下划线开始，由字母、数字或下划线构成。SAS安装后有自带的一些逻辑库，比如sashelp、sasuser、work等，除work库外，其他几个库里提供了一些供练习使用的数据集文件，读者可以自行查看。为方便分析数据，用户一般都会建立自己的逻辑库，建立SAS逻辑库可以用菜单操作，但更为常见的是使用libname语句。

语句的基本格式为：libname　逻辑库名 ' 物理地址 ' ；

例2.2

libname　s1000　'd:\SAS' ; /*建立名为s1000的逻辑库，这个库对应的计算机文件是D盘SAS文件夹 */

例2.3

也可以使用多个地址指定一个逻辑库多个不同的逻辑库也可以组成一个逻辑库。

libname s1001（'d:\SAS1' 'd:\SAS2'）；

libname s1003（s1001 s1002）；

2.临时库和永久库

SAS逻辑库分为永久库和临时库两种，临时逻辑库是指他的内容只在启动SAS时存在，退出SAS时内容完全被删除。系统默认的临时逻辑库为work。永久逻辑库是指他的内容在SAS关闭之后仍旧保留，直到再次修改或删除。SAS系统中除work外的逻辑库都是永久库。

3.引用SAS文件

在对数据进行编辑或者分析时，需要先告诉系统编辑哪一个SAS数据集即引用SAS文件，引用非临时库的SAS文件时必须使用两级命名方式，即"逻辑库名.数据集名"。而引用临时库work中的文件时，可以不加库名work，直接使用文件名，效果等同于"work.数据集名"。

例2.4 引用逻辑库 Sashelp 下的数据集文件 class

proc means data= sashelp. class; /* 对 sashelp 逻辑库里面的 class 文件进行均数分析 */

run;

proc means data= example1_1;

/* 对 work 库中的 example1_1 文件进行分析 */

class group;

var weight;

run;

三、SAS 名称与命名规则

SAS 系统中有很多需要使用者自己进行命名的类型，比如：逻辑库名、数据集名、变量名等，这些名称的命名规则包括：

（1）必须以字母或下划线开头。

（2）可以包括字母、数字和下划线。

（3）名称有一定的长度限制，取决于 SAS 名称的类型，通常 SAS 名称最多为32个字符，经常使用的逻辑库名的最大长度为8个字符，而数据集、变量名的最大长度则为32个字符。

四、SAS 语句

1.基本规则

用户通过程序语句的方式与 SAS 系统进行交流，SAS 语句是一系列关键词、名称、算符以及特殊字符的组合。SAS 语句可以分为数据步语句（如 data 语句、input 语句、cards 语句、set 语句、merge 语句等）和过程步语句（如 proc 语句、var 语句、model 语句、class 语句、by 语句等），也有很多语句在数据步和过程步中都可以使用，称为全局通用语句（如 title 语句、run 语句等）。

SAS 语句一般以关键词开始（除赋值、累加、注释和空语句以外），以分号结束。语句可在行的任一列开始，一个语句可以分写为多行，多个语句可以写在同一行，但语句中各项之间至少用一个空格或特殊字符隔开。SAS

语句不区分大小写，且可以在任意位置放入空行或空格，也可以在任意列位置开始程序。建议初学者每条语句单独一行，不同程序过程中间留空行，这样可以更加方便阅读，减少书写错误。

2.注释语句

为方便阅读、理解和学习程序代码，SAS 程序支持加入注释语句，注释语句中的内容不会被运行，仅用于查看。可以在程序语句最后通过"/*注释语句*/"添加语句注释，这是较为常用的方式，注释语句可以占多行。第二种方法是单独使用一行添加注释语句，以"*"号开头，"；"结尾。

3.数据步

数据步是创建 SAS 数据集最基本的方法。数据步以 data 语句开头，用于编辑已存在的 SAS 数据集或从其他数据源创建 SAS 数据集。数据步可以使用的输入数据包括数据源、外部接入文件或 SAS 数据集，然后对这些数据进行处理，如计算、挑选。数据步可以以多种形式输出，如 SAS 数据集或报表，也可以将结果写到日志窗口或其他外部文件中。

通过数据步可以实现的主要功能如下：

（1）创建 SAS 数据集（SAS 数据文件或 SAS 数据视图）。

（2）读取外部数据文件创建 SAS 数据集。

（3）通过对现有 SAS 数据集进行取子集、合并、修改和更新创建新的 SAS 数据集。

（4）分析、操作或展示数据。

（5）创建新变量。

4.过程步

数据的统计分析过程主要靠过程步来实现，过程步还可以生成报表、画图、输出结果、展现数据信息。

五、SAS 变量

1.变量的类别

SAS 系统的数据以变量的形式存在，主要包括字符型和数值型两种变量。

（1）数值型变量

数值型变量由数字组成，默认情况下不超过8个字节。

（2）字符型变量

字符型变量为字符、数字和一些特殊字符的组合，其存储长度为1~32
767个字节，默认情况下长度不超过8个字节。SAS系统默认变量为数值型
变量，所以字符型变量在定义时需在其后加美元符号"$"以表征其为字符
型变量。

在SAS系统中可以对变量赋值，还可以对变量赋予name（变量名称）、
types（变量类型）、length（变量长度）、informat（变量输入格式，即读入变
量值的方式）、format（变量输出格式，即展现变量值的方式）、label（变量
标签，变量的描述性内容）等其他的属性，见图2.13。用户可以通过对列属
性的设置完成这些属性的赋值。

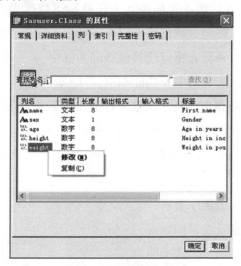

图2.13　数据集属性窗口

2.变量的值

因变量类别不同，变量的值也不同。数值型变量的值为数值，由数字、
小数点、加减号、科学计数符号（如3.3e-1）和时间符号（如'12aug21'd）
等组成。

字符型变量值一般格式为变量内容加单引号或者双引号，比如"beijing"、

'3554'、'中国'、"小明–1"等。需要注意的是，字符型变量的值可以是中文或者其他符号，而变量名等名称只能包括英文格式的字母、数字和下划线；引号内的部分是区分大小写的，比如"abc"和"ABC"是不同的。

六、表达式

SAS 支持使用表达式对变量赋值、变换、计算新数值以及控制条件语句的运行。SAS 程序对变量进行赋值的语句格式为：变量=表达式。表达式中的算符主要包括算术算符、比较算符、逻辑算符、SAS 函数、括号等。表达式里面可以出现空格。如：z=x+y 与 z= x ＋ y 等价。

1. SAS 常数

SAS 常数是 SAS 系统可以识别的一些固定值。常用的有数值常数、字符常数、日期时间数值常数等。

如：

数值型：12，–7.5，2.5e–10

字符型：'beijing'，"li ming"，"李明"

日期型：'13jul1998'd

时间型：'14:20't

日期时间型：'13jul1998:14:20:32'dt

缺失值：数值型：.；字符型：空格

数值常数就是出现在 SAS 语句里的数字，一般使用 8 个字节，数值常数可以有多种格式，包括 standard notation 标准格式、scientific（E）notation 科学计数法、hexadecimal notation 十六进制格式等，如 100,–1,1.23,1.2E50。

SAS 字符常数通常由用单引号括起来的 1~32 767 个字符组成，缺省的长度是 8 个字符，但是如果在 INPUT 语句中输入字符型变量时指定了长度则不受此限制。如果字符常数内含有引号，引用时，要么它的引号用两个连续的单引号，要么用一个双引号。如：Safe='yes''no' 与 Safe="yes'no"是等价的。

SAS 的日期与时间常数有不同的格式。一般格式带单引号，后面跟一个 d（日期）、t（时间）或 dt（日期时间）。

例2.5 引用日期时间常数

' 1jan2022 ' d;

' 02j an22 ' d;

' 6: 15 ' t;

'1jan22 : 6:15 : 25 ' dt

2. SAS算符

SAS算符是一些符号，用于作比较、算术运算或逻辑运算，主要包括算数算符、比较算符、逻辑算符等。

（1）算术算符

算数算符用来对数据或变量进行计算。常见算数算符见表2.2。

表2.2　常用算术算符

算符	含义	例子
+	加号	x=1+1；y=x+3；z=x+y+2.4e3；
-	减号	x=5-2; y=x-6; z=x-y;
*	乘	x=6*7; y=x*x;
**	乘方	y=x**3;
/	除	y=x/z;

需要注意的是，表达式中如果有一个运算对象是缺失值，其结果也是缺失值。

例2.6

```
data a;
put x=;
y= 5x+ 12/3;
put y=;
x= . ;
y=x+1;
put y= . ; /*x缺失，所以y也是缺失值*/
run;
```

（2）比较算符

比较算符用来比较数据或变量之间的关系，常见的比较算符如表2.3所示。比较算符经常出现在条件语句（如if语句）里。

表2.3　常用的比较算符

算符	SAS 程序等价表达式	含义	例子
=	eq	等于	x=y
^=	ne	不等于	x^=y
>	gt	大于	x>y
<	lg	小于	x<y
>=	ge	大于等于	x>=y
<=	le	小于等于	x<=y
in		在其中	city in （beijing shanghai nanjing）

缺失值参加比较时，它比任何有效值都小。

例2.7

if x<y then z=1;

else z=2;

（3）逻辑算符

逻辑算符通常用来连接一系列比较式，常见的逻辑算符如表2.4所示。

表2.4　逻辑算符

算符	SAS 程序等价表达式	含义
&	and	与
|	or	或
/	not	非

例2.8

（salary >= 1000）and（salary < 2000）表示工资收入在1000到2000之间（不含2000）；

（age <= 3）or（sex = '女'）表示三岁以下（含三岁）的婴儿或妇女；

not（（salary >= 1000）and（salary < 2000））表示工资收入不在1000到2000之间。

七、SAS 语句

用户通过语句与SAS系统进行交流，每一句SAS语句通过英文的"；"进行分隔。SAS语句是一系列关键词、名称、算符以及特殊字符的组合。SAS语句可以分为数据步语句（如data语句、inpu语句、cards语句、set语句、merge语句等）和过程步语句（如proc语句、var语句、modle语句、class语句、by语句等），也有很多语句在数据步和过程步中都可以使用，称为全局通用语句（如title语句、run语句等）。

课后练习：

1. SAS名称的种类和命名规则是什么？
2. 试着用解释语句解释例2.2。
3. 简述SAS数值常数、字符常数和日期常数的区别。

第三节　SAS 数据步（data 步）基础 1
——数据集的导入与创建

一、数据集的导入

SAS系统数据导入的方式包括菜单导入、过程步导入等，本节主要讲解最常使用的菜单导入数据。

SAS系统的Import/Export菜单界面可以用于导入和导出数据。SAS支持导入的外部文件数据格式很多，包括文本文件、csv、xls、wk1、wk3 等，可以由下拉菜单：文件（File）⇒ 导入数据（Import）或导出数据（Export）按提示逐步转换外部文件为SAS数据集，或将SAS数据集转换为外部文件。

对于一些由用户规定格式的文本文件，该菜单系统提供EFI（External

File Interface）外部文件界面让用户选择所导入的内容，见图2.14、图2.15、图2.16。

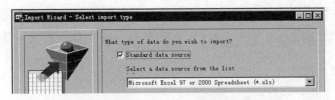

图2.14　导入数据类型选择界面

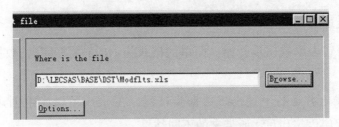

图2.15　导入数据位置界面

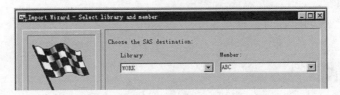

图2.16　导入数据存储库和数据集名选择界面

导入SAS数据集的步骤为：

（1）文件（File）⇒导入数据（Import DATA...）⇒在弹出的"选择导入类型（Select a data sourse from the list）"窗口中从下箭头列出的多种数据源中选一个。比如可以选"*.txt"或"*.csv"等⇒Next。

（2）在"选择文件（Where is the file）"窗口中按Browse键来浏览并打开要转换为SAS数据集的文件位置及文件名（如D:\TEMP\ff1）。

（3）在"选择库和成员（Choose the SAS desination）"窗口中指定存放SAS数据集的库（library）及文件名（member）。

（4）直接按Finish键完成，将文本文件转换为SAS数据集。

需要注意的是，目前SAS软件汉化的程度有限，一部分窗口为中文形式，另一部分窗口仍然为英文形式。另外，可能会遇到SAS软件版本支持的数据来源格式有限的情况，这和单位或者个人购买的SAS安装包有关。由于所有版本的SAS软件都支持.csv数据格式文件，所以可以考虑先将目标文件转换为.csv数据格式再行导入。比如对于不支持常用的excel数据文件类型的情况，可以将Excel文件（.xls）先另存为.csv文件，再按照上述步骤进行导入。

二、Data 语句：创建数据集

1.一般过程

data语句表示数据步开始。简单的格式为：data 数据库名.数据集名 数据集选项。

尝试输入并运行下述SAS数据步过程，在work逻辑库中创建数据集，体会不同程序语句和写法所带来的不同结果。

> 例2.9

data a; /*创建临时数据集a */

run;

> 例2.10

data data1 data2; /*创建两个临时数据集data1和data2 */

run;

> 例2.11

data; /*创建一个数据集，系统自动规定数据集名，data1，…，datan * /

run;

2.特殊数据集名

SAS系统使用几个特殊数据集名来实现不同的功能，如_last_、_null_等。

（1）_last_

_last_是SAS系统的一个自动变量，取值为最新创建的SAS数据集名。

> 例2.12

data a; /*在临时库中创建数据集a */

set _last_; /*引用最新创建的数据集，在SAS程序语言中，"last"代表

最近创建的数据集。 */

run;

（2）_null_

一般和put语句一起使用。由put输出结果，只输出到log窗口用于查看结果，不会产生SAS数据集。

例2.13　（日志窗口显示的内容见图2.17）

data _null_;

x= exp（5）;

y=log（10）;

put x= y= ;

run;

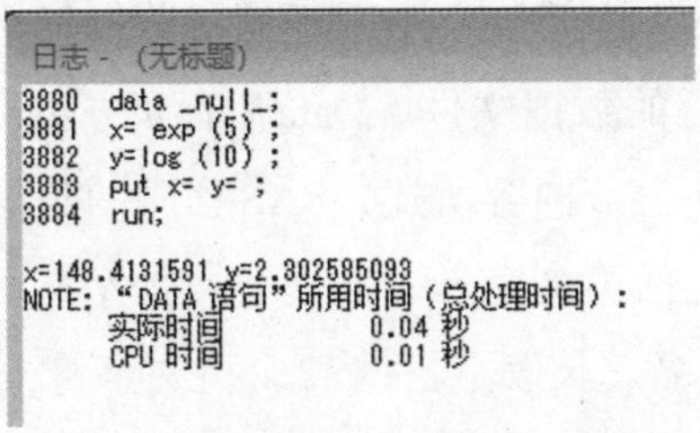

图2.17　例2.13日志窗口显示内容

三、Input 语句：输入变量

数据步导入原始数据时，要使用input、cards等语句的组合。

例2.14　（见图2.18）

data example1_1;　　/*建立名为example1_1的数据集（文件）*/

input group weight;　　/*为这个文件创建变量group和weight*/

cards;　/*为group和weight，这两个变量赋值如下，此处cards也可以换成DATAlines*/

1　　81.0

1　　60.0

2　　55.0

2　　80.0

```
;      /*数据输入完毕*/

run;   /*运行*/
```

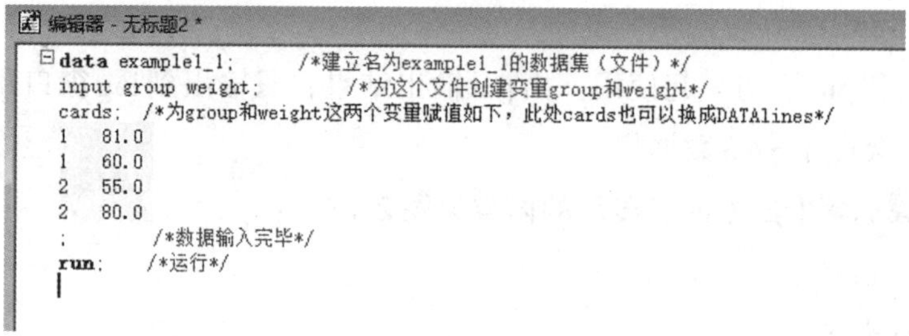

图2.18　例2.14在增强型程序编辑器窗口显示内容

例2.14中的程序虽然简单，但包含了SAS基本程序语言的数据输入部分。在SAS增强型程序编辑器窗口中，例2.14中的data和run是深蓝色的。data表示数据步的开始，这部分主要用于完成数据输入。数据步用于输入数据或调取计算机上已有的数据文件。Data后面的"example1_1"是数据集的名称，即数据集名。如上节内容所述，SAS程序的数据集名必须由字母或下划线起始，名称只能包括英文字母、下划线、数字三种字符，不支持其他字符。注意，SAS数据集名总长度不超过32个英文字符，一个字母占1个字节。

Input语句表示要输入的变量名称、格式等，cards语句起承前启后的作用，连接变量和数据。Cards前面的input语句输入变量，而cards则提示其后就是与变量对应的数据。Cards后面的每一列数据一定要与input语句中的变量顺序一一对应，尤其对于初学者，最好先严格按一定格式输入数据。例2.14的程序共有两个变量，变量名称由自己指定，建议初学者取意义较为明确的英文名，如分组变量取名为group，身高取名为height等，这样有助于在后续分析过程中一目了然地知道分析的目标对象和结果的意义。如果有多个变量，则依次输入，变量之间用空格分隔。如果输入的变量是数值型，则直接依次输入变量名即可；如果变量是字符型，则需要在变量名后加美元符号"$"，SAS根据这一符号就可判定该变量为字符型变量。

SAS系统中input的语句输入方式很多也比较复杂，本实验介绍经常使用的两种方式的简单用法：列表模式和列模式。

（1）列表模式

列表模式输入要求input语句按照导入数据的顺序设定变量名称，SAS

通过扫描数据行确定下一个数据值并忽略两侧多余空格。列表方式下的分隔符默认为空格，所以必须确定数据之间至少有一个空格。

简单的列表模式格式为：input 变量名 修饰符。

例如，输入个体防护用品的名称和价格，程序如下。

例2.15 （见图2.19）

```
data;
input name$ price @@; /*列表模式数据输入，且数据输入过程中不换行*/
cards;
防毒面具 280 防滑鞋 54 安全帽 50
安全带 35 绝缘手套 30 护目镜 55
;
run;
```

VIEWTABLE: Work.Data9

	name	price
1	防毒面具	280
2	防滑鞋	54
3	安全帽	50
4	安全带	35
5	绝缘手套	30
6	护目镜	55

图2.19 例2.15所建立的数据集内容

Input语句经常用到的格式修饰符包括：

①$：表示变量为字符型。

②@@：读取时固定在一个输入行（就是同一行读入多个变量数据）。

（2）列模式

列输入方式用来导入严格按列排好的标准数据，他要求cards后面的数据每一个字符严格放在应在的列。

列模式的简单格式为：input 变量名1 修饰符 起始列数-中止列数 变量名2修饰符 起始列数-中止列数；

例如，输入城市和对应的城市编码。

例2.16 （见图2.20）

```
data;
input city$ 1–10 zip 12–17;/*列模式数据输入*/
cards;
zhangjiakou 35201
wulumuqi 36101
huhehaote 35801
shanghai 35401
beijing     36601  /*注意空格*/
;
run;
```

VIEWTABLE: Work.Data10

	city	zip
1	zhangjiako	35201
2	wulumuqi 3	101
3	huhehaote	5801
4	shanghai 3	401
5	beijing	36601

图2.20　例2.16所建立的数据集内容

读者在练习时可以比较一下input语句中输入和不输入1~10、12~17所产生的结果的区别。

四、Put语句：输出到日志窗口

Input语句用于输入，而put语句负责在日志（log）窗口输出一些结果。

例2.17 （见图2.21）

```
data;
x=3; /*创建变量x*/
y=sin(x)+1; /*创建变量y*/
put x; /*在log窗口输出变量x的值*/
put y; /*在log窗口输出变量y的值*/
put x=; /*在log窗口输出变量x的值，格式为“x=”*/
```

put x= y=; /*在 log 窗口输出变量 x 的值，格式为 "x=　y="*/

put x 5-10; /*在 log 窗口输出变量 x 的值，所占列为第 5-10 列 */

put 10 * '_'; /*在 log 窗口输出 10 个下划线 */

put 50 * '1'; /*在 log 窗口输出 50 个 1 */

put _all_; /*在 log 窗口输出所有变量 */

run;

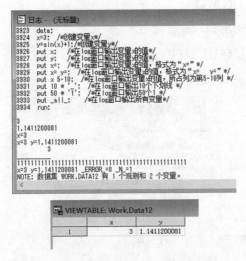

图2.21　例2.17日志窗口和数据集显示内容

五、File 语句：输出到结果窗口

File 语句用于规定将要输出的外部文件。File 语句一般要与 put 语句配合使用。同一个 data 步可以用多个 file 语句。File 语句是可执行语句，因而可以用在条件（if-then）过程中。

例2.18 （见图2.22）

data;

file print filename=aaa; /*在 output 窗口输出，put 打开的文件名为 print*/

put 'safety'; /*在 output 窗口输出 safety*/

name=aaa; /*数据集 a 中有一个变量 name 和一个观测值 print*/

run;

```
safety
```

图2.22　例2.18输出（结果）窗口和数据集显示内容

例2.19 改变系统默认的输出地址（见图2.23）

data　_null_;

put '输出到LOG窗口';

file print;　/* 输出到 output 窗口 */

put '输出到OUTPUT窗口';

run;

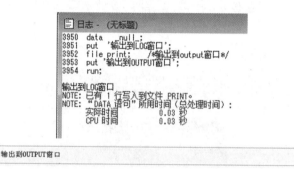

图2.23　例2.19日志窗口和输出窗口显示内容

例2.20 输出规定格式的外部文本文件

data;

set sashelp.class;

file "D:\class.txt";

run;

例中，要想在D盘产生文本文档class.txt，前提是在D盘根目录下先建好class.txt文件。

六、Keep 语句和 drop 语句：保留和删除数据集中的变量

1. Keep 语句

Keep语句规定输出数据中要保留的变量，可以用在data步程序语句的

任何地方，对 data 步正在创建的所有 SAS 数据集都适用。

语句格式：keep 变量列表

例 2.21 （见图 2.24）

data b;

x=3; /*创建变量 x*/

y=sin（x）+1; /*创建变量 y*/

z=x+y; /*创建变量 z*/

keep x y; /*保留变量 x 和 y，删去变量 z*/

run;

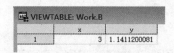

图 2.24 例 2.21 数据集显示内容

2. Drop 语句

Drop 语句规定输出数据集中要删除的变量，可以出现在 data 步的任何地方，适用于 data 步正在创建的所有 SAS 数据集。虽然 drop 语句规定的变量不在被创建的 SAS 数据集里，但这些变量可以用在程序语句中。

语句格式：drop 变量列表。

例 2.22

data c;

x=3; /*创建变量 x*/

y=sin（x）+1; /*创建变量 y*/

z=x+y; /*创建变量 z*/

drop z; /*删去变量 z*/

run;

例 2.22 结果与例 2.21 结果一致。需要注意的是，同一个 data 步不必同时使用 drop 和 keep 语句；rename 语句和 keep 或 drop 语句一起使用时，keep 语句和 drop 语句会首先起作用。即，在 keep 语句或 drop 语句中需要使用旧变量名。Keep 语句的位置与它的优先性没有关系，keep 语句即使写在 rename

语句的后面也是先起作用。

Rename 语句和 keep 语句一起使用时，keep 语句使用旧变量名时程序运行正常，keep 语句使用新变量名时程序运行出错。

例 2.23

data a；

set sashelp.class；

keep name sex； /*使用旧变量名，程序运行正常*/

rename s=sex；

run；

data b；

set sashelp.class；

keep name s； /*使用新变量名，程序不能正常运行*/

rename s=sex；

run；

上述程运行后日志窗口提示如图 2.25 所示。

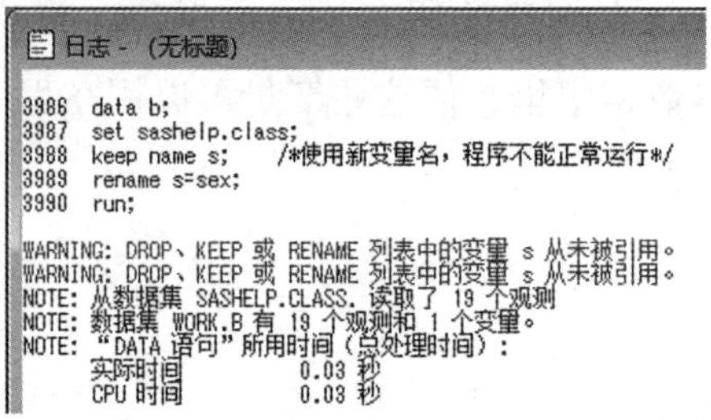

图 2.25 例 2.23 日志窗口内容

3. Data 语句选项 keep= 和 drop= 与 keep 语句和 drop 语句

数据集选项 drop= 和 keep= 的使用规则基本与 drop 和 keep 语句的使用规则相同。

例 2.24 （见图 2.26）

data d（drop=sex）； /*去掉数据集中的变量 sex*/

set sashelp.class；   /*引用 sashelp 库中的数据集 class*/

run；

VIEWTABLE: Work.D

	姓名	年龄	身高（英寸）	体重（磅）
1	阿尔弗雷德	14	69	112.5
2	爱丽丝	13	56.5	84
3	芭芭拉	13	65.3	98
4	凯露	14	62.8	102.5
5	亨利	14	63.5	102.5
6	詹姆斯	12	57.3	83
7	简	12	59.8	84.5
8	雅妮特	15	62.5	112.5
9	杰弗瑞	13	62.5	84
10	约翰	12	59	99.5
11	乔伊斯	11	51.3	50.5
12	茱迪	14	64.3	90
13	罗伊斯	12	56.3	77
14	玛丽	15	66.5	112
15	菲利普	16	72	150
16	罗伯特	12	64.8	128
17	罗纳德	15	67	133
18	托马斯	11	57.5	85
19	威廉	15	66.5	112

图2.26　例2.24数据集内容

例2.25（见图2.27）

```
data e(keep=weight);  /*保留数据集中的变量weight*/
set d;         /*引用work库中的数据集d*/
run;
```

VIEWTABLE: Work.E

	体重（磅）
1	112.5
2	84
3	98
4	102.5
5	102.5
6	83
7	84.5
8	112.5
9	84
10	99.5
11	50.5
12	90
13	77
14	112
15	150
16	128
17	133
18	85
19	112

图2.27　例2.25数据集内容

需要注意的是，keep语句和drop语句只能在data步中使用，在proc步中如果需要保留和删除变量只能用keep=或者drop=。

七、Rename 语句：更改变量名

格式：rename 旧变量名=新变量名。

例2.26 （见图2.28）

data f;

set sashelp.class;

rename sex=s name=n;

run;

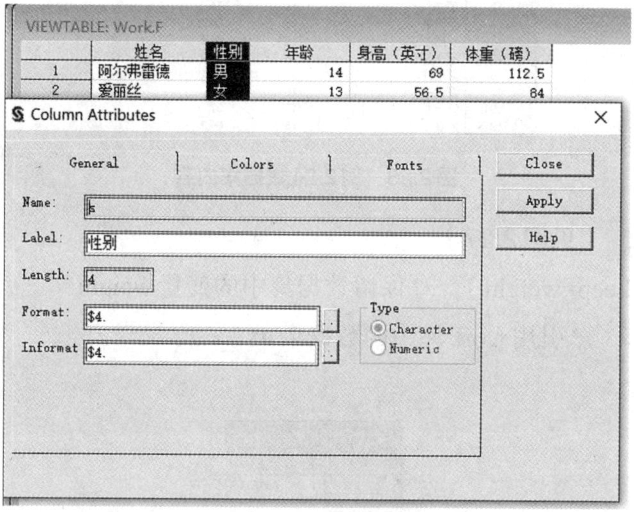

图2.28　例2.26数据集内容

注意此时数据集中显示的仍然是中文"性别"和"姓名"，因为这是数据集变量的label标签，可以双击"性别"和"姓名"查看，发现变量名已经变为s和n。

其结果等同于：

data f（rename=（sex=s name=n））; /*在work库中建立数据集f，将变量sex和name更名为s和n*/

set sashelp.class;

run;

八、Set 语句：引用（复制）与数据集的纵向合并

Set语句用来引用数据集以创建新数据集。一个data步可以有多个set语句，一个set语句也可以有多个SAS数据集。Set后不写内容时默认为引用最

新创建的数据集。

简单格式为: set 数据库名.数据集名。

1.引用（复制）数据集

例 2.27

data d；

set sashelp.class；

run；

2.数据的纵向合并（上表与下表进行连接）

例 2.28 （见图 2.29 ）

data grade1；/*数据集grade1创建*/

input number math chinese；

cards；

1001 95 98

1002 87 89

1003 78 67

；

run；

data grade2；/*数据集grade2创建*/

input number math；

cards；

1004 89

1005 87

；

run；

data grade；

set grade1 grade2；/*合并数据集grade1和grade2*/

run；

VIEWTABLE: Work.Grade1

	number	math	chinese
1	1001	95	98
2	1002	87	89
3	1003	78	67

VIEWTABLE: Work.Grade2

	number	math
1	1004	89
2	1005	87

VIEWTABLE: Work.Grade

	number	math	chinese
1	1001	95	98
2	1002	87	89
3	1003	78	67
4	1004	89	.
5	1005	87	.

图2.29　例2.28数据集grade1、grade2和合并后的grade内容

九、Merge 语句：数据集的横向合并（左右合并）

Merge语句将多个数据集中的观测合并为新数据集中的一个观测，注意需要通过by语句指定变量的顺序进行合并，如果需要合并的数据集在合并变量上一致，则无须使用by语句，但如果需要匹配，则合并时使用by语句。数据步中，by语句规定分组变量。用于控制set、merge等语句的操作。如果在合并变量上存在顺序不一致的问题，则可以采用通过sort过程进行排序后再合并的方式。

简单格式：merge 数据集 1 数据集 2 …

例2.29（见图2.30、见图2.31）

```
data grade1; /* 数据集 grade1 创建 */
input id math chinese;
cards;
1001 95 98
1002 87 89
1003 78 67
;
run;

data grade2; /* 数据集 grade2 创建 */
```

```
input id english;
cards;
1002 77
1003 89
1001 98
1004 89
;
run;

data grade;
merge grade1 grade2;   /*合并数据集grade1和grade2*/
run;
proc print data=grade1;
run;
proc print data=grade2;
run;
proc print data=grade;   /*为便于观察，输出窗口打印出横向连接后的数
据集*/
run;
```

SAS 系统

观测	id	math	chinese
1	1001	95	98
2	1002	87	89
3	1003	78	67

SAS 系统

观测	id	english
1	1002	77
2	1003	89
3	1001	98
4	1004	89

SAS 系统

观测	id	math	chinese	english
1	1002	95	98	77
2	1003	87	89	89
3	1001	78	67	98
4	1004	.	.	89

图2.30 例2.29 数据集 grade1、grade2 和横向合并后的 grade 内容（错误结果）

/*运行后发现错误，分数和 id 对不上 */

proc sort data=grade2; /*按照 id 的升序排列对数据 grade2 进行排序 */

by id;

run;

data grade;

merge grade1 grade2; /*合并数据集 grade1 和 grade2*/

by id;

run;

proc print data=grade; /*输出窗口打印出横向连接后的数据集 */

run;

SAS 系统

观测	id	math	chinese	english
1	1001	95	98	98
2	1002	87	89	77
3	1003	78	67	89
4	1004	.		89

图2.31 例2.29 数据集合并后的 grade 内容（正确结果）

课后练习：

1. 练习使用 input、keep、drop、set、merge、rename 等语句。

2. 用两种方法（菜单或命令）进入表编辑器，并浏览 sashelp 内数据集 class。

3. 浏览数据集 sashelp.class 的描述信息和数据内容。

5. 浏览 SAS 永久库 sashelp 的属性和内容，并浏览数据集 cards 的描述信息和数据内容。

6. 用 vt 命令进入 viewtable 窗口，直接输入数据并进行编辑修改后存为 SAS 数据集。

7. 使用 import 窗口菜单系统，将 *.txt、*.csv 转换为 SAS 数据集。

8. 练习教材中的所有例子。

第四节　SAS 数据步（data 步）基础 2
——数据集的处理与管理

一、If 语句：选择输出观测的条件

If 语句用于选择输出观测的条件，分为子集 if 语句和条件 if 语句两种。子集 if 语句没有子句，条件 if 语句一般含有一个 then 子句或一个 else 子句。

1. if 子集语句

格式为：if 条件内容

例 2.30 （见图 2.32）

data a;
set sashelp.class; /*引用（复制）sashelp.class 数据集 */
if sex='男'; /*把 sex 为 m 的数据（行）保留 */
run;

	姓名	性别	年龄	身高（英寸）	体重（磅）
1	阿尔弗雷德	男	14	69	112.5
2	亨利	男	14	63.5	102.5
3	詹姆斯	男	12	57.3	83
4	杰弗瑞	男	13	62.5	84
5	约翰	男	12	59	99.5
6	菲利普	男	16	72	150
7	罗伯特	男	12	64.8	128
8	罗纳德	男	15	67	133
9	托马斯	男	11	57.5	85
10	威廉	男	15	66.5	112

图 2.32　例 2.30 数据集内容

2. if-then 语句

格式为：if 条件内容 then 执行内容；
运行后如果系统判断条件内容成立，则运行执行内容。

例 2.31 （见图 2.33）

data b;
input group weight;
if group=1 then x=10;　/*group 为 1 的话，让变量 x 的值为 10*/
cards;

```
1  81.0
1  60.0
2  55.0
2  80.0
;
run;
```

VIEWTABLE: Work.B

	group	weight	x
1	1	81	10
2	1	60	10
3	2	55	.
4	2	80	.

图2.33　例2.31数据集内容

3. If-then do-end语句块

格式为：if 条件内容then do：执行语句与内容；

运行后如果系统判断条件成立，则执行do后面的语句。

例2.32（见图2.34）

```
data c;
input group weight;
if group=1 then do;
put ‘group等于1’;
x=10;
end; /*group为1的话，让变量x的值为10，在日志界面显示“group等于1”字样*/
cards;
1  81.0
1  60.0
2  55.0
2  80.0
;
run;
```

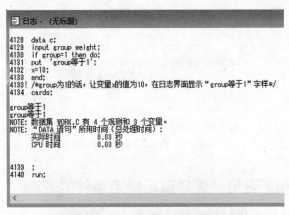

图2.34　例2.32日志窗口和数据集内容

4. If-then-else 语句

格式为：if 条件内容 then 执行内容；

else 执行内容；

运行后如果系统判断条件内容成立，则运行 then 后面的执行内容1，如果不成立则执行 else 后面的执行内容2。

例2.33　（见图2.35）

data d;

input group weight;

if group=1 then x=10;

else x=20;　　　/*group 为1的话，让变量 x 的值为10，否则让变量 x 的值为20*/

cards;

1　81.0

1　60.0

2　55.0

2　80.0

61

```
;
run;
```

VIEWTABLE: Work.D

	group	weight	x
1	1	81	10
2	1	60	10
3	2	55	20
4	2	80	20

图2.35　例2.33数据集内容

二、Where 语句：选择满足特定条件的观测

Where语句是在执行数据集连接（set），合并（merge）等之前进行的操作，其作用是从输入数据集中读取满足特定条件的观测。Where语句和子集if语句的最大差别是where语句在观测读入程序数据向量之前起作用，而子集if语句对已经在程序数据向量的观测起作用。Where语句有自己的表达式，而子集if语句使用“SAS表达式”。Where语句仅能从SAS数据集的观测中选择，而子集if语句可以从已存在的SAS数据集中或在用input语句产生的观测中选择。从大的SAS数据集中选择一个小的子集时用where语句比用子集if语句效率高得多。

语句格式：where 条件内容；

例2.34（见图2.36）

```
data e;
set sashelp.class;
where 11<=age<=14;  /*选择age范围在11和14之间的观测，等价于where age between 11 and 5 */
run;
```

读者可以自行练习如下程序：

```
data f;
set sashelp.class;
where age in(11, 13, 15); /*选择age值为11、13或15的观测 */
run;
```

Where语句其他常见的特殊运算符还包括：

VIEWTABLE: Work.E

	姓名	性别	年龄	身高（英寸）	体重（磅）
1	阿尔弗雷德	男	14	69	112.5
2	爱丽丝	女	13	56.5	84
3	芭芭拉	女	13	65.3	98
4	凯露	女	14	62.8	102.5
5	亨利	男	14	63.5	102.5
6	詹姆斯	男	12	57.3	83
7	简	女	12	59.8	84.5
8	杰弗瑞	男	13	62.5	84
9	约翰	男	12	59	99.5
10	乔伊斯	女	11	51.3	50.5
11	茱迪	女	14	64.3	90
12	罗伊斯	女	12	56.3	77
13	罗伯特	男	12	64.8	128
14	托马斯	男	11	57.5	85

图2.36 例2.34数据集内容

where x is missing; /* 选择 x 有缺失值的观测 */

like ‘13’; /* 选择带有 13 的观测 */

like ‘a_b’; /* 选择带有 a 和 b，且他们之间有一个字符的观测，like 的功能类似于搜索，下划线“_”类似于搜索引擎中的空格 */

where x; /* 选择数值变量 x 没有缺失值的观测 */

where x and y; /* 选择数值变量 x 和 y 都没有缺失值的观测 */

where x/y; /* 选择数值变量 x 和 y 都没有缺失值且 y 不为 0 的观测 */

where x is not missing; /* 选择字符变量 x 没有缺失值的观测 */

三、Delete 语句：删除观测

Delete 语句能够实现不读入特定观测，相当于对引用的数据集的部分观测进行删除操作。

语句格式：delete;

例 2.35

```
data g;
set sashelp.class;
if sex='男' then delete; /* 删除 sex 为 m 的观测 */
run;

data h;
set sashelp.class;
```

delete; /*删除所有观测，清空数据集 h*/

run;

四、select 语句：选择执行 SAS 语句

由于 SAS 中的 if 语句不支持"elseif"，即其他条件的判断，所以 SAS 提供了通过 select 语句完成多个选择条件的判断的办法。select 语句的格式为：

select（条件表达式）；

when（值列表 1）语句 1；

when（值列表 2）语句 2；

…

otherwise 语句；

end；

在上述语句中，对 select 后的条件表达式进行判断：如果其值在值列表 1 中，则执行语句 1，然后退出 select 语句，不再对后面的选择进行判断；如果其值在值列表 2 中，则执行语句 2，然后退出 select 语句，不再对后面的选择进行判断；依此类推，最后，如果可供选择的条件都不能满足，则执行 otherwise 后的语句。

在上述的调用格式中，在 select 关键词后无须跟条件表达式，程序在执行的过程中直接对 when 语句后的条件进行判断：如果条件 1 能满足，则执行语句 1，然后退出 select 语句，不再对后面的条件进行判断；如果条件 2 能满足，则执行语句 2，然后退出 select 语句，不再对后面的条件进行判断；依此类推，最后，如果所有的条件都不为真，则执行 otherwise 后的语句。

例 2.36 （见图 2.37）

data i;

set sashelp.class;

select（sex）； /*对 sex 的值进行判断，如果为"男"，则输出"性别男"，如果为"女"，则输出"性别女"*/

when（'男'）put '性别男'；

when（'女'）put '性别女'；

otherwise put '输入数据不符合要求';

end;

run;

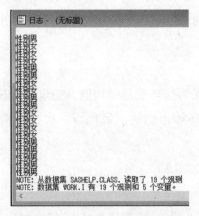

图2.37　例2.36日志窗口内容

读者可以自行尝试练习如下程序：

data j;

set sashelp.class;

select;

when（grade<60）put '不及格'; /* 如果成绩低于60分，则输出成绩不合格 */

when（grade<75）put '及格'; /* 幸如果成绩低于75分，则输出成绩合格 */

when（grade<85）put '良好'; /* 如果成绩低于85分，则输出成绩良好 */

otherwise put '优秀'; /* 如果上述条件都不符合，说明成绩大于85，则输出成绩优秀 */

end;

run;

五、Do 语句：循环语句

在SAS系统中的循环可以由do、do-while和do-until三种不同的循环语句来实现循环运行操作。Do语句必须由一个end语句结束，do和end之间的语句称为一个 do 组，do 组可以嵌套任意次。

1. Do 循环语句

Do 循环用于变量在一定范围内时，执行相应的循环，可以控制循环的次数。其基本的格式为：do 循环变量=初值 to 终值 by 步长；

循环体语句块；

end;

上述代码中，首先为循环变量赋初值，变量的步长，对循环变量的值做出改变，然后执行循环体语句块，每执行一次，当循环变量的值超过终值后，终止循环。

例 2.37 （见图 2.28）

data k;

do i=1 to 5 by 1; /*让变量 i 的值为从 1 到 5，每次步长为 1，即每次变化 1。"By 1" 也可以不写，不写时默认步长为 1*/

x=i*i;

end;

run;

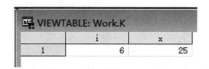

图 2.38　例 2.37 数据集内容

Do 后面的语句也可以采用多个或者不同的表达式形式，如：

do i=l to n;

do i=n to 1 by −1;

do i= k+1 to n- l;

do i=l to k-l, k+l to n;

do i=2, 3, 5, 7, 11, 13, 17;

do i=0.1 to 0.9 by 0.1, 1 to 10 by l, 20 to 100 by 10;

do i= 'saturday', 'sunday';

do i= '01jan22' d, '25feb22' d;

do i= '01jan99'd to '01jan2000'd by l；

do i= 1 to 10 while（x< y）；

do i= 2 to 20 by 2 until（（x/3）> y）；

do i=10 to 0 by –1 while（month='feb'）；

语句中的起始值必须全部是数值或全部是字符常数，也可以是变量。字符常数必须用引号括起来。

2. Do-while循环

Do-while循环语句通过条件控制程序的执行，当程序满足while语句后的条件时，将执行循环体语句块，否则退出循环。

其基本格式为：

do while（循环继续条件）；

循环体语句块；

end；

例2.38（见图2.39）

data l；

x=1；

do while（x lt 5）；/*当变量x小于等于5时，在日志窗口输出"x="，然后x增加1，继续循环该过程*/

put x=；

x+1；

end；

run；

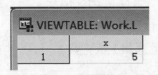

图2.39　例2.38数据集内容

3. Do-until 循环

Do-until 循环语句用于根据循环的终止条件完成的循环。当循环的终止条件不满足时，执行循环体语句，否则退出循环。

基本格式为：do until（循环终止条件）；

循环体语句块；

end;

例2.39 （见图2.40）

data m;

x=0;

do until（x>=5）；/*执行循环语句指导变量 x 大于等于5时，在日志窗口输出 "x="，然后 x 增加1，继续循环该过程*/

put x=;

x+1;

end;

run;

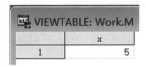

图2.40　例2.39数据集内容

六、Output 语句：数据集的输出与拆分

Output 语句的基本功能是将当前的观测输入被创建的数据集中，他可以实现由一个输入数据行创建多个观测、由一个输入数据文件创建多个 SAS 数据集或者将几个输入数据行合并为一个观测。

基本格式为：output 数据集1 数据集2 …

1. 由一个输入数据行创建多个观测

例2.40 由一个输入数据行创建多个观测（见图2.41）

data n;

Input n x y z;

```
drop x y z;
s=x; output;
s=y; output;
s=z; output;
cards;
11 23 55 7
12 24 55 33
;
run;
proc print;
run;
```

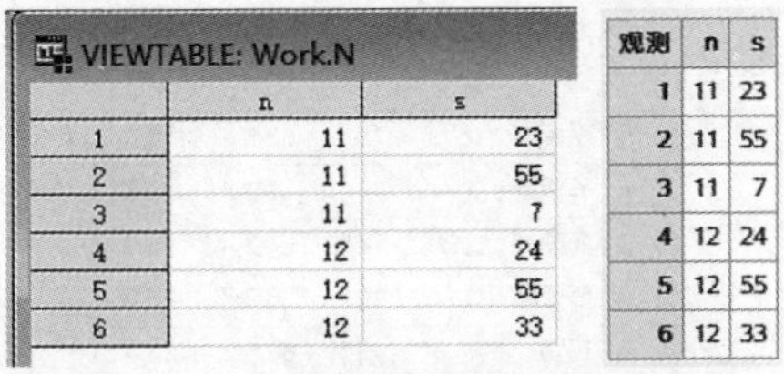

VIEWTABLE: Work.N

	n	s
1	11	23
2	11	55
3	11	7
4	12	24
5	12	55
6	12	33

观测	n	s
1	11	23
2	11	55
3	11	7
4	12	24
5	12	55
6	12	33

图2.41　例2.40数据集和输出窗口内容

结果数据集n的每一行记录有三个观测，每个新观测包含n和s两个变量。

2. 由一个输入数据文件创建多个数据集，即数据集的拆分

例2.41（见图2.42）

```
data student1 student2;   /*创建新的数据集student1和student2用于存放拆分后的数据*/
set sashelp.class;
if sex='男' then output student1; /*拆分性别为男的到数据集student1*/
if sex='女' then output student2; /*拆分性别为女的到数据集student2*/
run;
proc print data=student1; /*输出窗口打印出数据集student1*/
run;
proc print data=student2; /*输出窗口打印出数据集student2*/
```

run;

观测	Name	Sex	Age	Height	Weight
1	阿尔弗雷德	男	14	69.0	112.5
2	亨利	男	14	63.5	102.5
3	詹姆斯	男	12	57.3	83.0
4	杰弗瑞	男	13	62.5	84.0
5	约翰	男	12	59.0	99.5
6	菲利普	男	16	72.0	150.0
7	罗伯特	男	12	64.8	128.0
8	罗纳德	男	15	67.0	133.0
9	托马斯	男	11	57.5	85.0
10	威廉	男	15	66.5	112.0

SAS 系统

观测	Name	Sex	Age	Height	Weight
1	爱丽丝	女	13	56.5	84.0
2	芭芭拉	女	13	65.3	98.0
3	凯露	女	14	62.8	102.5
4	简	女	12	59.8	84.5
5	雅妮特	女	15	62.5	112.5
6	乔伊斯	女	11	51.3	50.5
7	茱迪	女	14	64.3	90.0
8	罗伊斯	女	12	56.3	77.0
9	玛丽	女	15	66.5	112.0

图2.42　例2.41输出窗口内容

3.一个data步创建多个数据集。

例2.42

data agel age2;

input name $ age;

if age <15 then output agel;

else output age2;

cards ;

Alice　13

Gail　14

Mary　15

Sandy　11

Philip　16

Robert　12

Thomas　11

William　15

;

run;

以上程序实现了一次创建两个数据集。数据集age1包含变量age<15的所有观测，数据集age2包含变量age ≥ 15的所有观测。

七、Proc sort 过程：数据集的排序

利用SAS的排序过程可以对数据集中的观测重新排序。SAS中有许多和by配合使用的语句，如对数据集进行合并的语句或更新的语句等，在使用前必须先对by变量进行排序。Proc sort 中必须使用by语句，by语句中可以规定任意多个变量。By语句中规定多个变量时，sort过程首先按第一个变量排序，然后是第二个变量等。

例2.43

data student;

input number grade;

cards;

1001 78

1002 89

1003 76

1004 83

1005 92

;

run;

proc sort data=student;　/*将数据集 student 进行排序 */

by descending grade;　/*数据集按照成绩从高到低（降序）排序，此处如果不写decending则默认为从低到高（升序）排序*/

run;

proc print data=student;　/*在输出窗口打印输出 student 数据集*/

run;

八、Proc transpose 过程：数据集的转置

转置就是把数据集的观测变为变量，变量变为观测。利用 SAS 的转置功能可以对数据集进行转置。

例2.44 （见图2.43）

```
title '学生成绩';
data test;

input number math chinese english;
cards;
1001 88 78 67
1002 98 83 75
1003 87 75 78
1004 93 87 83
1005 90 85 80
;
run;
proc transpose data=test out=result name=course; /*数据的转置，发现第一列缺变量名，由name=语句给出 */
var math chinese english; /*var语句指定转置变量，列变量 */
id number; /*id语句指定转置数据集的变量名，行变量 */
run;
proc print data=result; /*打印转置后的数据集 */
run;
```

		学生成绩				
观测	course	_1001	_1002	_1003	_1004	_1005
1	math	88	98	87	93	90
2	chinese	78	83	75	87	85
3	english	67	75	78	83	80

图2.43　例2.44输出窗口内容

Id语句规定输入数据集中的一个变量。Id变量的值为转置后数据集的变量名。一般id变量的值在数据集中只能出现一次，使用by语句，by组内只包含最后的id值。必要时转置过程会将id变量的值改为有效的SAS名称。如将字符"+"，"-"和"."改为p、n和d。若第一个字符是数字，则用下划线（_）作为这个值的词头。用id语句时，id变量的缺失值将从输出数据集中删去。

九、常用函数

SAS程序在对变量赋值时还可能用到很多函数，为方便用户，SAS软件提供了调用函数的命令。常用基本函数及SAS命令见表2.5。

表2.5 赋值语句基本函数及SAS命令

函数类别	例子
Arithmetic	abs, sqrt, dim
Character	upcase, substr, trim
Date and time	today, day, month
Mathematical	log, exp, gamma
Noncentrality	cnonct, fnonct, tnonct
Quantile	probit, cinv, tinv, finv
Probability and density	probnorm, probt, poison, pdf, pdm
Random number	ranuni, rannor, ranexp
Sample statistic	sum, mean, std, var, range
Special	put, input, dif, lag
Trigonometric	sin, tan, arcos
Truncation	int, ceil, round
Others	zipstate

例2.45 （见图2.44）

Data o;

p1=probnorm（0）; /*计算标准正态分布随机变量小于0的概率*/

p2=probnorm（1.96）; /*计算标准正态分布随机变量小于1.96的概率 */

p3=1−probchi（22, 70, 15）; /*计算自由度为70，非中心参数为15，随机变量小于22的卡方分布概率 */

p4=1−probf（3, 28, 2, 26）; /*计算自由度为28和2，非中心参数为26，随机变量小于3的卡方分布概率 */

p5=（1−probt（abs（−3.1），6））*2; /*计算自由度为6的中心t分布绝对值大于3.1的概率 */

put p1= p2= p3= p4= p5=;

run;

在使用函数时，要注意写法，如表2.6。

由于SAS系统所涉及的函数数量非常多，详细含义和用法请参考SAS帮助或SAS手册。

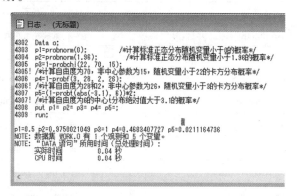

图2.44　例2.45输出窗口内容

表2.6　函数的正确写法与错误写法举例

函数的正确写法	错误写法
sum（x, y, z）	sum（x y z）
sum（of x1−x10）	sum（x1−x10）
sum（of x1−x10 d y1−y10）	sum（x1−x10 d y1−y10）

✐ 课后练习：

1. 简述条件语句的用法。

2. 用两种方法（菜单或命令）进入表编辑器，并浏览sashelp内数据集class。

3. 浏览数据集sashelp.class的描述信息和数据内容。

4. 浏览SAS永久库sashelp的属性和内容，并浏览数据集cards的描述信息和数据内容。

5. 用vt命令进入viewtable窗口，直接输入数据并进行编辑修改后存为SAS数据集。

6. 使用import窗口菜单系统，将 *.txt、*.csv 转换为SAS数据集。

7. 用数据步生成SAS数据集。

第五节　SAS过程步（proc步）基础

SAS过程步以proc语句开始，用于分析处理SAS数据集中的数据。从过程库中调出一个过程并执行这个过程，以SAS数据集作为输入数据，以proc语句开始的一组或几组SAS语句完成一个SAS过程，以另一个"proc""data"或"run"语句结束。

过程步通用语句可以分为两类：过程信息语句和变量属性语句，详细内容见表2.7和表2.8，本节主要介绍过程信息语句。

表2.7　过程信息语句

语句名称	语句功能	语句名称	语句功能
proc	规定要运行的过程	where	选择观测
var	规定过程的分析变量	class	规定分类变量
model	规定模型的因变量和自变量及相关信息	by	规定分组处理变量
weight	规定权数变量	output	规定过程产生的输出数据集信息
freq	规定频数变量	quit	结束交互式过程
id	规定用于识别观测的变量		

表2.8　变量属性语句

语句名称	语句功能	语句名称	语句功能
attrib	规定变量属性	label	规定变量标签
format	规定变量输出格式		

Proc 过程的基本格式为：

proc 过程名 data=数据库名.数据集名 选项；

过程步语句；

run；

SAS 系统主要的过程名及其基本功能见表2.9。

表2.9　SAS 系统主要的过程名及其基本功能

过程名	基本功能
means	数值数据的简单描述性统计分析
freq	分类数据的简单描述性统计分析
univariate	基本统计量分析
corr	相关分析
ttest	t 检验
sort	排序
anova	单因素方差分析
glm	线性模型拟合
reg	回归分析
cluster	聚类分析
princomp	主成分分析
factor	因子分析
cancorr	典型相关分析
logistic	logistic 回归分析
discrim	距离判别分析
candisc	典型判别分析
stepdisc	逐步判别分析
lifereg	生存分析回归过程
lifetest	生存分析检验过程

过程名	基本功能
autoreg	时间序列自回归过程
tabulate	绘制分类统计量的表格
print	数据列表的打印输出
gchart	统计图形的绘制
graph	统计图形的绘制
plot	图形绘制

本节将介绍几个常用的语句，其他语句将在后续章节逐步讲解。

一、Var 语句：规定要分析的变量

因为每个数据集往往有很多变量，如果在过程步不使用var语句指定变量，程序将对数据集中的所有变量进行统计分析，往往效率较低，所以可以有针对性地通过var语句指定分析变量提高分析效率。

基本语句格式为：var 变量1 变量2 ……;

例：

proc means data=sashelp.class; /*对 sashelp 永久库中的 class 数据集进行描述性分析 */

var age height; /*对变量 Age 和 Height 进行分析 */

run;

二、Class 语句：规定分类变量

在分析数据时，经常会遇到需要进行组间比较的情况，此时需要class语句确定按哪个变量分组或者分类。

基本语句格式为：class 变量1 变量2 ……;

例2.46 （见图2.45 ）

proc means data=sashelp.class; /*对 sashelp 永久库中的 class 数据集进行描述性分析 */

class sex; /*按性别不同分别进行分析 */

var age height; /* 对变量 Age 和 Height 进行分析 */

run;

性别	观测数	变量	标签	数目	均值	标准差	最小值	最大值
男	10	Age	年龄	10	13.4000000	1.6465452	11.0000000	16.0000000
		Height	身高（英寸）	10	63.9100000	4.9379370	57.3000000	72.0000000
女	9	Age	年龄	9	13.2222222	1.3944334	11.0000000	15.0000000
		Height	身高（英寸）	9	60.5888889	5.0183275	51.3000000	66.5000000

图2.45　例2.46输出窗口内容

上述过程将分别输出性别为男和性别为女时的描述性统计分析。当class语句后面有超过一个变量时，将按照所有变量的所有组合给出统计分析结果。

例2.47 （见图2.46）

proc means data=sashelp.class; /* 对 sashelp 永久库中的 class 数据集进行描述性分析 */

class sex age; /* 按性别、年龄的不同组合分别进行分析 */

var height; /* 对变量 Age 和 Height 进行分析 */

run;

分析变量: Height 身高（英寸）								
性别	年龄	观测数	数目	均值	标准差	最小值	最大值
男	11	1	1	57.5000000	.	57.5000000	57.5000000
	12	3	3	60.3666667	3.9323445	57.3000000	64.8000000
	13	1	1	62.5000000	.	62.5000000	62.5000000
	14	2	2	66.2500000	3.8890873	63.5000000	69.0000000
	15	2	2	66.7500000	0.3535534	66.5000000	67.0000000
	16	1	1	72.0000000	.	72.0000000	72.0000000
女	11	1	1	51.3000000	.	51.3000000	51.3000000
	12	2	2	58.0500000	2.4748737	56.3000000	59.8000000
	13	2	2	60.9000000	6.2225397	56.5000000	65.3000000
	14	2	2	63.5500000	1.0606602	62.8000000	64.3000000
	15	2	2	64.5000000	2.8284271	62.5000000	66.5000000

图2.46　例2.47输出窗口内容

三、By 语句：规定分组处理变量

By语句规定分组处理变量。使用by语句时，数据集必须先按by变量排序，详见proc sort过程。

基本语句格式为：by 变量1 变量2 ……

例 2.48 （见图 2.47）

data p;   /*建立复制 sashelp.class 的数据集 p 是因为复制 sashelp.class 受 SAS 保护，用户可以对其进行分析，但不能对其进行修改 */

set sashelp.class;

run;

proc sort;   /*按年龄排序 */

by age;

run;

proc print;

by age; /*按性别分组进行打印输出 */

run;

年龄=11

观测	Name	Sex	Height	Weight
1	乔伊斯	女	51.3	50.5
2	托马斯	男	57.5	85.0

年龄=12

观测	Name	Sex	Height	Weight
3	詹姆斯	男	57.3	83.0
4	简	女	59.8	84.5
5	约翰	男	59.0	99.5
6	罗伊斯	女	56.3	77.0
7	罗伯特	男	64.8	128.0

年龄=13

观测	Name	Sex	Height	Weight
8	爱丽丝	女	56.5	84
9	芭芭拉	女	65.3	98
10	杰弗瑞	男	62.5	84

年龄=14

图 2.47　例 2.48 输出窗口部分内容

By 语句默认按正序（从小到大）排列，如需逆序（从大到小）排列，可以在 by 后加上 descending。

四、Output 语句：输出语句

Output 语句规定过程产生的输出数据集。

基本语句格式为：output out=输出数据库名.数据集名 关键词=输出变量名

例2.49（见图2.48）

```
proc means data=sashelp.shoes;
var sales;
output out=resultmean mean=m_result; /*将 分 析 结 果 输 出 到work库resultmean数据集，输出数据集中的变量m_result 表示sales的均值*/
run;
```

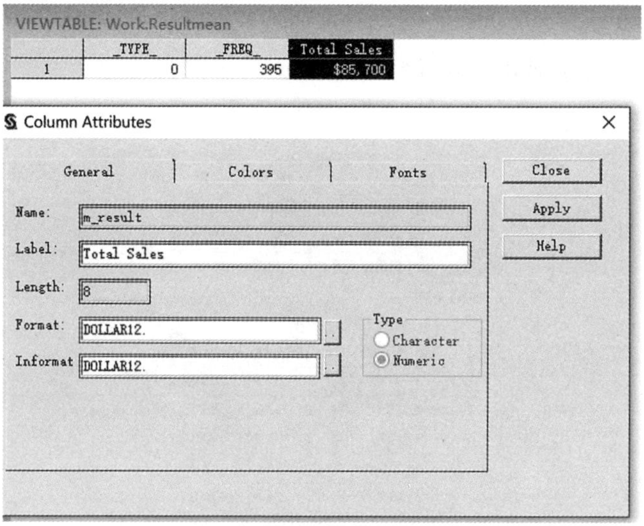

分析变量: Sales Total Sales				
数目	均值	标准差	最小值	最大值
395	85700.17	129107.23	325.0000000	1298717.00

图2.48　例2.49数据集内容和结果窗口内容

需要注意的是，数据集保留了被分析变量的标签（total sales）和格式，但观察变量属性可以发现变量名为m_result，在以后的分析中如果调用变量也要用变量名m_result，而不能用标签内容Total Sales。

五、Print语句：在输出窗口中显示结果

基本语句格式为：

```
proc print data=数据集名;
var 变量列表;
where 表达式;
run;
```

六、Model 语句：建模语句

Model 语句用来指出分析所使用的模型。

基本语句格式为：model 因变量列表＝自变量列表；

例 2.50

```
proc glm data=sashelp.class;
model height=age;
/*model 语句指定模型中 height 为分析变量，sex、age 为自变量*/
run;
```

七、Freq 语句：表明频数变量

Freq 语句被用来指定一个数值型的 freq 变量，它的值表示输入数据集中相应观测出现的频数。该变量的值应为正整数。当 freq 变量值<1 或缺失时，相应的观测不参加计算，若这个值不是正整数，则取整数部分。

基本语句格式为：freq 变量；

八、Weight 语句：表明权重变量

该语句规定一个 weight 变量，其值表示相应观测的权数。该变量的值应大于零。当这个值小于 0 或缺失时，假定该值为 0。

语句格式：weight 变量；

九、Id 语句：识别观测的变量

在输出数据集里，规定某个观测的 id 变量值为生成这个观测的数据集中相应观测组里 id 变量的最大值。如果有两个以上 id 变量，这个最大值的选择

是对输入数据集的相应观测组中的每个观测，这些 id 变量组合成一个值的最大值。

基本语句格式为：id 变量 1 变量 2 ……

例 2.51

proc print data=sashelp.class;

id name; /*打印数据集 class 时，用变量 name 来识别观测 */

run;

十、Where 语句：选择数据集中的观测

与 data 步的 where 语句的功能和用法类似，过程步也可以使用 where 语句来约定选择分析数据集中观测的条件。

基本语句格式为：where 表达式；

例 2.52

proc print data=sashelp.class;

where sex='男'; /*打印数据集 class 时，只输入性别为 m 的观测 */

run;

上述过程也可以通过 proc 语句的选项 where= 来实现。

例 2.53

proc print data=sashelp.class（where=（sex='男'））;

run;

✎ 课后练习：

1. Output 语句与 print 语句有什么区别？

2. 在日志窗口输出 "x=10"。

3. 练习使用 var、class、print、output、where 等语句。

第三章　研究设计与样本量估计

📚 **教学目的**

1.熟悉实验设计的分类与特点。

2.掌握实验设计的思路和方法。

3.掌握完全随机样本、随机区组设计和关系性研究设计的样本量估计方法。

📖 **教学要求**

1.熟练使用 proc power、proc plan 命令估计样本量和进行实验设计。

2.熟练使用 proc power 命令估计完全随机样本、随机区组设计和关系性研究设计的样本量。

3.熟练使用 proc plan 命令进行实验设计。

第一节　研究设计

研究设计是研究能否成功的第一步。研究设计的主要作用是实现科研的目的，同时减小误差，为未来高效的统计分析作准备。研究设计如果出了问题，研究结果也就存在问题，研究就不会成功。研究设计分为实验性研究设计（实验设计）和观察性研究设计（调查设计）两种。两者的区别在于是否有人为的影响因素。如果在研究中人为施加了一些干预因素就属于实验性研究，反之就是观察性研究。比如想了解某新型安全培训方法是否比传统培训方法效果更好，可以将工人随机分为两组，一组采用新培训方法进行安全培训，一组采用传统培训方法进行培训，将培训结果（如考试分数、违章次数等）进行比较分析，进而得出结论。在这个例子中，新培训方法就是人为施加的干预因素，因此这个研究属于实验性研究。如果在研究中我们只是通过记录一段时间内员工违章次数来比较 A 企业与 B 企业哪一个安全状况更好，没有加入任何人为因素，则此研究属于观察性研究。

常用的实验性研究包括完全随机设计、配对设计和随机区组设计。常用的观察性研究包括横断面研究、病例对照研究和队列研究。

一、实验性研究

随机、对照、重复和均衡被称为实验设计的四原则。随机是指总体中的任何个体都有同等的机会被抽取进入样本，样本中的任何个体都有同等机会被分配到任何一个组别中。对照指的是实验研究必须设立对照组。重复指实验只有是大量且重复的，结果才更加可靠可信。均衡指在实验过程中应尽量使实验组和对照组中的非试验因素达到均衡一致。

1.完全随机设计

完全随机设计又称为简单随机分组设计，指将同质的样本随机分组到各处理组，各组接受不同的处理。如上述例子中的将工人随机分到新型培训方法组和传统培训方法组。采用完全随机设计时，不同组的样本含量可以相同，即平衡设计；也可以不同，即非平衡设计。采用平衡设计时，检验的效率更高，因此，在条件允许的情况下应尽量选择平衡设计。完全随机设计方法简单、对缺失数据处理灵活，但它受混杂因素影响较大，尤其在样本量较小时容易出现较大误差。

2.配对设计

配对设计指为控制非试验因素对结果的影响，对某些重要的非试验因素在实验组和对照组中进行匹配，分为自身配对、同源配对和条件近似者配对等类型。常见的配对设计为同一受试对象接受两种不同的处理，比如研究同一家具加工车间采用不同通风方式时车间内部空气中粉尘含量是否有差异；或者两个同质受试对象分别接受两种不同的处理，比如选择双胞胎工人，一个在低噪声车间工作，一个在高噪声车间工作，分别观察车间噪声对他们听力的影响。

3.随机区组设计

随机区组设计又称配伍设计，是配对设计的延展，其目的是减弱或者消除非试验因素对结果的干扰或者影响，其基本思想是事先将被试者在如籍贯、身高、教育水平、家庭收入等研究不关注的非试验影响因素上进行匹配，形成区组，然后将每个区组内的个体进行随机分配，这些因素取决于研究设计者的考量。随机区组设计的设计原则是单位组间差异越大越好，单位组内差异越小越好。随机区组设计可以减少或者消除混杂因素的影响。

二、观察性研究

1. 横断面研究

横断面研究指在某研究对象中以普查或者抽样调查的方式收集特定时间内的资料，以研究样本分布规律或者反映因素之间的关联。比如抽样北京市出租车司机的腰疼情况，与非出租车司机人群进行对比，调查出租车司机职业性腰疼的情况。

2. 病例对照研究

病例对照研究是一种回顾性研究，主要用于研究疾病的病因和致病因素，是一种从果到因的调查。这种研究的对象最初为患病人群，当然也可以是已经确认存在某种安全问题的企业，再在非患病人群中随机抽出一组不存在疾病（或者安全问题）的对象作为对照组，比较两组人群在疾病或者问题发生之前有关的可疑因素情况，如果因素情况存在差别，则说明疾病或问题和可疑因素之间存在关联。

3. 队列研究

队列研究通常是将研究对象分为暴露于某条件下和非暴露于某条件下两组，追踪观察一段时间后，比较不同暴露组研究对象的表现差异。比如研究某机械加工企业员工，将工人分为暴露于噪声下和非暴露于噪声下两组，追踪观察两年后，看暴露组和非暴露分别有多少工人存在明显听力损失，从而推断噪声与听力损失之间的关系。

三、检验效能

检验效能又称把握度（power，power=$1-\beta$，β为第二类错误概率），其意义是当所研究的总体与原假设确实有差别时，按检验水准 α 能够发现其拒绝原假设的概率。比如，当把握度为0.85=1-0.15时，表示如果原假设不成立，每100次抽样中，在α检验水准上平均有85次能够拒绝原假设，这时如果两组确实有差异的话，那我们在分析中有85%的把握能够得到"有统计学差异"的结论。把握度表示如果确实有统计学意义的话，按照现有数据能够发现的这种统计学意义的概率或在α不变的情况下把握有多大，把握度高的检验方法更可取，一般把握度控制在0.75以上就能够较好地反映真实结果。

四、样本含量

目前，研究过程中普遍存在的问题是研究者并不是通过科学的方法计算得出样本量，而是随意的设定一个方便自己研究的样本量。

样本含量指一个样本中所包含的观察例数，一般用n表示，它是抽样推断中非常重要的概念。样本含量的大小与推断估计的准确性有着直接的联系，即在总体既定的情况下，样本含量越大其统计估计量的代表性误差就越小，反之，样本含量越小其估计误差也就越大。一般来说，样本含量主要由实验设计类别、精确度、把握度、人力、物力、财力等因素决定。在抽样调查中，确定样本含量很重要。因为样本含量过大，会造成人力、物力和财力的浪费；样本含量过小，会使抽样误差变大，使调查结果与实际情况相差很大，影响调查的效果。所以，在实际应用中，我们应该对分析的精度要求（抽样误差）、实际操作的可实施性、非抽样误差的控制和经费预算等进行综合权衡，从而确定一个最优的样本量。确定具体样本量还有相应的统计学公式，不同的抽样方法对应不同的公式。

样本含量的估计视不同研究方法和资料类型而有所不同。样本含量估计之前一般需要事先确定以下几个因素。

1.确定检验水准或显著性水平

即确定第一类错误的概率α。α设定得越小，所需样本含量越大，通常情况下取值为0.05。

2.提出所期望的检验效能或把握度

把握度1-β设定得越高，所需样本含量越大。把握度一般在0.75以上为佳。

3.其他信息

其他要素视不同研究方法而定，如比较两总体均数需要事先了解每组所代表的总体均值及标准差，组间率的比较需要事先了解每组的率，回归和相关分析需要了解预期相关系数等。这些参数一般可通过预实验或查阅以往资料获得。另外，选择双侧检验还是单侧检验对样本量也有影响，单侧检验比双侧检验所需要的样本量少。

五、样本量估计和实验设计的 SAS 程序

1.样本量估计的 SAS 程序

样本量估计在 SAS 中可通过 proc power 实现，该程序常用的语句包括：

proc power 选项；

multreg 选项；　/*线性回归的样本含量或把握度估计*/

onecorr 选项；　/*相关分析的样本含量或把握度估计*/

onewayanova 选项；　/*单因素方差分析的样本含量或把握度估计*/

twosamplefreq 选项；　/*两组率比较的样本含量或把握度估计*/

twosamplemeans 选项；　/*两组均数比较的样本含量或把握度估计*/

plot 选项；　/*绘制样本含量随把握度变化的图*/

run;

样本含量估计需要提前指定一些参数，所以上述程序大多数语句的选项都用来提供参数，这些参数有些可以根据研究目的指定，比如检验水准；有些则可通过查阅以往资料或预实验获得，比如两变量的样本均数、标准差、相关系数、样本率等。每种样本含量或把握度估计后的选项通常包括：

alpha=：指定第一类错误概率，如不指定，默认为 0.05；

ntotal=：估计样本含量时，指定格式为 "ntotal=."，此时需指定 "power=" 的具体数值；

power=：估计把握度时，指定格式为 "power=."，此时需指定 "ntotal=" 的具体数值；

sides=：指定进行单侧或者双侧检验，1 表示单侧检验，2 表示双侧检

验，默认为双侧检验。

此外，multreg（回归分析）的选项还包括：

nfullpredictors=：指定分析的自变量及混杂变量的总数量；

ntestpredictors=：指定分析的自变量个数（不含混杂变量）；

partialcorr=：指定因变量与自变量的相关系数。

onecorr（相关分析）的选项还包括：

corr=：指定两变量间的相关系数；

npartialvars=：指定需要校正的其他变量个数，缺省时为0。

onewayanova（多组定量资料比较）的选项还包括：

test=：指定检验方法，overall表示总的组间比较，contrast表示进行两两比较；

contrast=：当test=contrast时，指定需要两两比较的组别。如三组比较时，（1 −1 0）表示第一组和第二组比较，（1 0 −1）表示第一组和第三组比较，（0 1 −1）表示第二组和第三组比较；

gmlpmeans=：指定每组的均数，中间用"|"隔开；

groupweights=：当每组例数不同时，指定不同组例数权重；

stddev=：指定几组资料的合并标准差，计算方法为 $s_p = \left[\dfrac{\sum\limits_{i=1}^{k}(n_i-1)s_i^2}{\sum\limits_{i=1}^{k}(n_i-1)} \right]^{1/2}$ ，

其中，n_1，n_2，$\cdots$，n_k 为每组样本的数量，s_1，s_2，$\cdots$，s_k 为每组样本的标准差，k 为样本的总组数，假设所有组的样本数量相等，则可以简化为 $s_p = \left(\dfrac{\sum\limits_{i=1}^{k}s_i^2}{k} \right)^{1/2}$ 。

twosamplefreq（两组分类资料比较）的选项还包括：

groupproportions=（p_1 p_2）：指定两组样本率；

groupweights=：当两组例数不同时，指定每组例数的权重。

twosamplemeans（两组定量资料比较）的选项还包括：

groupmeans= $\overline{x}_1 | \overline{x}_2$ ：指定两组样本均数；

groupweights=：当两组例数不同时，指定每组例数的权重；

stddev=：指定合并标准差，即合并方差的平方根，假设两样本数量相等，则可以简化为 $s_p = \left(\dfrac{s_1^2 + s_2^2}{2} \right)^{1/2}$ 进行计算。

plot（绘制把握度或本量变化图）的选项还包括：

x=：指定 x 轴，指定 x=n 时，绘制把握度随样本量变化的变化图；指定 x=power 时，绘制样本量随把握度变化的变化图；

min=：指定 x 轴的最小值；

max=：指定 x 轴的最大值。

2. 实验设计的 SAS 程序

实验设计可以通过 proc plan 来实现，常用的语句包括：

proc plan 选项；

factors 名称=m of n 抽样方式；/*指定因素名称、抽样组数、抽样方式等参数*/

run；

Proc plan 后的选项常用的包括：

seed=：设定随机产生的种子，用于生成随机数。

factors 语句后常用的选项包括：

m：制定抽样样本的组数，要求是正整数；

n：制定抽样总体组数，要求是正整数；

抽样方式：random 表示将 m 组随机排列；ordered 表示 m 组按 1 到 m 顺序排列。

✐ **课后练习：**

1. 影响样本含量的因素有哪些？设计不同实验时这些影响因素哪些异同？

2. 实验性研究和观察性研究各分为哪几种类型，分别有什么特点？

3. Proc power 有哪些语句，分别代表什么意思？

第二节 完全随机设计与样本含量估计

一、定量资料完全随机设计与样本含量估计

例3.1

某企业欲比较安全措施A和安全措施B在企业研磨抛光车间粉尘治理中的效果,考虑两种方式的评价指标,以采取粉尘治理措施前后的作业空间粉尘浓度变化作为评价安全措施是否有效的指标。希望研究目标有80%的把握发现两种安全措施的真实差异,应如何进行实验设计并确定样本含量?

1. 确定设计方法

这是一个比较两组粉尘浓度变化差异的实验设计,研究因素为安全措施,即措施A和措施B。该研究属于定量资料的差异性分析设计,可选方法有完全随机设计和配对设计。但鉴于配对设计要求的条件比较严格,即对同一对象进行两次处理,本例中如对同一车间分别使用两种措施,需要考虑到使用两次措施时其他非实验因素不能有干扰,有时所选企业采取措施前后会产生各种问题,所以应优先选择完全随机设计的方法。

2. 样本含量估计

以作业空间粉尘浓度变化测量值为定量资料,样本含量估计前,需要指定检验水准、把握度、单双侧检验、两样本总体均值、合并标准差、两组样本比例等参数。此处如不指定alpha则默认为0.05,sides默认为2,指定把握度为0.8。假设以往的车间资料表明两组作业空间粉尘浓度变化测量值均值分别为9.34mg/m^{3}和8.47mg/m^3,标准差分别为1.56mg/m^{3}和1.22mg/m^3,合并标准差为1.41mg/m^3,见图3.1。

```
proc power;  /*调用proc power命令*/
twosamplemeans  /*指定估计的类型是两组均数比较*/
groupmeans=12.34|9.47  /*指定两组的均数*/
stddev=1.41  /*指定合并标准差*/
groupweights=(1 1)  /*指定两组样本含量的分配比为1:1,此句可以省
```
略,缺省时为1:1*/

power=0.8 /*指定把握度为0.8*/

ntotal=. ; /*表明要对样本含量进行估计 */

run;

POWER 过程
均值差的双样本 t 检验

固定方案元素	
分布	正态
方法	精确
组 1 均值	9.34
组 2 均值	8.47
标准差	1.41
组 1 权重	1
组 2 权重	1
名义型功效	0.8
边数	2
空差值	0
Alpha	0.05

图3.1 例3.1的统计量

结果共两部分。第一部分是基本信息，列出了两组均数、标准差、把握度、检验水准（alpha）等参数。

计算N 合计	
实际功效	N 合计
0.807	86

图3.2 例3.1的样本含量估计值

第二部分给出了样本含量估计值。结果表明，以粉尘浓度值进行估计，共需86例研究对象，实际把握度为80.7%，见图3.2。

二、分类资料完全随机设计与样本含量估计程序设计

例3.2

某企业欲比较安全措施A和安全措施B在企业研磨抛光车间粉尘治理中的效果，考虑以国家标准规定的粉尘控制浓度为分界线，将治理效果分为有效和无效两种情况。希望研究目标有80%的把握发现两种安全措施的真实差异，应如何进行实验设计并确定样本含量？

1.确定设计方法

与例3.1不同，这是一个比较两组粉尘控制效果（有效或无效）差异的实验设计，研究因素为安全措施，即措施A和措施B。该研究属于分类资料的差异性分析设计，可选方法有完全随机设计和配对设计。但鉴于配对设计要求的条件比较严格，即对同一对象进行两次处理，本例中如对同一车间分别使用两种措施，需要考虑到使用两次措施时其他非实验因素不能有干扰，有时所送企业采取措施前后会产生各种问题。所以优先选择完全随机设计的方法。

2.样本含量估计

以作业空间粉尘治理效果为分类资料进行样本量估计，估计样本含量前，需要指定检验水准、把握度、单双侧检验、两样本有效率、两组样本比例等参数。此处如不指定alpha则默认为0.05，sides默认为2，指定把握度为0.8。假设以往的车间资料表明两种方法粉尘控制有效率分别为72%和84%，见图3.3。

```
proc power;
twosamplefreq    /*指定估计的类型是两组率比较*/
groupproportions=（0.72  0.84）  /*指定两组的有效率*/
power=0.8
ntotal=.;
run;
```

POWER 过程
比例差值的 Pearson 卡方检验

固定方案元素	
分布	渐进正态
方法	正态近似
组 1 比例	0.72
组 2 比例	0.84
名义型功效	0.8
边数	2
空比例差值	0
Alpha	0.05
组 1 权重	1
组 2 权重	1

图3.3　例3.2的基本统计量

结果分为两个部分。第一部分是基本信息，列出了两组概率、把握度、检验水准（alpha）等参数。

计算N 合计	
实际功效	N 合计
0.800	372

图3.4　例3.2的样本含量估计值

第二部分是样本估计值。结果表明，以作业空间粉尘浓度变化效果进行估计，只有选用372例研究对象才能有80%的把握发现两组的真实差异，见图3.4。

值得注意的是，如果同时需要满足对多个效果评价指标的研究，可以先分别估计各种方法的样本含量，然后以其中最大的样本估算值作为最终样本含量估计值。

3.研究对象的随机分组

以上述结果的372例研究对象为例，在实验设计中，完全随机设计需要将这些研究对象随机分为两组。

proc plan;

factors rank=372 random;　/*产生变量rank，其值为随机排列的数值1~372*/

output out=a;　/*将随机排列的372个数值输出到数据集a*/

data b;　/*建立数据集b*/

set a;　/*复制a数据集*/

if rank<=186 then group='方法1'

else group='方法2';　/*产生新变量group，186=372/2，当随机数 ≤ 186时，group赋值为"方法1"，当随机数>186时，group赋值为"方法2'*/

num=_n_;　/*产生新变量num，其值等于数据的顺序号，也即研究对象的1~372的编号*/

proc print；/*输出随机数字rank、分组group和研究对象编号num*/

run;

因子	选择	水平	阶数
rank	372	372	Random

图3.5　rank的基本统计量

249	97	29	165	78	193	336	96	261	103	19	236

图3.6　1~372的随机排列数（部分）

结果包括两个部分，第一部分是1~372的随机排列，见图3.5和3.6，数据较多，此处不完全列出。

观测	rank	group	num
1	249	方法2	1
2	97	方法1	2
3	29	方法1	3
4	165	方法1	4
5	78	方法1	5
6	193	方法2	6
7	336	方法2	7
8	96	方法1	8
9	261	方法2	9
10	103	方法1	10
11	19	方法1	11
12	236	方法2	12

图3.7　例3.2的随机分组结果（部分）

第二部分是随机分组结果，见图3.7，由于结果包含372行数据，内容较多，仅列出了部分数据。第一列是系统默认的顺序号，第二列是随机数字，第三列是分组，第四列是研究对象编号。实验设计过程中应先对研究对象进行编号，然后按此随机数字编码分配到两组即可实现完全随机分组。

✎ 课后练习：

1.实验性研究和观察性研究有什么不同？

2.样本量和哪些因素有关？

第三节 随机区组设计与样本含量估计

例3.3

某研究人员观察三种类别的噪声（分贝）对作业场所工人听力（分贝）的影响情况，研究者希望能有80%的把握发现三种噪声对听力的真实影响。但考虑到工人听力的影响因素与工人之前的岗位、年龄都有关系，所以在进行随机区组设计时，试分析该研究应如何设计分组，如何估计样本含量？

1.确定设计方法

本例目的是分析三种不同的噪声对工人听力的影响，研究因素只有噪声，但混杂因素有岗位和年龄，所以案例要求采用随机区组设计。若要结果可靠，必须保证三组工人之前的岗位和年龄相同或相近，所以按照这两个因素将相同或相近的工人分为一个区组，然后在每个区组内将3个工人随机分配到不同的噪声种类组别。

2.样本含量估计

从例子可以看出研究的目标值为定量变量（分贝），估计样本含量之前需要确定检验水准、把握度、单侧还是双侧检验，并通过预实验或以往研究了解每组的均数及标准差。此处不指定alpha，默认其为0.05，sides默认为2，指定把握度为0.8。假设研究者根据前期实验结果，获得三种噪声的听力影响均数分别为54.5、60.8、55.4分贝，标准差分别为8.7、9.2、10.5分贝，则合并标准差为9.5分贝。

```
proc power;
onewayanova    /*表明对单因素方差分析进行样本估算 */
test=overall    /*表明是做三组间总体比较，而不是两两比较 */
groupmeans=54.5 | 60.8 | 55.4    /*给出了三组的均数 */
stddev=9.5    /*给出了三组的合并标准差 */
power=0.8    /*指定把握度为0.8*/
ntotal=.;    /*表明要对样本含量进行估计 */
run;
```

POWER 过程
单因子 ANOVA 的总体 F 检验

固定方案元素	
方法	精确
组均值	54.5 60.8 55.4
标准差	9.5
名义型功效	0.8
Alpha	0.05
组权重	1 1 1

图3.8 例3.3基于单因素方差分析的统计量

结果共两部分。第一部分是基本信息,列出了三组均数、合并标准差、把握度和第一类错误等。由于程序未指定"groupweights="语句,故默认为三组例数之比为1:1:1,见图3.8。

计算N 合计	
实际功效	N 合计
0.806	117

图3.9 例3.3样本估计结果

第二部分是样本估计结果,表明三组共需117例,即每组39例才能有80.6%的把握发现三组的真实差异,见图3.9。

2.研究对象随机分组程序设计

该研究采用随机区组设计,先将每3个岗位、年龄条件相似的工人分配入一个区组,然后每个区组内的3个工人再随机分配到3个噪声种类组。

proc plan;

factors block=39 ordered rank=3 random; /*block代表区组,每一区组3个工人,random表示随机分配区组内的工人*/

run;

因子	选择	水平	阶数
block	39	39	Ordered
rank	3	3	Random

图3.10 例3.3随机区组设计的基本统计量

结果共两部分。第一部分给出了基本统计量,显示共有3组,每组39例样本,见图3.10。

block	rank		
1	3	1	2
2	1	2	3
3	3	1	2
4	2	1	3
5	3	2	1
6	1	2	3
7	1	3	2
8	2	3	1
9	1	2	3
10	3	2	1
11	1	3	2
12	2	3	1

图3.11　39个区组的分配情况（部分）

第二部分给出了39个区组的分配情况，见图3.11。结果显示第1区组里有3个工人，这三个工人提前排好序号，序号3分到第一种噪声组，序号1分配到第二种噪声组，序号2分配到第三种噪声组。以此类推，完成随机区组的分配。

第四节　相关性分析和回归分析的样本含量估计

一、相关性分析的样本含量估计

例3.4

某企业欲研究工人应急意识评分与应急警报反应速度的相关关系，考虑到年龄、体重指数BMI、听力水平可能会影响二者的关系。现希望能以80%的把握度发现二者的真实关系，可选择什么分析方法，需要多少样本含量？

1.确定实验设计方法

本例研究工人应急意识评分与应急警报反应速度的关系，所以研究设计可采用相关分析。考虑到年龄、BMI、听力水平可能会影响二者的相关关系，所以为偏相关分析（具体原理见第七章）。

2.计算相关分析的样本含量

计算相关分析样本量前需要确定检验水准、把握度、单侧还是双侧检验等参数，并通过预实验或以往研究了解两变量的偏相关系数。此处不指定alpha，默认其为0.05，sides默认为2，指定把握度为0.8。假设研究者根据前期实验结果，获得两变量的偏相关系数为0.36。

```
proc power;
onecorr     /*表明对相关分析进行样本含量估计*/
corr=0.36   /*指定两变量之间的偏相关系数为0.4*/
npartialvars=3   /*指定共有3个校正因素*/
power=0.8
ntotal=.;
run;
```

POWER 过程
Pearson 相关的 Fisher Z 检验

固定方案元素	
分布	r 的 Fisher z 变换
方法	正态近似
偏出变量数	3
相关	0.36
名义型功效	0.8
边数	2
空相关	0
名义型 Alpha	0.05

图3.12　例3.4相关分析的样本含量估计基本统计量

结果共有两部分。第一部分是样本含量估计的基本信息，见图3.12。

计算N 合计		
实际 Alpha	实际功效	N 合计
0.05	0.805	61

图3.13　例3.4相关分析的样本含量估计结果

第二部分是样本含量估计结果，表明在80.5%的把握度下样本量为61，见图3.13。

二、回归分析的样本含量估计

例3.5

某企业欲研究工人应急意识评分对应急警报反应速度的影响，考虑到年龄、BMI、听力水平可能也会影响应急警报反应速度。现希望能以80%的把握度发现工人应急意识评分对应急警报反应速度的真实影响，可选择什么分析方法，需要多少样本含量？

1.确定实验设计方法

该研究是为确定工人应急意识评分对应急警报反应速度的影响，两变量有明确的因果关系，可以用回归分析。其实在估计样本含量时，只要确定研究因素和校正因素，相关分析和回归分析所求得的样本含量估计值是一致的。

2.计算回归分析的样本含量

相关分析样本量计算前需要确定检验水准、把握度、单侧还是双侧检验等参数，并通过预实验或以往研究了解两变量的偏相关系数。此处不指定 alpha，默认为0.05，sides默认为2，指定把握度为0.8。假设研究者根据前期实验结果，获得两变量的偏相关系数为0.36，见图3.14。

```
proc power;
multreg    /* 表明选择的方法是回归分析 */
dartialcorr=0.36   /* 指定两变量之间的偏相关系数为0.4*/
nfullpredictors=4   /* 指定包括混杂因素在内共有4个因素 */
ntestpredictors=1    /* 指定分析的主要变量只有1个，其他作为校正
因素 */
power=0.8
ntotal=.;
plot x=power min=0.2 max=0.9;  /* 以 power 为 x 轴绘制样本含量的变化
情况图 */
run;
```

POWER 过程
多重回归中的 III 型 F 检验

固定方案元素	
方法	精确
完整模型中的预测变量数	4
检验预测变量数	1
偏相关	0.36
名义型功效	0.8
模型	随机 X
Alpha	0.05

图3.14 例3.5回归分析的样本含量估计基本统计量

结果共有三部分。第一部分是样本含量估计的基本信息，显示共4个变量，其中因变量1个。

计算N 合计	
实际功效	N 合计
0.805	61

图3.15 例3.5回归分析的样本含量估计结果

第二部分是样本含量估计结果，表明在80.5%的把握度下样本含量为61例，见图3.15，与之前相关分析得到的样本含量和把握度都相同。

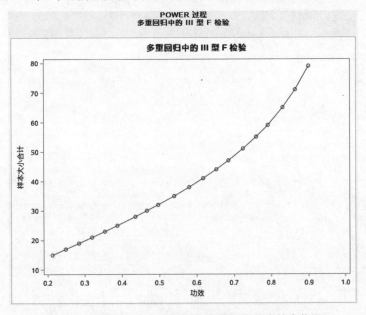

图3.16 例3.5回归分析的样本含量随把握度的变化图

　　第三部分是样本含量随把握度的变化，见图3.16。可以看出，把握度小于0.8时，所需样本含量均匀升高。当把握度大于0.8时，所需样本含量升高的趋势加快。样本含量随把握度的变化图的意义在于读者可以从图中选择在实验过程中能够接受且把握度更高的样本量，比如本例即使将把握度提高到0.9，样本含量也只是在80例左右，如果实验条件允许的话，可以增大到这一样本含量来提高实验把握度。

第四章　描述性统计分析

![books icon] 教学目的

1. 了解常用的统计描述指标和统计图表的应用。

2. 理解定量资料的统计描述方法。

3. 掌握常用的统计描述指标和统计图表的 SAS 命令。

![book icon] 教学要求

1. 熟练使用 proc means 过程在指定要求下对给定定量资料进行统计描述。

2. 熟练使用 proc univariate 过程在指定要求下对给定定量资料进行统计描述和检验。

3. 熟练使用 proc freq 过程在指定要求下对给定分类资料进行统计描述和检验。

4. 熟悉使用 gplot 过程进行绘图。

描述统计，又称叙述统计，是统计学中描绘或总结观察量的基本情况的统计总称。描述统计让研究者透过对数据资料的图像化处理，将资料摘要变为图表，以直观了解整体资料分布的情况。使用的工具通常是频数分布表与图示法，如多边图、直方图、饼图、散点图等。研究者也可以透过分析数据资料，以了解各变量内的观察值集中与分散的情况。运用的工具有：集中量数，如平均数、中位数、众数、几何平均数、算术平均数等；变异量数，如全距、方差、标准差、四分位间距等。为了表示测量数据与正态分布偏离的情况，会使用偏度、峰度两种统计数据。为了解个别观察值在整体中所占的位置，需要将观察值转换为相对量数，如百分等级、标准分数、四分位数等。

第一节　定量资料的描述性统计分析

一、常用的定量资料描述性统计指标

定量资料一般通过集中趋势指标、离散趋势指标和分布形状指标来描述。

1.集中趋势指标

（1）均值（mean）

均值是样本所有观测数据的平均值，用于描述样本的中心位置。要注意的是均值的缺点是对异常值不敏感，所以有时描述数据不够准确。

（2）中位数（median）

当样本按照观测值的大小从大到小或从小到大的顺序排列时，位于中间位置的数为中位数。中位数可用于描述数据中间位置的基本信息。中位数不易受极端样本的影响，与均值相比，在含有一些异常值的数据集中，中位数对数据中心位置的描述更为可靠。中位数的确定方法为：将变量按大小排序后，当样本数N为奇数时，中位数为位于（N+1）/2位置的变量；当样本数N为偶数时，中位数为位于N/2和（N/2+1）位置的两个变量的算术平均值。

（3）众数（mode）

众数是样本观测中出现频率最高的观测值，可用于描述数据的集中程度。众数可以通过对样本观测的频率统计来确定。

（4）分位数（ quantile）

分位数可对样本分布做具体描述，描述其位置和分布信息。对于样本数据按照从小到大的顺序排列的观测，观测的分位数的计算公式为各观测的位置数/样本数。在分位数中有几个特殊的统计量较为常用，0分位数为样本的最小值；25%分位数为四分之一分位数；50%分位数为中位数；75%分位数为四分之三分位数；100%分位数为样本的最大值。

分位数经常用图来表示四分位数有两个典型的应用。

①常常用来比较不同类别数据的整体情况。

②可以识别出异常值。有一种Tukey's test方法用的就是四分位数。

2.离散趋势指标

（1）极差（range）

极差可用于反映样本数据最大的离散程度，其计算公式为：极差＝最大值－最小值。

（2）方差（variance，var）

方差是衡量随机变量或一组数据时对离散程度的度量。概率论中用方差来度量随机变量和其数学期望（即均值）之间的偏离程度。统计中的方差（样本方差）是每个样本值与全体样本值的平均数之差的平方值的平均数。

（3）标准差（standard deviation，std）

标准差全面反映了一组观察值的变异程度，越大说明越离散，反之说明较集中，均数代表性越好。如果抽样比较两组数据方差或者标准差差异特别大，即一个值非常小，一个值非常大，则不能将他们放在一起进行分析。

$$S = \sqrt{\frac{1}{n-1} \sum_{i=1}^{n} (x_i - \overline{x})^2} \qquad （4-1）$$

（4）标准误（standard error，se）

即样本均数的标准差，是描述均数抽样分布的离散程度及衡量均数抽样误差大小的尺度，反映的是样本均数之间的变异。标准误不是标准差，是多个样本平均数的标准差。标准误被用来衡量抽样误差。标准误越小，表明样本统计量与总体参数的值越接近，样本对总体越有代表性，用样本统计量推断总体参数的可靠度越大。因此，标准误是统计推断可靠性的指标。

在实际分析中，经常出现标准差与标准误混淆并误用的情况，他们二者既有联系又有区别，标准差是刻画个体资料分布的离散程度的指标，样本标准差随着样本量增大而随机波动的幅度越来越小，最终稳定在总体标准差附近，而标准误随样本量增大而变小，最终趋近于0；样本量相同时，标准差越大，标准误相对越大；反之，标准差越小，标准误也相对越小。二者的详细区别见表4.1。

表4.1　标准差与标准误的对比

内容	标准差	标准误
性质	表示个体变异大小	是统计量的标准差，表示抽样误差大小
控制方法	个体变异或自然变异，不可通过统计方法来控制	增大样本含量可减少
算式	$S = \sqrt{\dfrac{\sum X^2 - \left(\sum X\right)^2 / n}{n-1}}$	$S_{\overline{X}} = S / \sqrt{n}$
用途	求参考值范围	求置信区间
随n增大	渐趋于稳定	渐趋于0

（5）变异系数（cv）

变异系数为标准差占均值的百分数，常用于不同量纲数据离散程度的比较。

3.分布形状指标

偏度和峰度是描述性统计分析中反映数据分布形状的参数。

（1）偏度（skewness）

偏度可用于反映数据的分布特征，如果数据对称地分布在中心（均值）的两侧，则偏度的值为0；如果数据向左偏，在左侧的分布更多，则偏度的值小于0；如果数据向右偏，在右侧的分布更多，则偏度的值大于0。

（2）峰度（kurtosis）

峰度用于描述数据分布时尾部的分散程度，与标准的正态分布相比，如果较为接近正态分布，则峰度的值近似为0；如果尾部比正态分布更分散，则峰度的值大于0；如果尾部比正态分布更集中，则峰度的值小于0。

二、统计图表

1.盒子图

盒子图又称为箱式图或箱形图，是描述定量资料的常用图表，它通过最大值、最小值、中位数、25%分位数（Q_1）、75%分位数Q_3五个指标来描述数据分布。上下两根线是最大值和最小值，中间箱子的上下线分别是75%和25%分位数，中间的"–"是中位数，详见图4.1。盒子图是一个十分有用的统计描述工具，他是统计学"五数概括"（即最大值、最小值、中位数、25%分位数、75%分位数五个数字）的直接体现，有的盒子图还给出异常值结果。盒子图能够综合反映集中趋势、离散趋势和分布形状，是非常实用的描述性统计图。

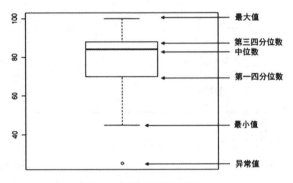

图4.1　典型盒子图示意

值得注意的是，统计分析特别关注数据中的异常值，因为忽视异常值的存在是十分危险的，在数据的计算分析过程中不剔除异常值，会给结果带来无法估计的影响；重视出现的异常值，分析其产生的原因，也是发现问题的契机。盒子图为我们提供了识别异常值的一个标准：异常值被定义为小于 $Q_1-1.5IQR$ 或大于 $Q_3+1.5IQR$ 的值，其中 IQR 为四分位极差，即 $IQR=Q_3-Q_1$，这一判断标准来源于经验判断且已经被证明非常有效。虽然传统经典方法中判断异常值是基于正态分布的 3σ 法则或 z 分数方法，但这些方法是以假定数据服从正态分布为前提的，但实际数据往往并不严格服从正态分布。传统方法中判断异常值的标准是以计算数据的均值和标准差为基础的，而异常值会对均值和标准差产生较大影响，所以传统方法判断所产生的异常值个数一般不会多于观测总数的0.7%，其有效性是有限的。一方面，绘制盒子图依靠的是实际数据，不需要事先假定数据服从特定的分布形式，没有对数据作任何限制性要求，只是真实直观地表现数据形状的本来面貌；另一方面，盒子图判断异常值的标准以四分位数和四分位距为基础，四分位数具有一定的耐抗性，多达25%的数据可以变得任意远而不会很大地扰动四分位数，所以异常值不能对这个标准施加影响，盒子图识别异常值的结果比较客观。由此可见，盒子图在识别异常值方面有一定的优越性。

2.直方图

直方图是最简单易懂的比较数值大小的图形，既可以用于对定量资料均值大小的描述，也可用于对分类资料比例、率大小的比较。该指标比较直观，直接根据条形高低或长短即可进行比较。国内学者多喜欢在条形图顶部加上反映标准差的误差线，以便同时反映集中趋势和离散趋势。

3.饼图和百分条图

饼图和百分条图是描述各部分所占比例的图，将一个圆饼或长条划分为若干块，每块代表相应部分的比例。

4.正态概率图

正态概率图用来判断数据分布是否符合正态分布，它以图形的方式比较数据分布和正态分布两个概率分布，把两组数据的分位数放在一起进行比较。制图方法是首先选好分位数间隔。图上的点（x, y）反映了第二组数据分布（y坐标）的分位数和与第一组数据分布（x坐标）的相同分位数。因此，这是一条以分位数间隔为参数的线。以这种方法制作的图也称为Q-Q图或P-P图。如果参考数据（y坐标）是正态分布数据，被测数据符合正态分布，则图形呈现出一条直线，反之会出现较多与直线距离较远的点，见图4.2。

Q-Q图或P-P图不仅适用于判断正态分布，也适用于对指数分布、对数分布等分布类型的判断，区别只是参考分布选用的是哪一种分布而已。

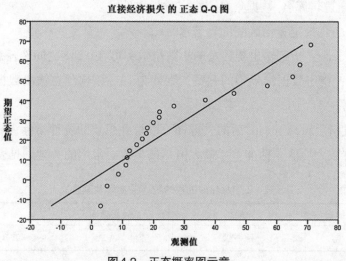

图4.2　正态概率图示意

三、常用的 SAS 命令

一般可以用 means 过程和 univariate 过程来进行定量数据的统计描述。

1. Means 过程：均值过程

Means 均值过程可以对观测内的所有变量或各组内的变量进行描述性统计分析。可以计算的统计参数很多。

Means 过程的主要语句为：

proc means 选项 关键词；

by 变量列表； /*指定分组变量，在组内进行分析*/

class 变量列表；

freq 变量； /*指定代表观测频数的变量*/

id 变量列表； /*指定识别观测的变量*/

output out=输出数据集名 统计量关键字=变量名；/*建立一个新表存放分析结果*/

var 变量列表；

weight 变量；/*指定权重变量*/

run;

各语句的含义和用法详见第二章。

proc means 后的常见选项包括：

data=逻辑库名.数据集名：指定分析文件；

alpha=：规定置信区间的显著水平 α；

maxdec=：指定输出统计量的小数位数，可在 0 到 8 之间选任意整数；

fw=：指定数据结果中的列宽，默认为 12，该选项在输出数据位数比较多时常用。

通过指定 proc means 后的关键词可以得到想要的统计指标，缺省时默认输出样本数、均值、标准差、最大值、最小值。常用的关键词见表 4.2。

表 4.2　Means 过程的统计关键词及其含义

统计关键词	含义	统计关键词	含义
n	样本数	cv	变异系数

统计关键词	含义	统计关键词	含义
mean	平均值	var	方差
std	标准差	stderr	均值的标准误
min	最小值	skewness	偏度
max	最大值	kurtosis	峰度
nmiss	缺失值个数	q1|p25	四分之一分位数
mode	众数	q3|p75	四分之三分位数
median	中位数	p1	第 1 百分位数
range	极差	p5	第 5 百分位数
uss	加权平方和	p10	第 10 百分位数
css	均值偏差的加权平方和	p90	第 90 百分位数
uclm	置信度上限	p95	第 95 百分位数
lclm	置信度下限	p99	第 99 百分位数
clm	置信度上限和下限	qrange	百分位数极差
sum	累加和	probt|prt	t 分布的双尾 p 值
sumwgt	权数和	t	总体均值为 0 的 t 统计量

2. Univariate 过程：单变量过程

Univariate 过程实现的功能较多，不仅可输出统计描述指标，还可给出正态性检验、盒子图、直方图、正态概率图、茎叶图等，此外还可给出分布位置的假设检验。从具体方法来讲，可实现单样本 t 检验、配对 t 检验、单样本秩和检验、配对秩和检验等。该过程主要语句有：

proc univariate 选项；

by 变量列表；

class 分组变量列表；

var 分析变量列表；

cdfplot 变量列表； /*绘制概率分布累积图*/

freq 变量；

histogram 变量 选项；/*绘制直方图*/

id 变量；

output out=输出数据集名 统计量关键字=变量名；

qqplot 变量列表 选项；/*绘制 Q-Q 图*/

weight 变量；

run；

其中，proc univariate 为必需语句，其他均为可选。其他语句具体作用及要求详见第二章相关内容。

proc univariate 后常用的选项有：

data=逻辑库名.数据集名：指定分析文件；

plot 或 plots：要求绘制茎叶图、盒子图和正态概率图；

freq：形成频数分布表；

normal：要求进行正态性检验。

3. Gplot 过程：制图过程

为方便用户使用，SAS 的很多过程步都自动提供一些简单的描述性统计图表。如果需要绘制自定义的复杂图表，可通过 proc gplot、proc gchart 等过程实现。Gplot 主要输出高精度散点图及连线图，gchart 主要用来绘制条图、饼图等。此处以 proc gplot 为例，讲解一下大致用法。

过程主要语句包括：

proc gplot 选项；

plot 纵坐标变量*横坐标变量 x=分类变量 选项；/*绘图，设置图形样子*/

plot2 纵坐标变量*横坐标变量 x=分类变量 选项；/*绘图，叠加图形*/

symbol 选项；

axis 选项；

run；

（1）Plot 语句：绘图语句

Plot 语句用于规定绘图的变量（横轴和纵轴的变量），同时也可以通过语句"plot 纵坐标变量 y*横坐标变量 x=分类变量"，定义分类变量以对绘制的散点图中的散点进行分类。Plot 后的选项常见的有：

caxis=颜色：设置坐标轴的颜色；

fram i nofram:规定在图形四周是否加入边框，默认为加入；

cfram=颜色：图形边框内的颜色，默认为白色；

autohref（autoveref）：在横（或纵）坐标轴的每个主刻度处加入水平（或垂直）参考线；

noaxis:取消图形的坐标轴及相关元素；

ctext=颜色：设置坐标轴文本字符的颜色；

haxis=值列举：设置横坐标轴主刻度的值；

vaxis=值列举：设置纵坐标轴主刻度的值。

（2）Plot2语句：叠加图形

Plot2语句可以在绘制的第一幅图形上叠加绘制第二幅图形，其后可跟的选项与plot语句类似。

（3）Symbol语句：规定线和符号的形式

Symbol语句规定图中符号、连接线的特征。常见的选项有：

v=：数据点图形符号：可以设置的符号有none（无符号）、plus（＋）、star（☆）、square（□）、diamond（◇）、trangle（△）、circle（O）、*等；

i=数据点连接方式：none、join（直线连接）、spline（光滑的曲线连接）、needle（从数据点到横坐标画垂直线）、rl（直线回归线）等；

c=颜色：同时设置点的符号和连线的颜色，如black（黑色）、red（红色）、green（绿色）、blue（蓝色）、gray（灰色）等；

cv=颜色：仅设置点的符号的颜色；

cl=颜色：仅设置连线的颜色；

w=宽度：设置数据点和连线的宽度；

l=n：设置连线的线型，n为0代表空白线，为1代表实线，为2代表虚线；

h=n：设置符号的大小，包括cell，cm，pct，pt，in等。

font=：设置字体；

（4）Axis语句：设置轴的形式

Axis语句规定图形的轴的形式，选项包括：

lable=：给轴加标签；

angle：规定轴标签的角度。0为水平，90为垂直。

order=：规定坐标轴上大刻度的范围和顺序；

r=：规定 symbol 语句充分的次数。

由于 sas 的制图功能使用起来不如 Excel 等常用软件方便美观，所以此作图过程仅作为了解内容。

四、案例实践

例4.1

某研究所开展一项新抗核辐射个体防护用品试验，纳入研究对象时测量了身高、体重、血压等常规指标，欲了解两组研究对象的体重分布特征。

表 4.3　两组研究对象的体重分布数据

(kg)

实验组	82.0	61.0	70.0	71.0	61.0	62.0	61.5	71.4	86.0	66.0	69.0	68.0
	74.2	70.7	64.0	63.0	71.0	71.0	69.0	59.0	71.0	59.0	81.0	68.0
对照组	56.0	81.0	66.0	73.0	86.0	89.0	66.0	75.0	69.0	87.0	76.0	66.0
	75.5	71.0	71.0	80.0	83.0	77.0	71.0	66.0	66.0	76.0	66.0	52.0

分析步骤：

1.确定需要统计的指标

该研究中的研究对象变量是体重，根据表4.3内数据判定其属于定量变量，可选用均数、标准差、中位数和四分位数间距等进行描述性统计。

2.编写描述性统计分析的 SAS 程序

定量变量的描述性统计分析可通过 proc means 或 proc univariate 程序实现。对表4.3内设计的变量进行自定义，可以看出，其中包含两个变量，即组别（实验组和对照组）和体重，为表述清晰，用变量 group 表示组别，weight 表示体重，规定 group=1 表示试验组，group=2 表示对照组。

/*创建永久库*/

libname s1000 'D:\SAS';　/*为表述方便，后续所有案例将省略该过程。但读者应当在每次打开 SAS 后先建立永久库，并将后续数据集储存在永久库

中防止丢失。*/

/*创建数据集*/

data; /*为表述方便，后续所有的data步将不再对新创建数据集进行命名。读者可根据自己的需要，以数据库名.数据集名的方式进行命名（本句写法示例：data s1000.weight;），并在以后养成良好习惯。当缺省时，SAS默认对数据集按a1、a2、a3……进行命名，并将数据集存放在work库中。*/

data s0000. example4_1;

input group $ weight @@;　　　　/*列表模式数据输入，且数据输入过程中不换行*/

cards;

```
1  82.0 1 61.0 1 70.0 1 71.0 1 61.0 1 62.0
1  61.5 1 71.4 1 86.0 1 66.0 1 69.0 1 68.0
1  74.2 1 70.7 1 64.0 1 63.0 1 71.0 1 71.0
1  69.0 1 59.0 1 71.0 1 59.0 1 81.0 1 68.0
2  56.0 2 81.0 2 66.0 2 73.0 2 86.0 2 89.0
2  66.0 2 75.0 2 69.0 2 87.0 2 76.0 2 66.0
2  75.5 2 71.0 2 71.0 2 80.0 2 83.0 2 77.0
2  71.0 2 66.0 2 66.0 2 76.0 2 66.0 2 52.0
;
```

run;

/*proc means过程*/

proc means n mean std median q1 q3 maxdec=2;

/*调用proc means过程，要求输出的指标有例数、均值、标准差、中位数、第一分位数、第三分位数。结果数值部分保留小数点后两位。*/

/*为表述方便，后续所有的proc步将不再指定需要分析的数据集。读者可根据自己的需要，以数据库名.数据集名的方式进行指定（本句写法示例：proc means data=s1000.weight n mean…;），并在以后养成良好习惯。不指定时，SAS默认对刚建立的数据集进行分析。*/

class group;　　　　/*指定group为分组变量，即给出每组数据的指标*/

var weight;　　　　/*指定分析变量为weight*/

run;

/*proc univariate 过程 */

proc univariate normal plots;   /*normal选项表示需要进行正态性检验，
plots要求绘制茎叶图、盒子图和正态概率图 */

    class group;   /*指定 group 为分组变量 */

    var weight;   /*指定分析变量为 weight*/

run;

3.结果分析

（1）Proc means 过程结果

Proc means 过程给出了两组的统计描述指标。SAS 的每一个过程的分析结果都会有标题，并且在结果窗口以树状图显示，方便读者快速查找。标题下会表明被分析的变量是 weight、分组变量是 group，分析的是实验组还是对照组等。

分析变量: weight						
group	观测数	数目	均值	标准差	中位数	下四分位数	上四分位数
1	24	24	68.74	7.10	69.00	62.50	71.00
2	24	24	72.69	9.16	72.00	66.00	78.50

图4.3　例4.1统计描述指标

本部分结果如图4.3显示：两组的体重均值分别为68.74kg和72.69kg，SAS结果给出的小数位数较多，读者可以根据数据情况和研究需求取小数点后的位数，实验组体重低于对照组；标准差分别为7.10kg和9.16kg，实验组体重低于对照组，说明对照组的组内差异更大；两组数据的中位数分别为69.00kg和72.00kg；第25%分位点和75%分位点上，实验组也小于对照组数据。从数据分布上看，实验组体重分布偏左，内部差异较对照组小。读者还可以对其他感兴趣的分布进行研究，比如四分位数分布的位置，说明了人员体重更集中分布在哪些数值范围等。

（2）Proc univariate 过程结果

Proc univariate 过程结果分别给出了基本统计量、简单的统计检验、正态性检验、分位数等。下面以试验组的输出结果为例进行解析。值得注意的是，SAS软件的汉化程度并不完全，所以结果有部分汉化内容翻译有偏差可以无视，理解其结果内容和含义就行。

UNIVARIATE 过程
变量: weight
group = 1

矩			
数目	24	权重总和	24
均值	68.7416667	观测总和	1649.8
标准差	7.09665669	方差	50.3625362
偏度	0.76567548	峰度	0.45890572
未校平方和	114568.34	校正平方和	1158.33833
变异系数	10.3236611	标准误差均值	1.44859898

图4.4　例4.1描述性统计指标

第一部分结果为常用的描述性统计指标。其中校正平方和是指离均差平方和，而未校平方和是所有数据的平方和，详见图4.4。

基本统计测度			
位置		变异性	
均值	68.74167	标准差	7.09666
中位数	69.00000	方差	50.36254
众数	71.00000	极差	27.00000
		四分位间距	8.50000

图4.5　例4.1的基本统计量

第二部分结果为基本统计量，与第一部分结果有一部分重复，但更侧重对集中趋势和离散趋势的描述，左侧给出了集中趋势的指标，右侧给出了离散趋势的指标，详见图4.6。

位置检验: Mu0=0				
检验		统计量	p 值	
Student t	t	47.4539	Pr > |t|	<.0001
符号	M	12	Pr >= |M|	<.0001
符号秩	S	150	Pr >= |S|	<.0001

图4.6　例4.1的位置检验结果

第三部分结果为有关分布位置的假设检验，原假设为数据位置（均值）在=0处。此部分结果在描述性统计分析中不常用，在差异性检验等分析中常用，比如判断样本均值是否为0，可以参见后续其他章节。标题中的Mu0=0表示检验的是位置参数=0，即原假设是位置=0，列表中提供了Student t（即t检验）、符号和符号秩和三种检验结果，读者需要根据数据分布属性进行选择。如数据服从正态分布，则选择 Student t 结果，t 检验是均值是否为 0 的假设检验；如果不服从正态分布，则通常选择符号秩检验结果，该结果是检验中位数是否为 0 的假设检验；符号检验相关内容见第五章。本案例分析结果显示：均值 67.74 与 0 相比差异有统计学意义（P<0.0001），中位数 68 与 0 相比差异有统计学意义（P<0.0001），详见图 4.6。

正态性检验				
检验		统计量	p 值	
Shapiro-Wilk	W	0.920047	Pr < W	0.0585
Kolmogorov-Smirnov	D	0.187316	Pr > D	0.0278
Cramer-von Mises	W-Sq	0.101931	Pr > W-Sq	0.0999
Anderson-Darling	A-Sq	0.670103	Pr > A-Sq	0.0741

图 4.7　例 4.1 的正态性检验结果

　　第四部分结果为正态性检验结果，详见图 4.7，原假设为数据分布服从正态分布。SAS 提供了 4 种检验方法，较为常用的是前两个即 Shapiro-Wilk 检验（W 检验）和 Kolmogorov-Smirnov 检验（D 检验）。SAS 规定：当观测数小于等于 2000 时，选择 W 检验，大于 2000 时，SAS 中不显示 Shapiro-Wilk 检验结果，则选择 D 检验结果。结果还给出了统计量以及与其对应的 P 值，我们可以通过 P 值进行判断。正态性检验的判断标准为，如果 $P \leqslant 0.05$，说明数据不服从正态分布，反之则说明数据服从正态分布。本案例的结果中，观测值小于 2000，所以选择 W 检验结果，W 检验的 P 值为 0.0585，说明不服从正态分布。也可以结合正态概率图等进行综合判断。

分位数（定义 5）	
水平	分位数
100% 最大值	86.0
99%	86.0
95%	82.0
90%	81.0
75% Q3	71.0
50% 中位数	69.0
25% Q1	62.5
10%	61.0
5%	59.0
1%	59.0
0% 最小值	59.0

图 4.8　例 4.1 的分位数

第五部分给出了各种分位数，包括最大值、最小值、中位数、第一分位数（Q_1）、第三分位数（Q_3）等，详见图4.8。

极值观测			
最小值		最大值	
值	观测	值	观测
59.0	22	71.4	8
59.0	20	74.2	13
61.0	5	81.0	23
61.0	2	82.0	1
61.5	7	86.0	9

图4.9 例4.1极值观测

第六部分给出了极值观测，详见图4.9，分别给出了最大和最小的5个值，这些值可以帮助读者找到可能存在的异常值。

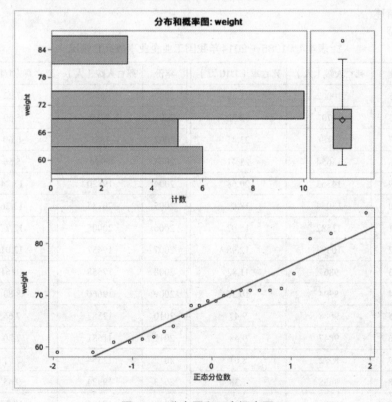

图4.10 分布图和正态概率图

最后，结果给出了分布图和正态概率图（QQ图），详见图4.10。正态概率图中的点分布应当呈现出一个中段密集两端稀疏的直线，其数据分布越接近直线，就表征数据越有可能服从正态分布。该部分的判断初学者不易掌握，可结合第四部分的正态性检验结果进行判断。

对照组数据的描述性统计分析结果解释与试验组输出结果相同，这里不再赘述。

例4.2

表4.4为1985—2014年全国工业企业事故死亡人数和死亡率，该数据来源于《安全生产年鉴》《中国统计年鉴》和《中国劳动统计年鉴》等正式出版物。本案例要求绘制出事故死亡率趋势图，并计算1985—2014年中国工业事故死亡人数和死亡率的均值、中位数、标准差和变异系数等相关参数，并对1985—2014年我国工业企业事故死亡人数和死亡率的特点进行统计分析和描述。

表4.4　1985—2014年我国工业企业事故死亡情况

年份	死亡人数（人）	死亡率（1/10万）	年份	死亡人数（人）	死亡率（1/10万）
1985	10062	21.35	2000	8657	7.22
1986	11707	22.72	2001	7759	5.59
1987	12488	23.41	2002	7855	5.60
1988	13654	23.41	2003	7994	5.56
1989	14363	20.68	2004	19820	13.24
1990	13054	18.09	2005	20135	13.26
1991	11582	15.02	2006	20005	12.77
1992	10393	12.98	2007	19457	12.01
1993	9867	11.82	2008	17558	10.61
1994	8994	10.36	2009	19660	8.83
1995	9088	9.47	2010	12587	7.66
1996	9847	9.48	2011	11681	7.20
1997	8982	8.01	2012	12554	7.71
1998	8658	7.38	2013	19924	9.45
1999	8908	7.33	2014	17326	10.77

1. 确定需要的统计指标

本案例已经明确，需要分析的统计指标为死亡人数和死亡率的均值、中位数、标准差和变异系数等相关参数。通过数据表可以判断数据类别为定量数据。

2. 描述性统计分析的 SAS 程序

定量变量的描述性统计分析可通过 proc means 或 proc univariate 程序实现。对表格内设计的变量进行自定义，从表格可以看出，该表格包含 3 个变量，即年份、死亡人数、死亡率，为表述清晰，用变量 year 表示年份，number 表示死亡人数，rate 表示死亡率。

编写 SAS 程序如下：

```
/* 创建数据集 */
data  ;
input year number rate @@;
cards;
1985 10062  21.35   1986 11707 22.72   1987 12488 23.41   1988 13654 23.41
1989 14363 20.68   1990 13054 18.09   1991 11582 15.02   1992 10393 12.98
1993 9867   11.82   1994 8994  10.36   1995 9088  9.47   1996 9847  9.48
1997 8982   8.01   1998 8658   7.38   1999 8908  7.33   2000 8657  7.22
2001 7759   5.59   2002 7855   5.60   2003 7994  5.56   2004 19820 13.24
2005 20135 13.26   2006 20005 12.77   2007 19457 12.01   2008 17558 10.61
2009 19660 8.83    2010 12587 7.66   2011 11681 7.20   2012 12554 7.71
2013 19924 9.45    2014 17326 10.77
;
run;
proc means mean std median cv;
var number rate;
run;
proc univariate normal;
var n number rate;
run;
```

3.结果分析

（1）Proc means 过程结果

如图4.11所示，proc means 过程直接给出了事故死亡人数（number）和十万人死亡率（rate）的统计描述指标。

变量	均值	标准差	中位数	变异系数
NUMBER	12285.43	5150.97	11694.00	41.9274684
RATE	11.9663333	5.5401528	10.4850000	46.2978311

图4.11　例4.2统计描述指标

由结果可以看出：1985—2014年，我国工业企业事故死亡人数年均值为12285人（已取整数），标准差为5151人，中位数为11694人，变异系数约为41.93。十万人死亡率结果详见表4.4，这里不再赘述。

（2）Proc univariate 过程结果

以十万人死亡率为例，proc univariate 过程输出结果中给出了基本统计量、简单的统计检验、正态性检验、各种分位数等。

矩			
N	30	权重总和	30
均值	11.9663333	观测总和	358.99
标准差	5.54015279	方差	30.693293
偏度	0.97687117	峰度	-0.1519577
未校平方和	5185.8995	校正平方和	890.105497
变异系数	46.2978311	标准误差均值	1.01148889

图4.12　例4.2的基本统计量

第一部分结果如图4.12所示，包括了常用的各种统计指标。

位置检验: Mu0=0			
检验	统计量	p 值	
Student t	t	11.83042	Pr > |t|	<.0001
符号检验	M	15	Pr >= |M|	<.0001
符号秩检验	S	232.5	Pr >= |S|	<.0001

图4.13　例4.2分布位置的假设检验结果

第二部分给出了有关分布位置的假设检验（见图4.13），Mu0=0表示原假设为位置参数=0，如t检验是均值与0比较的假设检验，符号秩检验是中位数与0比较的假设检验。结果显示，均值11.97与0相比的差异有统计学意义，中位数10.485与0相比的差异有统计学意义（P<0.0001）。

正态性检验				
检验		统计量	p 值	
Shapiro-Wilk	W	0.866823	Pr < W	0.0014
Kolmogorov-Smirnov	D	0.17435	Pr > D	0.0203
Cramer-von Mises	W-Sq	0.221901	Pr > W-Sq	<0.0050
Anderson-Darling	A-Sq	1.407032	Pr > A-Sq	<0.0050

图4.14　例4.2的正态性检验结果

第三部分给出了正态性检验的结果，如图4.14所示，Shapiro-Wilk检验的P值为0.014，表示不服从正态分布。

分位数（定义 5）	
水平	分位数
100% 最大值	23.410
99%	23.410
95%	23.410
90%	22.035
75% Q3	13.260
50% 中位数	10.485
25% Q1	7.660
10%	6.400
5%	5.590
1%	5.560
0% 最小值	5.560

图4.15　例4.2的分位数

第四部分给出了各种分位数（如图4.15），包括最大值、最小值、中位数、第一分位数以及第三分位数等。

极值观测			
最小值		最大值	
值	观测	值	观测
5.56	19	20.68	5
5.59	17	21.35	1
5.60	18	22.72	2
7.20	27	23.41	3
7.22	16	23.41	4

图4.16　例4.2的极值观测

第五部分给出了极值观测，分别给出了最大和最小的5个值，如图4.16所示。

4.统计图表

由于案例要求对1985—2014年我国工业企业事故死亡人数和死亡率的特点进行统计分析和描述，考虑随时间变化的趋势，选择制图的方法来展示更为直观，即以时间为横坐标，分析变量如死亡率为纵坐标，对上述的数据绘制线图，更直观地找出年份和事故率之间的关系，编写 SAS 程序如下：

```
proc gplot;
plot rate*year;     /*以 year 为横坐标，rate 为纵坐标制图 */
symbol i=join v=dot;
run;
```

提交上述程序后，在结果查看器中查看数据连线图，如图4.17所示。

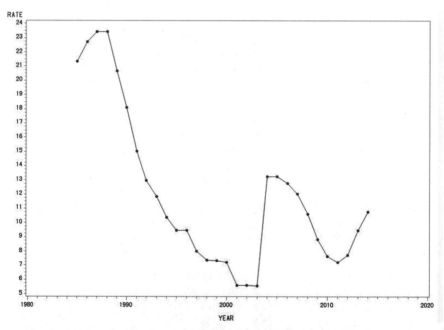

图4.17　1985—2014年中国工业企业事故死亡率趋势图

✒ **课后练习：**

1.标准差和标准误的区别是什么？

2.百分位数有什么用处？

3.盒子图如何解释？

4.如何利用正态概率图判断数据服从正态分布？

第二节　分类资料的描述性统计分析

一、常用的分类资料描述性统计指标

分类资料主要通过频数、比例等描述。比例也称构成比，通常和例数一起描述某现象各组成部分所占的比重。

二、常用的 SAS 命令

一般使用 freq 过程（频数分析过程）对分类指标进行描述。Proc freq 可输出各类资料的例数和比例。

常用的语句有：

proc freq 选项；

table 变量1*变量2*…/选项；/*输出列联表统计数据，第一个变量为结果表格的行变量，第二个为列变量*/

run；

其中，proc freq 为必需语句，其他均为可选。

Table 语句可指定一个或多个分类变量。只有一个分类变量时，输出该变量每一类的频数和比例；指定两个或多个分类变量时，输出行列交叉表中每一类的频数和比例。Proc freq 命令还可实现分类资料的组间比较，详见后续章节的内容。

三、案例实践

例4.3

某工厂有52个工人，为研究企业采用新方法进行安全教育的效果，将他们平均分为两组，实验组工人采用新方法进行安全教育，对照组仍按照旧方法进行安全教育，通过观察在接受教育后4周内出现不安全行为的情况来衡量新安全教育方法的效果，最终分为十分有效、有效、无效三类，统计结果，详见表4.5。

表4.5　企业两种安全教育方式的教育效果

实验组	有效	有效	有效	十分有效	有效	有效	十分有效	有效	十分有效	有效	十分有效	十分有效	有效
	有效	十分有效	十分有效	十分有效	有效	无效	十分有效	十分有效	十分有效	十分有效	有效		无效
对照组	有效	有效	有效	有效	有效	十分有效	有效	十分有效	有效	有效	十分有效		有效
	无效	十分有效	十分有效	有效	无效	无效	有效	十分有效	有效	有效	无效	有效	十分有效

1.确定需要统计的指标

从数据表格可以看出，本案例的数据属于分类变量。分类变量一般以例数和比例的形式来进行描述性统计分析。

2.编写SAS程序

分类变量的描述性统计分析可通过proc freq程序实现。对表格内设计的变量进行自定义，从表4.5可以看出，其中包含两个变量，即组别（实验组和对照组）和效果（无效、有效、十分有效），为表述清晰，用变量group表示组别，grade表示效果。

/* 创建数据集 */

data;

input group $ grade $;　/*两个变量均为字符型变量，所以变量名后需要加$符号。注意，为了简化数据输入过程，此处也可以对变量进行编码，将其转换为数字型变量，比如规定group=1表示试验组，group=2表示对照组；grade=1表示无效，grade=2表示有效，grade=3表示十分有效。*/

cards;

试验组　　　有效

试验组　　　有效

… /*数据部分输入过长省略，请读者自行补充完整*/

对照组 有效

对照组 十分有效

;

/*freq过程*/

proc freq;

table group*grade;

/* 以group为行变量，grade为列变量输出结果表格，交叉形成一个行 ×
列的表格（列联表），因为group为2类，grade为3类，因此形成2×3=6个
格子的表格，每一格子中默认给出频数、总例数百分比、行百分比和列百分
比4个统计量。*/

run;

3.结果分析

频数 总例数百分比 行百分比 列百分比	表 - group * grade			
	grade			
group	十分有效	无效	有效	合计
对照组	7 13.46 26.92 36.84	4 7.69 15.38 66.67	15 28.85 57.69 55.56	26 50.00
试验组	12 23.08 46.15 63.16	2 3.85 7.69 33.33	12 23.08 46.15 44.44	26 50.00
合计	19 36.54	6 11.54	27 51.92	52 100.00

图4.18 例4.3的频数统计表

结果给出了两组不同安全教育方式的频数及相应比例，详见图4.18。每
个格子中有4行数据，含义位于表格左上角，分别为频数、总例数百分比、
行百分比、列百分比。SAS中默认汉字是按其拼音顺序排列的，因此列的教
育效果顺序显示为十分有效、无效、有效。通过统计数据可以对6种分类的
百分比大小进行统计描述。

例4.4

为了更好的研究我国建筑行业施工现场作业人员佩戴安全帽与人员伤亡
情况之间的关联，通过搜集某地建筑行业人员伤亡情况数据，并调查建筑企

业作业人员在佩戴安全帽和未佩戴安全帽两种情况下造成人员伤亡的起数，搜集了1939例并进行分析，其中佩戴安全帽情况下造成18名人员伤亡，未佩戴安全帽情况下造成212人伤亡。数据整理为表4.6。

表4.6　建筑企业作业人员有无佩戴安全帽与人员伤亡情况

	有人员伤亡	无人员伤亡	合计
佩戴安全帽	15	1223	1238
未佩戴安全帽	221	486	707
合计	236	1709	1945

1. 确定需要统计分析的指标及编写 SAS 程序

通过数据可以发现案例有两个变量：组别（佩戴安全帽和未佩戴安全帽）和人员伤亡情况（有人员伤亡和无人员伤亡），属于分类变量分析，可以选用 proc freq 程序实现。用变量 helmet 表示佩戴安全帽情况变量，injury 表示人员伤亡情况变量，可通过如下 SAS 程序来进行分析：

```
/* 创建数据集 */
data;
do helmet=1 TO 2; /* 此处循环 do 语句的含义详见第六章 */
do injury=1 TO 2;
input f@@;
output;
end;
end;
cards;
15 1223
221  486
;
run;
/* freq 过程 */
proc freq;
```

```
weight f;    /*表明 f 为频数变量 */
table helmet*injury;
run;
```

2.结果分析

频数 百分比 行百分比 列百分比	helmet-injury表		
	injury		
helmet	1	2	合计
1	15 0.77 1.21 6.36	1223 62.88 98.79 71.56	1238 63.65
2	221 11.36 31.26 93.64	486 24.99 68.74 28.44	707 36.35
合计	236 12.13	1709 87.87	1945 100.00

图4.19 例4.4的频数统计表

如图4.19所示，结果给出了两种情况下造成的不同结果的频数以及相应比例。每个格子中有四行数据，含义分别为频数、百分比、行百分比以及列百分比。

✎ 课后练习：

1.如何对分类数据进行描述性统计分析？

2.行百分比和列百分比各指什么？

第五章　定量资料的差异性分析

教学目的

1.熟悉t检验、方差分析、秩和检验、多重检验的基本原理。

2.掌握t检验、方差分析、秩和检验、多重检验的SAS命令，两组及多组资料的比较方法；定量资料统计分析结果的解释。

教学要求

1.熟练使用proc univariate 对数据集进行正态性检验。

2.熟练使用proc ttest过程在指定要求下对给定两组正态分布资料进行t检验并分析检验结果。

3.熟练使用proc glm等过程在指定要求下对给定多组正态分布资料进行比较并分析检验结果。

4.熟练使用proc npar1way过程在指定要求下对给定非正态分布资料进行秩和检验并分析检验结果。

第一节　正态分布资料的差异性分析

差异性分析是安全科学数据最常用的统计分析之一。对于定量数据的差异性分析，一般会先判断各组资料是否均服从正态分布。对于正态分布资料的差异性分析，考虑到数据特点的不同，当数据为两组正态资料的比较时，较为常用的方法是t检验；当数据为多组正态资料比较时，常用的方法是方差分析。对于非正态分布的资料，一般采用秩和检验等非参数检验进行分析，详见本章第二节内容。

一、T检验介绍

1. T检验基本思想

T检验是基于t分布的一种假设检验方法。T分布是Student-t分布的简称，最早由英国统计学家高斯（Gosset）于1908年以笔名Student发表，被统计学界誉为统计推断理论发展史上的里程碑。后来，著名的t分布理论统计学家费舍尔（Fisher）将其发展推广并命名为Student-t分布。

T检验主要用于两组定量资料的比较，同时，t分布还广泛用于对回归系数、相关系数等多种参数的统计推断。使用t检验的要求是数据满足三个条件：独立性、正态性、方差齐性。独立性即各研究对象的观测值是相互独立的，没有相关性也互不影响。正态性即要求两组数据均服从正态分布。方差齐性即两组样本数据所代表的总体方差相等。独立性一般在实验设计阶段实现，后续案例除进行特殊说明外，均默认各组满足独立性要求。当定量数据不满足正态性时，可以考虑采用非参数方法如秩和检验进行分析。当定量数据不满足方差齐性时，SAS系统在t检验过程中给出了解决办法。

T检验所使用的t统计量的算法可以表示为：

$$t = \frac{\overline{X}_1 - \overline{X}_2}{S_{\overline{X}_1 - \overline{X}_2}} = \frac{\overline{X}_1 - \overline{X}_2}{\sqrt{S_c^2(\frac{1}{n_1} + \frac{1}{n_2})}}, \quad 其中 S_c^2 = \frac{\overline{X}_1 - \overline{X}_2}{S_{\overline{X}_1 - \overline{X}_2}} = \frac{(n_1-1)s_1^2 + (n_2-1)s_2^2}{n_1 + n_2 - 2} \quad （5-1）$$

式5-1中，$S_{\overline{X}_1 - \overline{X}_2}$ 是两组均数之差的标准误，可以反映抽样误差，S_c^2 为两组的合并方差，是两组方差的加权平均。s_1^2 和 s_2^2 是两组数据的标准差，而 n_1 和 n_2 是两组的观测数。t检验的思想就是研究两组数据均值的差异究竟是抽样误差造成的（抽样过程一定存在），还是两组数据均值有差异造成的。由公式可以看出：分母代表抽样误差，分子代表两组数据的均值差，当两组均数固定时，如果抽样误差较小，则两组的均值差异是由抽样误差造成的可能性就比较小（比较小的标准为0.05，见第一章），而更有可能是两组抽样数据所代表的整体的均值确实存在差异。

2. T检验的SAS命令

T检验可以通过SAS程序的proc ttest过程实现。

其常用的语句有：

proc ttest 选项；

class 变量；

var 变量 1 变量 2 …；

freq 变量；

weight 变量；

by 变量 1 变量 2 …；

paired 变量 1 变量 2 …； /*指定两组样本的成对样本变量，表示形式为 x*y。*/

run；

proc ttest 后的选项主要包括：

alpha=数值：制定置信度，缺省时为 0.95；

ci=none|equal：控制标准差置信区间的估计，none 表示不输出，equal 表示显示对称双尾置信区间；

side=2|l|u：指定假设检验的 t 检验类型，包括 2（双尾检验，默认）、1（左尾检验）、u（右尾检验）；

h0=m：设置原假设，m 可以为任意数值，默认原假设为 h0=0。

之前介绍过的语句在此不再赘述。

SAS 系统给出的 t 检验结果主要包括三部分。第一部分给出两组的均数及均数的置信区间、两组的标准差及标准差的置信区间、两组的标准误，还给出了两组差值的均数、标准差、标准误。

第二部分给出两组比较的 t 检验结果，在这一结果中，SAS 给出了方差不齐时的解决办法：pooled 方法适用于常规的 t 检验，用于方差齐的情形；satterthwaite t 检验方法用于方差不齐的情形。

第三部分给出了方差齐性的检验结果。如果该结果中的 P 值大于 0.05，则表示两组数据满足方差齐性，在第二部分应该选择 pooled t 检验结果，反之两组数据方差不齐，应该选择第二部分的 satterthwaite t 检验结果。

可以看出，在正态分布资料的差异性分析过程中，应该先查看第三部分结果，再根据情况选择第二部分结果。即首先看第三部分方差齐性检验结果，如果结果显示方差齐，则选择常规 t 检验的结果；如果方差不齐，则选择satterthwaite t检验结果。如果结果显示两组差异有统计学意义，则结合两组的均值比较其实际大小。具体可以参见后续例题。

二、方差分析介绍

1.方差分析的基本思想

超过两个总体均数进行比较，比如3个均数的比较：$\mu_1=\mu_2=\mu_3$，如果采用t检验则需进行3次两两比较的t检验，每次检验不犯第Ⅰ类错误的概率为0.95，那么3次均不犯第Ⅰ类错误的概率则为0.95^3，犯第Ⅰ类错误的概率就是$1-0.95^3=0.14$，远超过了规定的0.05水准。这说明使用多次t检验进行多个均数的比较会增大发生第Ⅰ类错误的概率。因此，t检验不能直接用于多个均数的比较。t检验主要解决两组定量资料均数比较的问题，而实际研究中经常遇到多组定量资料均数进行比较的问题，此时，常用方差分析进行检验。

方差分析（analysis of variance，anova）由英国著名统计学家Fisher提出，也称F检验，其目的是推断多个样本所代表的总体均数是否不等。完全随机设计的方差分析是指将研究对象完全随机化分配至多个不同的处理组，比较多组的效应指标是否存在差别，亦称单向方差分析（one-way anova）。

方差是反映数据变异程度的指标，方差分析是利用方差的概念对变异度进行分解，所以方差分析也称变异度分析。研究对象的全部变异（差异）称为总变异，我们需要分析的就是为什么会存在这种变异。原因至少有两类：第一是个体之间的差异与测量误差，即组内变异，这部分变异主要是随机误差。第二种是不同组资料来源于不同的整体，这些资料所代表的整体之间有差异，即组间变异。

所以，总变异可以表示为：

$$SS_{\text{总}}= SS_{\text{组间}}+SS_{\text{组内}} \tag{5-2}$$

式5-2中，$SS_{\text{总}}$表示所有个体值总的离均差平方和，称为总变异；$SS_{\text{组间}}$表示每组均数与总均数的离均差平方和，称为组间变异；$SS_{\text{组内}}$表示组内每个个体与组内均数的离均差平方和，称为组内变异，反映了随机误差。

方差分析的基本思想是如果组间变异远远大于组内变异，我们就可以认为总变异主要是由组间变异引起的，即影响因素引起。如果组间变异与组内变异差别不大，就不能认为总变异主要是由组间变异引起的，总变异可能只是个体差异的随机误差而已。

但是往往有这样一个规律：数据越多，变异越大。如1000人之间的差异一般要比200人之间的差异大。为了抵消这一影响，实际操作中不是直接比较组间变异和组内变异，而是用变异除以相应的自由度，比较平均变异，一般称为组间均方和组内均方。 即：

$$MS_{组间}=\frac{SS_{组间}}{\upsilon_{组间}}, \quad \upsilon_{组间}=k-1 \qquad (5-3)$$

$$MS_{组内}=\frac{SS_{组内}}{\upsilon_{组内}}, \quad \upsilon_{组内}=n-k \qquad (5-4)$$

其中，MS表示均方，υ表示自由度，k为被限制的条件数或变量个数，或计算某一统计量时用到其它独立统计量的个数，n为样本观测数。自由度指有效的变异个数，类似于样本方差计算分母中的（$n-1$），指计算某一统计量时，取值不受限制的变量个数。

组间均方除以组内均方就是通常所说的F值（F统计量），它服从F分布。与t检验相同，方差分析要求各组数据均满足独立性、正态性和方差齐性的条件。对于非正态分布的数据，可以考虑采用数据变换的方式，如平方根转换、对数转换、反正弦转换等，尽可能保证数据的正态分布。方差分析中对方差齐性的要求较严格，SAS系统在进行方差分析时给出了方差齐性检验结果。除F检验外，Levene检验和Bartlett检验也是常用的检验方法。F检验和bartlett检验要求数据服从正态分布；Levene检验不依赖总体分布的具体形式，更为稳健。F检验只用于两样本方差齐性检验，Bartlett检验和Levene检验既可用于两样本方差齐性检验，也可用于多样本方差齐性检验。方差齐性检验时通常将检验标准α设置为0.1。

2.方差分析的SAS命令

方差分析可以通过SAS程序的proc anova过程或者proc glm过程实现。

（1）proc anova过程

Proc anova过程的基本语句为：

proc anova 选项；

class 分组变量列表；/* 必须写在 model 语句之前 */

model 因变量 = 自变量 选项；/* 其中模型的自变量为 class 语句指定的变量，因变量必须为数值型变量 */

means 分组变量选项；/* 对因素各水平的数据做简单的描述性统计分析，还可以设置方差分析的多重比较 */

run;

proc anova 后的选项主要包括：

outstat= 数据集名：将计算结果保存到指定的数据集中。

plots=none：默认情况下方差分析会生成对输入数据分组的盒形图，该选项可以控制图形的不输出。

Model 语句后的选项主要包括：

intercept: 在结果中显示对模型中常数项的方差分析结果。

Model 语句控制的自变量的相互作用模型包括以下 3 种：

①主效应模型写法：y=a b c（其中 y 为分析的指标变量，a，b 和 c 为对变量 y 的三个影响因素）。

②交互效应模型写法：y=a b c a*b a*c b*c a*b*c。

③嵌套设计模型写法：y=a b c（a c）。

Means 语句可以进行两两比较，更重要的是 means 可以提供方差齐性检验结果，其后可跟的选项主要包括：

hovtest=，对各因素水平进行方差齐性检验。常指定的方法有 Bartlett 和 Levene，分别执行 Bartlett 齐性检验和 Levene 齐性检验。Bartlett 齐性检验通常用于正态或近似正态分布数据，Levene 齐性检验适用于非正态分布数据；

bon，对主效应均值之差进行 bonferroni 的 t 检验；

duncan，对主效应均值进行 duncan 的多重极差检验；

dunnett，进行 dunnett 双尾 t 检验；

dunnettl，进行 dunnett 左尾 t 检验；

dunnettu，进行 dunnett 右尾 t 检验；

gabriel，对主效应均值进行 gabriel 的多重对比检验；

regwf，对主效应均值进行 ryan-einot-gabriel-welsch 多重 F 检验；

regwq，对主效应均值进行 ryan-einot-gabriel-welsch 多重极差检验；

scheffe，对主效应均值进行 scheffe 多重对比检验；

sidak，对主效应均值进行 sidak 不等式调整后，对其均值两两进行 t 检验；

smmigt2，当样本量不相等时，对主效应均值进行两两比较检验；

snk，对主效应均值进行 student-newman-keual 多重极差检验；

t|lsd，对主效应均值进行两两 t 检验；

tukey，对主效应均值进行 tukey 极差检验；

cldiff，将两两均值之差的结果用置信区间的形式输出。

（2）Proc glm 过程

Glm（general linear model）为广义线性模型过程，可以在回归分析、方差分析、协方差分析、多元方差分析、相关分析等分析中使用。Glm 过程主要使用最小二乘法拟合一般线性回归模型，在此基础上进行其他分析。与 proc anova 相比，proc glm 过程在处理不均衡实验设计时更有效。Proc glm 在执行方差分析时的基本语句格式为：

proc glm   选项；

class   分组变量列表；

model 因变量 = 自变量   选项；

means 分组变量   选项；

lsmeans 分组变量 选项；/* 给出最小二乘均数，即校正了其他因素后的均数，常用于多组间两两比较 */

run；

Means 语句也可以进行两两比较，但不给出具体的 t 值与 p 值，所以两两比较更多的时候采用 lsmeans，但 means 可以提供方差齐性检验结果。Lsmeans 后可跟的选项主要包括：

adjust=，指定两两比较的方法，常用的包括 bon、dunnett、scheffe、tukey 等。其中 bon、scheffe、tukey 分布执行 bonferroni、scheffe、tukey 两两比较法，这些方法无优劣之分，结果相差不大；dunnett 执行对照组与其余各实验组的比较，各实验组之间不做比较。dunnett 默认以赋值最小的一类作为对照组。

tdiff=，给出两两比较的t值及p值；

slice=，主要用于交互作用分析，表示固定某一因素时，对另一因素的效应进行检验。

在执行方差分析时，glm过程其他语句与anova过程基本一样，这里不再赘述。

三、单组资料均数与固定值的差异性分析

单组资料均数与固定值的差异性分析用于解决被研究的资料仅涉及一组数据而对比的是个固定值的情况。

例5.1

某企业采用新方法进行车间除尘，已知以往采用除尘方法时，车间粉尘浓度均数为300mg/m³，采用新方法后，抽取了9个采样点，测量的粉尘浓度分别为310mg/m³、298mg/m³、280mg/m³、310mg/m³、330mg/m³、279mg/m³、301mg/m³、290mg/m³、285mg/m³，试分析采取新方法后的车间粉尘浓度与采用新方法前是否有统计学差异？

1.确定分析方法

从数据可以看出该资料属于定量资料，且本例需要用新除尘方法后得到的一组采样资料与一个以往固定值进行比较分析，属于单组资料均数与固定值的差异性分析。进行定量变量的差异性分析最常用的方法为t检验，但使用t检验需要数据满足三个条件：独立性、正态性、方差齐性。如前文所述，当定量数据不满足方差齐性时，SAS系统在t检验过程中给出了解决办法，所以仍然可以使用t检验过程来分析，但当定量数据不满足正态性时，就无法使用t检验，应考虑采用非参数方法进行分析。所以使用t检验之前，要对数据的正态性进行检验。本书在第二章已经介绍了通过proc univariate过程进行正态性检验的方法。所以对该案例的分析首先应通过proc univariate过程对两组数据进行正态性检验，但由于本例有一组数据为固定值，故对一组数据进行正态性检验即可，如果数据服从正态分布，则使用proc ttest进行差异性分析；否则应考虑使用非参数方法进行分析。

2. 建立 SAS 数据集

对数据变量进行自定义，从数据可以看出，该案例仅包含一个变量，即除尘量（mg/m³），为表述清晰，用变量 effect 表示除尘量。

```
data;
input effect @@;
cards;
310  298  280  310
330  279  301  290  285
;
run;
```

3. 进行正态性检验，确认后续分析方法

```
proc univariate normal; /* 正态性检验，如果符合正态分布，则选用 t 检验，如果不符合，则选择非参数检验，非参数检验方法见本章第二节 */
run;
```

正态性检验				
检验		统计量	p 值	
Shapiro-Wilk	W	0.934892	Pr < W	0.5293
Kolmogorov-Smirnov	D	0.130554	Pr > D	>0.1500
Cramer-von Mises	W-Sq	0.033692	Pr > W-Sq	>0.2500
Anderson-Darling	A-Sq	0.258859	Pr > A-Sq	>0.2500

图 5.1　例 5.1 的正态性检验输出结果

这里 proc univariate 过程主要用于进行正态分布检验，故可以直接看正态分布检验结果。本例观测值小于 2000，所以选择 W 检验结果，W 检验的 P 值为 0.5293，说明数据服从正态分布，详见图 5.1。故可以选用 t 检验进行差异性分析。

4. 进行 t 检验

```
proc ttest h0=300;    /* h0 表示原假设，即原有固定值，h0=300 表示是数据均值与 300 进行差异性比较 */
run;
```

数目	均值	标准差	标准误差	最小值	最大值
9	298.1	16.7290	5.5763	279.0	330.0

均值	95% 置信限均值		标准差	95% 置信限标准差	
298.1	285.3	311.0	16.7290	11.2998	32.0490

图5.2　例5.1的基本统计量

结果包括四部分。前两部分给出了数据的基本统计量，详见图5.2。

自由度	t 值	Pr > |t|
8	-0.34	0.7435

图5.3　例5.1单组资料与固定值300比较的t检验结果

第三部分给出了单组资料与固定值300比较的t检验结果，详见图5.3，结果表明两组差别无统计学意义（t=-0.34，p=0.7345）。

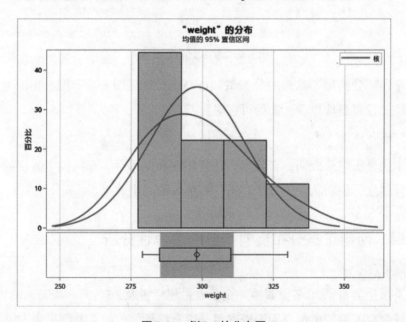

图5.4a　例5.1的分布图

141

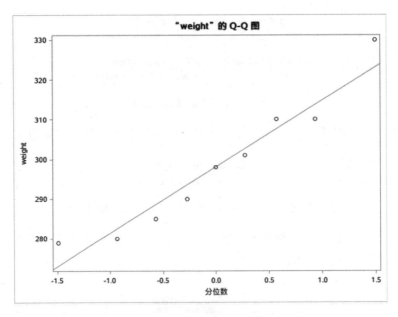

图5.4b　例5.1的Q–Q图

第四部分给出了数据的分布图和Q-Q图，详见图5.4a和图5.4b，因为前期已经进行正态性检验，此处可忽略。

5.给出结论

本例分析结果表明，新除尘方法使用前和使用后，车间粉尘浓度的差别无统计学意，说明新除尘方法并不具有更好的除尘效果。

四、两组正态分布资料均数的差异性分析

例5.2

某医生测量了20名金属冶炼企业血铅超标者及20名非一线工人的血清。欲比较两组人群的血清总胆固醇含量是否有统计学差异，数据见表5.1。

表5.1　金属冶炼企业工人血铅含量（单位）

血铅超标者	2.97 3.49 3.19 4.07 3.99 5.09 3.87 2.90 4.11 3.40
	3.59 3.37 3.47 3.78 4.13 4.60 4.30 4.27 3.00 3.57
非一线工人	4.27 4.29 4.01 4.01 5.37 4.80 4.20 5.57 4.37
	5.26 5.03 4.72 4.88 4.37 4.73 4.30 5.35 4.14 4.63 4.14

1.确定分析方法

该研究的目的是通过比较两组样本人群的血铅浓度，推断非一线工人（行政岗位）和金属冶炼企业一线工人的血铅含量是否有差异，属于差异性检验。由表中数据可知，两组定量变量的差异性分析最常用的方法为t检验，但使用t检验需要数据满足三个条件：独立性、正态性、方差齐性。使用proc ttest过程可以解决方差齐性问题，所以只需要判断两组数据是否均服从正态分布。该案例的分析思路是：首先通过proc univariate过程对两组数据进行正态性检验，如果数据均服从正态分布，则使用proc ttest进行差异性分析；如果任何一组数据不符合正态分布，则应考虑采用秩和检验等非参数方法进行分析。

2.建立SAS数据集

对数据变量进行自定义，从表格可以看出，该案例包含两个变量，即组别和血铅含量，为表述清晰，建立分组变量group和血铅含量变量pb，其中group=1代表非一线工人组，group=2代表血铅超标组。

```
data;
input group  pb@@;
cards;
1   2.97   1 3.49   1 3.19   1 4.07   1 3.99   1   5.09
1   3.87   1 2.90   1 4.11   1 3.40   1 3.59   1 3.37
1   3.47   1 3.78   1 4.13   1 4.60   1 4.30   1 4.27
1   3.00   1 3.57
2   4.27   2 4.29   2 4.01   2 4.01   2 5.37   2 4.80
2   4.20   2 5.57   2 4.37   2 5.26   2 5.03   2 4.72
2   4.88   2 4.37   2 4.73   2 4.30   2 5.35   2 4.14
2    4.63   2    4.14
;
Run;
```

3.进行正态性检验，确认后续分析方法

正态性检验可通过proc univariate过程来实现。

```
proc univariate normal;

class group;

var pb;

run;
```

正态性检验				
检验		统计量	p 值	
Shapiro-Wilk	W	0.96815	Pr < W	0.7154
Kolmogorov-Smirnov	D	0.115505	Pr > D	>0.1500
Cramer-von Mises	W-Sq	0.028209	Pr > W-Sq	>0.2500
Anderson-Darling	A-Sq	0.208899	Pr > A-Sq	>0.2500

图 5.5　group=1 正态性检验输出结果

正态性检验				
检验		统计量	p 值	
Shapiro-Wilk	W	0.91999	Pr < W	0.0990
Kolmogorov-Smirnov	D	0.205827	Pr > D	0.0245
Cramer-von Mises	W-Sq	0.098252	Pr > W-Sq	0.1127
Anderson-Darling	A-Sq	0.60365	Pr > A-Sq	0.1009

图 5.6　group=2 正态性检验输出结果

结果如图 5.5 和图 5.6 显示，非一线工人组的血清总胆固醇符合正态分布（W=0.96815，P=0.7154），铅超标组的血清总胆固醇也符合正态分布（W=0.91999，P=0.0990）。因此可直接采用 t 检验进行比较。

4. 进行 t 检验

```
proc ttest

class group;            /*指定分组变量*/

var pb;                 /*指定分析变量*/

run;
```

方差等价				
方法	分子自由度	分母自由度	F 值	Pr > F
折叠的 F	19	19	1.41	0.4587

图 5.7　例 5.2 方差齐性检验结果

结果有三部分，实际上，这三部分结果可以倒过来看。首先看方差齐性检验结果，如果方差齐，则选择常规 t 检验的结果；如果方差不齐，则选择 satterthwaite t 检验结果。如果结果显示两组差异有统计学意义，则结合两组的均值比较其实际大小。先看第三部分方差齐性检验结果，如图5.7所示，P=0.4587，表明两组资料满足方差齐性。再看t检验结果。

方法	方差	自由度	t 值	Pr > |t|
汇总	等于	38	-5.22	<.0001
Satterthwaite	不等于	36.921	-5.22	<.0001

图5.8 例5.2两组比较t检验结果

第二部分给出了两组比较的t检验结果，其中第一列指明了用何种t检验。第一行的汇总是常规的t检验，用于方差齐的情形，如图5.8所示；第二行的satterthwaite表明采用的是satterthwaite t检验，用于方差不齐的情形。本例由于方差齐，所以选择常规t检验和结果，结果表明两组差别有统计学意义（t=−5.22，P<0.0001）。

group	N	均值	标准差	标准误差	最小值	最大值
1	20	3.7580	0.5720	0.1279	2.9000	5.0900
2	20	4.6305	0.4813	0.1076	4.0100	5.5700
差 (1-2)		-0.8725	0.5286	0.1672		

group	方法	均值	95% 置信限均值		标准差	95% 置信限标准差	
1		3.7580	3.4903	4.0257	0.5720	0.4350	0.8355
2		4.6305	4.4052	4.8558	0.4813	0.3660	0.7030
差 (1-2)	汇总	-0.8725	-1.2109	-0.5341	0.5286	0.4320	0.6813
差 (1-2)	Satterthwaite	-0.8725	-1.2112	-0.5338			

图5.9 例5.2基于（time）的统计量

由于上述结果显示两组资料的差异有统计学意义，所以再进一步比较大小，此时看第一部分结果。第一部分结果给出了两组的均数及均数的置信区间、两组的标准差及标准差的可置区间、两组的标准误，还给出了两组差值的均值、标准差、标准误。本例结果显示，非一线工人组的血清总胆固醇的均数为3.758，95%置信区间为3.4903~4.0257，血铅超标组的血清总胆固醇的均数为4.6305，95%置信区间为4.4052~4.8558，可以看出血铅超标组的血清总胆固醇高于非超标组，见图5.9。

5.给出结论

本例分析结果表明，两组的血清总胆固醇含量差别有统计学意义（t=5.22，P<0.0001），结合具体数值来看，血铅超标组的血清铅含量高于非一线工人组，提示铅暴露与胆固醇升高可能有一定的联系。注意：本书所有

案例仅供统计分析练习用，所选用的数据均为虚拟数据，分析结果不代表任何实际情况。

五、多组正态分布资料的差异性分析

例5.3

某厂研究一种新的防尘口罩的防尘效果，将试验药分为大剂量组和小剂量组，并采用普遍使用的某防尘口罩为对照。试验采用完全随机设计方法，按照一定的纳入和排除标准共选择90例研究对象，将研究对象随机分为三组，分别使用相应的防尘口罩。工人在粉尘条件下工作时，观察其吸入粉尘量的降低值（mg/h）。比较三组的吸入粉尘量降低值是否有统计学差异。

表5.2　三组的吸入粉尘量降低值

（mg/h）

1	−0.64	−1.25	3.65	1.33	−1.61	2.73	3.66	3.08	−1.82	−0.73
	8.15	−2.21	9.87	−0.23	−7.01	−0.93	−5.17	−7.43	−4.55	−6.35
	2.06	−2.22	1.14	−5.00	−4.29	−3.77	−2.43	−2.82	−1.11	−1.01
2	−4.62	−1.13	−5.02	−2.46	−4.01	2.22	−7.13	−2.00	−7.55	−4.33
	−10.11	−8.75	−3.66	−1.43	2.01	−4.77	−8.10	−2.01	−2.98	−3.20
	−3.72	−6.01	0.24	0.68	−3.55	4.73	−2.42	0.51	0.00	−3.44
3	−6.62	−3.58	−10.73	−4.31	3.32	−5.41	−5.37	−6.63	1.21	−11.42
	−2.10	−5.54	−4.01	−0.87	2.29	−1.51	−5.72	2.23	−5.47	−9.39
	−2.68	1.52	−0.61	2.66	0.12	−10.59	−4.34	−6.69	−2.57	−4.20

1.确定分析方法

该研究的目的是比较三组口罩的粉尘量降低值是否有差异，属于差异性检验。该研究为完全随机设计，分析指标是吸入粉尘量降低值，为连续型变量，且分组数为三组，如果各组满足独立性、正态性、方差齐性条件，则考虑采用方差分析进行检验，如果不满足，则用秩和检验方法进行检验。所以该案例的分析思路是：首先通过proc univariate过程对三组数据进行正态性检验，如果数据均服从正态分布，则使用proc anova或者proc glm进行差异性分析；如果任何一组数据均不符合正态分布，则考虑采用秩和检验等非参数方法进行分析。

2.数据集的建立

对数据变量进行自定义，从表格可以看出，该案例包含两个变量，即组别（大剂量、小剂量、对照组）和吸入粉尘降低量，为表述清晰，建立分组变量group和吸入粉尘降低量变量dust，group=1、group=2、group=3分别代表对照组、小剂量组和大剂量组。

```
data;
input group dust@@;
cards;
1 -0.64 1 -1.25 1 3.65 1 1.33 1 -1.61 1  2.73
1 3.66 1 3.08 1 -1.82 1 -0.73 1 8.15 1 -2.21
1 9.87 1  -0.23 1 -7.01 1 -0.93 1 -5.17 1 -7.43
1 -4.55 1 -6.35 1 2.06 1 -2.22 1 1.14 1 -5.00
1 -4.29 1 -3.77 1 -2.43 1 -2.82 1 -1.11 1 -1.01
2 -4.62 2 -1.13 2 -5.02 2 -2.46 2 -4.01 2 2.22
2 -7.13 2 -2.00 2 -7.55 2 -4.33 2 -10.11 2 -8.75
2 -3.66 2 -1.43 2 2.01 2 -4.77 2 -8.10 2 -2.01
2 -2.98 2 -3.20 2 -3.72 2 -6.01 2 0.24 2 0.68
2 -3.55 2 4.73 2 -2.42 2 0.51 2 0.00 2 -3.44
3 -6.62 3 -3.58 3 -10.73 3 -4.31 3 3.32 3 -5.41
3 -5.37 3 -6.63 3 1.21 3 -11.42 3 -2.10 3 -5.54
3 -4.01 3 -0.87 3 2.29 3 -1.51 3 -5.72 3 2.23
3 -5.47 3 -9.39 3 -2.68 3 1.52 3 -0.61 3 2.66
3 0.12 3 -10.59 3 -4.34 3 -6.69 3 -2.57 3  -4.20
;
run;
```

进行正态性检验，确认后续分析方法。

正态性检验可通过proc univariate过程来实现。

```
proc univariate normal;
class group;
```

var dust;

run;

正态性检验				
检验		统计量	p 值	
Shapiro-Wilk	W	0.951966	Pr < W	0.1908
Kolmogorov-Smirnov	D	0.141367	Pr > D	0.1275
Cramer-von Mises	W-Sq	0.068255	Pr > W-Sq	>0.2500
Anderson-Darling	A-Sq	0.436373	Pr > A-Sq	>0.2500

图 5.10　例 5.3group=1 的正态性检验结果

正态性检验				
检验		统计量	p 值	
Shapiro-Wilk	W	0.988148	Pr < W	0.9782
Kolmogorov-Smirnov	D	0.083197	Pr > D	>0.1500
Cramer-von Mises	W-Sq	0.033332	Pr > W-Sq	>0.2500
Anderson-Darling	A-Sq	0.19209	Pr > A-Sq	>0.2500

图 5.11　例 5.3group=2 的正态检验结果

正态性检验				
检验		统计量	p 值	
Shapiro-Wilk	W	0.963341	Pr < W	0.3759
Kolmogorov-Smirnov	D	0.089388	Pr > D	>0.1500
Cramer-von Mises	W-Sq	0.040109	Pr > W-Sq	>0.2500
Anderson-Darling	A-Sq	0.314145	Pr > A-Sq	>0.2500

图 5.12　例 5.3group=3 的正态性检验结果

结果如图 5.10~图 5.12 所示，对照组数据符合正态分布（$W=0.951966$，$P=0.1908$），小剂量组数据符合正态分布（$W=0.988148$，$P=0.9782$），大剂量组数据符合正态分布（$W=0.963341$，$P=0.3759$）。三组数据均符合正态分布，因此可以尝试采用方差分析进行组间比较。

4.进行方差分析

proc glm;

class group;

model dust=group;　/*dust 为分析变量，group 为分组变量 */

means group/hovtest=bartlett;　/*hovtest=bartlett 要求使用 bartlett 方法进行方差齐性检验 */

run;

源	自由度	平方和	均方	F 值	Pr > F
模型	2	120.878000	60.439000	4.05	0.0208
误差	87	1297.890490	14.918281		
校正合计	89	1418.768490			

R 方	变异系数	均方根误差	dust 均值
0.085199	-153.8608	3.862419	-2.510333

源	自由度	I 型 平方和	均方	F 值	Pr > F
GROUP	2	120.8780000	60.4390000	4.05	0.0208

图5.13　例5.3的三组比较结果

结果主要包括三部分。第一部分是三组总的比较结果，见图5.13。首先给出了分组变量group的基本信息，表示group共3个水平。总的方差分析表明三组的glm差异有统计学意义（F=4.05，P=0.0208）。此外还给出了R^2、变异系数、均方根误差以及dust均值。结果还给出了两种类型的离均差平方和（SS），即Type I SS和Type Ⅲ SS。

"dust" 的 Bartlett 方差齐性检验			
源	自由度	卡方	Pr > 卡方
GROUP	2	1.1634	0.5589

图5.14　例5.3的bartlett检验结果

第二部分是三组资料的方差齐性检验结果，见图5.14。Bartlett检验结果表明，三组方差齐（P=0.5589），可以采用方差分析。此部分得出的结论如果为方差不齐，则需要选用秩和检验等其他方法对数据进行分析。

以下对象的水平: GROUP	N	dust	
		均值	标准差
1	30	-0.89700000	4.04984389
2	30	-3.06700000	3.40617102
3	30	-3.56700000	4.09287282

图5.15　例5.3的三组均数与标准差结果

第三部分结果显示了三组的均数和标准差，见图5.15。可以看出，对照组降低幅度最小，大剂量组降低幅度最大，小剂量组降低幅度居中。

上述结果只是给出了总的组间比较结果，显示三组总的差异有统计学意义，但并未说明具体是哪两组之间有差异。从均数来看，对照组和小剂量组、大剂量组的差别较大，而小剂量组和大剂量组的差别较小，到底哪两组有差别还需要进一步做组间两两比较。

5.进行组间两两比较

如前所述，将程序加入lsmeans语句可实现两两比较并给出比较的t值和P值。

```
proc glm;
class group;
model dust=group;
means group/hovtest=bartlett;
lsmeans group/tdiff adjust=bon;/* 按 group 分组输出每组的最小二乘均数，
```

tdiff表示输出两两比较的t值和P值，adjust=bon表示指定两两比较的方法为
bonferroini法 */

```
run;
```

效应"GROUP"的最小二乘均值 t (针对 H0)：LSMean(i)=LSMean(j) / Pr > |t| 因变量: noise			
i/j	1	2	3
1		2.175935 0.0968	2.677303 0.0266
2	-2.17594 0.0968		0.501368 1.0000
3	-2.6773 0.0266	-0.50137 1.0000	

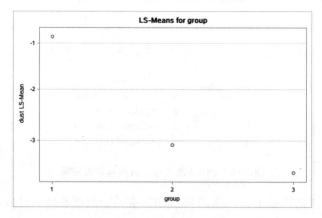

图5.16a　例5.3的最小二乘均值

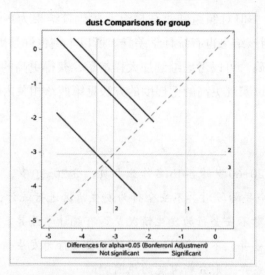

图 5.16b　例 5.3 的两两比较结果及图示

图 5.16a 和图 5.16b 给出了最小二乘均数以及两两比较的 t 值和 P 值，并给出了图示结果。最小二乘均数是校正其他因素后的均值，本例只有一个分组变量，无其他因素，故最小二乘均数与普通均数相同。在多因素方差分析中二者不同。

两两比较结果中，右上结果与左下结果是相同的，只是比较的方向不同。第一行是对照组与其他两组的比较结果，显示对照组（1）与小剂量组的差异无统计学意义（P=0.0968），与大剂量组差异有统计学意义（P=0.0266）。第二行是小剂量组（2）与对照组（1）和大剂量组（3）的比较结果，结果显示小剂量组与大剂量组的差异均无统计学意义（P=1）。这一结果从后续的图示中也能看出，蓝色线代表有统计学意义，红色代表没有统计学意义。

6.给出结论

本例分析结果表明，三组口罩的粉尘降低值差异有统计学意义。两两比较结果显示，主要是对照组与大剂量组差别有统计学意义，与小剂量组差别无统计学意义，从均值比较结果看，对照组的粉尘降低量为 –0.897，小剂量组为 –3.067，大剂量组为 –3.567，所以大剂量组的口罩滤尘效果明显优于对照组。

值得注意的是，本例最终结果表明大剂量组与小剂量组的降尘效果也无明显统计学差异，但对照组和小剂量组两两比较结果为 P=0.0968，如果检验水准为 0.1，则该结果也有统计学差异。所以本例也许是因为样本量太少，导致结果不够精确，可以考虑继续加大样本量，获得更高的把握度。计算提高多大的样本量以实现更高的把握度的方法见第四章相关内容。

✎ 课后练习：

1.对某行业 20~60 岁的各 15 名作业人员，分 20~30 岁，30~40 岁，40~50 岁和 50~60 岁四个年龄段对其不安全行为发生情况进行统计，试分析：

（1）年龄段对不安全行为发生情况是否有统计学差异。

（2）如果有差异，不同年龄段之间的不安全行为发生情况是否有统计学差异。如果没有差异，则分析可能的原因。

表5.3　不同年龄段15名作业人员不安全行为发生情况

年龄段（岁）	不安全行为次数
20~30	5 4 3 0 3 2 1 4 3 4 2 2 3 1 8
30~40	6 3 6 9 5 8 9 3 4 3 2 3 8 9 6
40~50	6 9 5 5 4 6 3 8 1 3 6 3 4 9 6
50~60	4 2 3 2 1 3 1 1 0 4 1 3 6 3 1

2.T 检验的条件是什么，如果不符合条件怎么办？

3.两组和多组正态分布资料的分析方法有什么不同？

第二节　非正态分布资料的差异性分析

一、非参数检验

前面章节学习到的 t 检验与方差分析等差异性分析方法大多需要数据服从正态分布，但在实际应用中该条件可能无法满足，此时，可以考虑将该类数据转换成正态数据。如果通过转换也无法解决非正态分布问题，则可以采用非参数检验的方法。非参数检验是一种不依赖于分布类型也不对参数进行推断，而是对总体分布进行比较的一类假设检验方法。为使读者对非参数检验有一定认识，了解其与参数检验的区别，表5.4对参数检验与非参数检验进行了对比分析。非参数检验中较为常用方法的是秩和检验。

表5.4　参数检验与非参数检验的对比

	非参数检验	参数检验
优点	适应范围广 小型数据计算简单，可以快速获得结果 不受总体参数的影响	计算结果精确有效 检验效率高
缺点	资料利用率低 大型数据计算可能会变得复杂	无法对不服从某种分布（如不服从正态分布）的数据进行检验
适用范围	数据的分布形态未知或无法确定 非正态分布的数据 样本容量较小的数据	数据资料服从某种分布，如正态分布、F分布、卡方分布等

二、秩和检验

1.单个样本的符号秩和检验

Wilcoxon符号秩和检验由Wilcoxon于1945年提出，其研究目的是推断观测值的总体中位数与某给定数值（即单组资料中位数与固定值的差异分析）是否相等。首先假设样本所对应的总体中位数与给定的总体中位数相同，然后计算样本中所有数值与给定中位数的差值，正差值表示样本中个体值大于给定中位数，负差值则表示样本中个体值小于给定中位数。进而根据所有差值的绝对值进行编秩（排序），将所有正差值的秩相加就得到正差值的秩和R_+，同理，所有负差值的秩相加即为负差值的秩和R_-。

如果总体中位数与给定中位数相同，则理论上R_+与R_-的总体均数和标准差都相等，如果总体中位数与给定中位数相差较多，则正好相反。由于秩和检验的假设是针对中位数的，而无论什么样的数据分布，是不是正态分布，数据都会有中位数，这就避免了对依赖某个具体分布的具体参数的限制，比如t检验就依赖于正态分布的均值。

2.双样本的Wilcoxon秩和检验

当秩和检验用于分析两组数据的差异时，秩和检验会将两组独立样本数据放在一起进行编秩。这相当于对原始数据用秩（排序后的序号）进行替换，替换的目的是用秩数据代替原始数据进行分析，从而使原始数据不再受正态分布的条件限制。

假设两组数据观测数分别为 n_1 和 n_2，则总观测数 $N= n_1+n_2$，把所有的 N 个观测放在一起按从小到大排序，排序后每个观测都得到了一个序号（秩），这时再将两组数据分开，分别计算两组数据所有观测秩的和，取其中一组（ n_1 ）的秩和作为 Wilcoxon 符号秩和检验的 W 统计量，假设两个总体没有分布差异，则可以求出 W 的均值和标准差。若 W 远离假设两个总体没有差异时所计算出的秩均数，则两组数据有统计学差异。

3. 多个样本的 Kruskal-Wallis 秩和检验

对两组定量数据进行比较，通常采用 Wilcoxon 秩和检验，多组定量数据的比较通常采用 Kruskal-Wallis 秩和检验。Kruskal-Wallis 检验的基本思想就是用所有观测值的秩代替原始观测值进行单因素方差分析。若所有观测值的总例数为 N，假设没有相同的观测值出现，秩只能是1到 N 之间的某个整数，不管原始观测值是什么，秩的离均差平方和都会是一个固定的数值，因此无须同时采用组间变异和组内变异。Kruskal-Wallis 检验的检验统计量实质是用秩计算组间变异，当组间变异的数值较大时，有理由认为组间存在差异。

4. 秩和检验的 SAS 命令

秩和检验可以通过 SAS 程序的 proc univariate、proc npar1way 等过程实现。Proc univariate 适用于单个样本的符号检验，这里不再介绍 SAS 命令。Proc npar1way 过程的主要语句包括：

proc npar1way 选项；

class 分组变量列表；

var 变量列表；

exact 统计量选项 运算选项；

freq 变量；

run；

Proc npar1way后的常用选项包括：

wilcoxon：在两组数据时给出wilcoxon秩和检验和kruskal-wallis检验结果，在多组数据时仅给出kruskal-wallis检验结果；

dscf：执行dscf两两比较过程；

median：指定中位数的分析方法用于非参数统计分析；

anova：对数据进行方差分析；

edf：计算经验分布的常规统计量。

三、单组资料均数与固定值的差异性分析

例5.4

某火灾探测报警产品标注的响应时间为1秒，现对该产品进行抽样测试并进行统计分析，试判断该产品响应时间是否与其标注的一致。

表5.5　火灾探测报警产品的报警响应时间

（s）

0.995	0.998	0.993	0.986	0.977	0.950
0.999	0.991	1.001	1.001	0.967	0.986
0.997	0.987	0.978	0.965	0.988	1.000

1.确定分析方法

该研究的目的是比较产品响应时间和标注响应时间是否有差异，属于差异性检验。分析指标为响应时间，从表5.5中可看出数据为连续型变量。结合研究目的，可以考虑采用t检验或Wilcoxon秩和检验，具体还应看资料的分布情况。

2.建立数据集

观察数据表可以看出，本例含一个变量：产品响应时间。用变量time表示产品的响应时间。

data;

input time@@;

cards;

0.995	0.998	0.993	0.986	0.977	0.950
0.999	0.991	1.001	1.001	0.967	0.986
0.997	0.987	0.978	0.965	0.988	1.000

;

run;

3.进行正态性检验，确定分析方法

正态性检验可通过 proc univariate 过程来实现。

proc univariate normal;

var time;

run;

正态性检验				
检验		统计量	p 值	
Shapiro-Wilk	W	0.873262	Pr < W	0.0201
Kolmogorov-Smirnov	D	0.205178	Pr > D	0.0439
Cramer-von Mises	W-Sq	0.125016	Pr > W-Sq	0.0472
Anderson-Darling	A-Sq	0.773377	Pr > A-Sq	0.0378

图5.17　例5.4正态性检验结果

Proc univariate 过程各部分结果及解释已经在上一章进行了阐述，为节省篇幅，这里不再展示所有结果，仅看正态性检验结果。结果显示，产品响应时间不符合正态分布（W=0.0201，P<0.0001），因此数据分析可以采用秩和检验。

4.进行秩和检验

单因素比较的秩和检验可以用 proc univariate 来实现。

proc univariate mu0=1;　/*mu0=1指定数据和固定值1进行比较*/

var time;

run;

基本统计测度			
位置		变异性	
均值	0.986778	标准差	0.01476
中位数	0.989500	方差	0.0002179
众数	0.986000	极差	0.05800
		四分位间距	0.01900

图5.18a　例5.4的基本统计量和位置检验 mu0=1 结果

位置检验: Mu0=1			
检验		统计量	p 值
Student t	t	-3.97235	Pr > |t|　0.0010
符号检验	M	-6.5	Pr >= |M|　0.0023
符号秩检验	S	-72.5	Pr >= |S|　0.0001

图5.18b　例5.4的基本统计量和位置检验mu0=1结果

由于本例的目的是秩和检验，所以主要看两部分结果：位置检验mu0=1的结果和基本统计量结果。Proc univariate过程给出了student t、符号检验和符号秩三种结果，如果数据与固定值的差值不是具体数字，则只能用符号检验（M）；如果差值有具体数字，则使用符号检验相当于只利用了他的"+""–"，而对数字中所包含信息却未加利用，所以此时应该使用符号秩和检验（S）。本例选用符号秩和结果，从结果可以看出，P=0.0001，故此数据和固定值1之间有显著的统计学差异。对不服从正态分布数据的数值进行比较应选用中位数，所以最后应看一下基本统计量结果。结果显示响应时间中位数为0.9895，比固定值1要小，见图5.18。

5.给出结论

秩和检验结果表明，该产品的报警响应时间与1秒有明显的统计学差异，从中位数比较看，该产品响应时间要快于其标注响应时间，从实际应用角度看该产品有利于防止火灾事故的发生。

四、两组非正态分布资料的差异性分析

例5.5

某项目为研究性别与安全意识之间的关系，在某地随机抽取男女对象各30例，测量两组人群的安全意识水平并按一定标准评分。欲比较两组人群的安全意识水平是否有统计学差异，详见表5.6。

表5.6　组人群安全意识水平评分

女性	1.28	32.27	6.05	2.47	0.85	66.81	1.45	16.61	11.88	3.66
	40.51	5.30	5.64	6.55	12.25	7.41	0.59	22.88	11.64	9.34
	13.94	12.12	7.32	0.75	59.60	6.43	13.08	2.53	3.60	31.20

	13.81	12.05	49.17	19.58	38.88	64.99	5.89	72.30	2.85	6.30
男性	0.00	4.54	0.14	5.52	16.64	27.40	31.58	18.97	80.23	34.05
	0.96	13.60	43.03	48.02	19.25	13.81	62.90	34.56	9.22	18.38

1.确定分析方法

该研究的目的是比较男女性安全意识水平是否有差异，属于差异性检验。分析指标为安全意识评分，为连续型变量。结合研究目的，分析方法可以考虑t检验或Wilcoxon秩和检验，具体还应看资料的分布情况。

2.建立数据集

观察数据表可以看出，本例含两个变量：组别和安全意识评分。自定义变量group代表组别，女性用female表示，男性用male表示；安全意识评分用awareness表示。

```
data;
input group$ awareness@@;        /*group是字符型，故后面加上符号$*/
cards;
female 1.28 female 32.27 female 6.05 female 2.47 female 0.85 female 66.81
female 1.45 female 16.61 female 11.88 female 3.66 female 40.51 female 5.30
female 5.64 female 6.55 female 12.25 female 7.41 female 0.59 female 22.88
female 11.64 female 9.34 female 13.94 female 12.12 female 7.32 female 0.75
female 59.6 female 6.43 female 13.08 female 2.53 female 3.60 female 31.20
male 13.81 male 12.05 male 49.17 male 19.58 male 38.88 male 64.99
male 5.89 male 72.30 male 2.85 male 6.30 male 0.00 male 4.54
male 0.14 male 5.52 male 16.64 male 27.40 male 31.58 male 18.97
male 80.23 male 34.05 male 0.96 male 13.60 male 43.03 male 48.02
male 19.25 male 13.81 male 62.90 male 34.56 male 9.22 male 18.38
;
run;
```

3.进行正态性检验，确定分析方法

正态性检验可通过proc univariate过程来实现。

```
proc univariate normal;
class group;
var awareness;
run;
```

基本统计测度			
位置		变异性	
均值	13.86700	标准差	16.67319
中位数	7.36500	方差	277.99527
众数	.	极差	66.22000
		四分位间距	10.34000

正态性检验				
检验		统计量	p 值	
Shapiro-Wilk	W	0.731333	Pr < W	<0.0001
Kolmogorov-Smirnov	D	0.26492	Pr > D	<0.0100
Cramer-von Mises	W-Sq	0.521506	Pr > W-Sq	<0.0050
Anderson-Darling	A-Sq	2.867504	Pr > A-Sq	<0.0050

图5.19　例5.5group=female的基本统计量和正态性检验结果

基本统计测度			
位置		变异性	
均值	25.62067	标准差	22.74297
中位数	18.67500	方差	517.24269
众数	13.81000	极差	80.23000
		四分位间距	32.58000

正态性检验				
检验		统计量	p 值	
Shapiro-Wilk	W	0.892547	Pr < W	0.0055
Kolmogorov-Smirnov	D	0.204729	Pr > D	<0.0100
Cramer-von Mises	W-Sq	0.181952	Pr > W-Sq	0.0085
Anderson-Darling	A-Sq	1.094662	Pr > A-Sq	0.0064

图5.20　例5.5group=male的基本统计量和正态性检验结果

基本统计量和正态分布检验结果见图5.19、图5.20。结果显示，女性组不符合正态分布（$W=0.731333$，$P<0.0001$），男性组也不符合正态分布（$W=0.892547$，$P=0.0055$）。因此两组数据比较可以采用秩和检验。两组的得分中位数分别为7.365和18.675。

4.进行秩和检验

秩和检验可以用 proc npar1way来实现，由于数据只有两组，所以用wilcoxon秩和检验即可。

proc npar1way wilcoxon;   /*wilcoxon选 项 给 出 Wilcoxon 和 Kruskal-Wallis检验结果 */

class group;

var awareness;

run;

变量 "awareness" 的 Wilcoxon 评分（秩和）按变量 "group" 分类					
group	数目	评分汇总	H0 之下的期望值	H0 之下的标准差	均值评分
female	30	758.0	915.0	67.637807	25.266667
male	30	1072.0	915.0	67.637807	35.733333
已将平均评分用于结值。					

图5.21　例5.5的基本统计量结果

秩和检验的结果主要包括三部分。第一部分是统计描述，给出了两组的例数（N）、秩和（评分和）、原假设真实的条件下每组的秩和（H_0之下的期望值）及标准差（H_0之下的标准差）、平均秩和（均值评分）。"已将平均分用于结值"表明相同秩次采用了平均秩次的方法进行处理。

"H_0之下的期望值"表示如果原假设真实，即两组无统计学差异，则两组的秩和应该都是915。但实际情况并非如此，见图5.21，女性组的秩和758低于915，而男性组秩和1072高于915。秩和检验的目的就是通过秩和统计量，来确定理论秩和与实际秩和的不同到底是由抽样误差造成的，还是两组确实存在差异。

Wilcoxon 双样本检验	
统计量	758.0000
近似正态分布	
Z	-2.3138
单侧 Pr < Z	0.0103
双侧 Pr > |Z|	0.0207
t 近似值	
单侧 Pr < Z	0.0121
双侧 Pr > |Z|	0.0242
Z 包括 0.5 的连续性校正。	

图5.22　例5.5Wilcoxon秩和检验结果

Kruskal-Wallis 检验	
卡方	5.3879
自由度	1
Pr > 卡方	0.0203

图5.23 例5.5Kruakal–Wallis检验结果

第二部分是统计分析结果。给出了Wilcoxon秩和检验结果和Kruakal-Wallis检验结果。本例由于只有两组数据，所以看Wilcoxon秩和检验结果即可。Wilcoxon秩和检验结果显示，见图5.22、图5.23，Z=–2.3138，P=0.0207，表示两组的差异有统计学意义。

第三部分是盒子图结果，这里不再展示说明。

5.给出结论

男性和女性的安全意识评分有统计学差异（P=0.0207），结合具体数据来看，男女两个人群得分中位数分别为18.675和7.365，男性人群的安全意识评分要高于女性人群，表明安全意识可能会因性别不同而不同。

五、多组非正态分布资料的差异性分析

例5.6

某厂研究一种新的防尘口罩的防尘效果，将试验药分为大剂量组和小剂量组，并采用普遍使用的防尘口罩为对照。试验采用完全随机设计，按照一定的纳入和排除标准共选择90例研究对象，将研究对象随机分为三组，分别使用相应的防尘口罩。工人在粉尘条件下工作时，观察其吸入粉尘量的降低值（mg/h），详见表5.7。欲比较三组的吸入粉尘量降低值是否有统计学差异。

表5.7 三组粉尘量的降低值

大剂量组	2.44	–1.46	3.60	1.01	–1.22	7.23	3.42	2.55	–1.73	–0.70
	7.20	–2.06	7.87	–0.14	–1.73	–2.33	–1.47	–4.26	–3.22	–3.47
	3.01	0.37	1.42	–3.42	–3.29	–4.02	–2.90	0.00	3.26	–0.21

续　表

小剂量组	−4.13	−0.97	−1.99	−2.40	−4.15	2.32	0.01	−2.11	−3.50	−4.22
	−3.24	−5.48	−3.70	−1.55	3.62	−4.85	−4.22	−2.00	−2.98	−3.16
	−3.52	−2.13	0.20	2.64	1.47	5.66	−2.60	0.50	0.00	−3.40
对照组	−6.71	−3.57	−10.82	−4.22	3.42	−5.49	−5.33	−6.60	1.17	−11.37
	−2.15	−5.53	−3.95	−0.80	0.00	−1.50	−5.70	2.20	−5.50	−9.30
	−2.80	1.50	−0.60	2.70	0.00	−10.64	−4.33	−6.74	−2.53	−3.60

1. 确定分析方法

该研究的目的是比较三组口罩的粉尘量降低值是否有差异，属于差异性检验。该研究为完全随机设计，分析指标是吸入粉尘量降低值，为连续型变量。因此可以考虑方差分析或 Kruskal-wallis 秩和检验，具体还应进一步看资料是否符合正态分布。

2. 建立 SAS 数据集

自定义变量，从数据表可以看出，本例包含两个变量：组别和吸入粉尘降低量。以 group 表示组别，group=1、group=2、group=3 分别代表对照组、小剂量组和大剂量组，dust 代表吸入粉尘量的降低值。

```
data;
input group dust @@;
cards;
```

```
1 2.44    1 −1.46   1 3.60    1 1.01    1 −1.22   1 7.23    1 3.42    1 2.55    1 −1.73   1 −0.70
1 7.20    1 −2.06   1 7.87    1 −0.14   1 −1.73   1 −2.33   1 −1.47   1 −4.26   1 −3.22   1 −3.47
1 3.01    1 0.37    1 1.42    1 −3.42   1 −3.29   1 −4.02   1 −2.90   1 0.00    1 3.26    1 −0.21
2 −4.13   2 −0.97   2 −1.99   2 −2.40   2 −4.15   2 2.32    2 0.01    2 −2.11   2 −3.50   2 −4.22
2 −3.24   2 −5.48   2 −3.70   2 −1.55   2 3.62    2 −4.85   2 −4.22   2 −2.00   2 −2.98   2 −3.16
2 −3.52   2 −2.13   2 0.20    2 2.64    2 1.47    2 5.66    2 −2.60   2 0.50    2 0.00    2 −3.40
3 −6.71   3 −3.57   3 −10.82  3 −4.22   3 3.42    3 −5.49   3 −5.33   3 −6.60   3 1.17    3 −11.37
3 −2.15   3 −5.53   3 −3.95   3 −0.80   3 0.00    3 −1.50   3 −5.70   3 2.20    3 −5.50   3 −9.30
3 −2.80   3 1.50    3 −0.60   3 2.70    3 0.00    3 −10.64  3 −4.33   3 −6.74   3 −2.53   3 −3.60
```

run;

3.进行正态性检验

正态性检验通过proc univariate过程实现。

proc univariate normal;

class group;

var dust;

run;

基本统计测度			
位置		变异性	
均值	0.19167	标准差	3.39656
中位数	-0.45500	方差	11.53662
众数	-1.73000	极差	12.13000
		四分位间距	4.88000

正态性检验				
检验		统计量	p 值	
Shapiro-Wilk	W	0.917705	Pr < W	0.0234
Kolmogorov-Smirnov	D	0.127821	Pr > D	>0.1500
Cramer-von Mises	W-Sq	0.105516	Pr > W-Sq	0.0926
Anderson-Darling	A-Sq	0.742519	Pr > A-Sq	0.0477

图5.24 例5.6group=1（大剂量组）的基本统计量和正态性检验结果

基本统计测度			
位置		变异性	
均值	-1.66267	标准差	2.70711
中位数	-2.26500	方差	7.32844
众数	-4.22000	极差	11.14000
		四分位间距	3.53000

正态性检验				
检验		统计量	p 值	
Shapiro-Wilk	W	0.9147	Pr < W	0.0196
Kolmogorov-Smirnov	D	0.181455	Pr > D	0.0128
Cramer-von Mises	W-Sq	0.164241	Pr > W-Sq	0.0155
Anderson-Darling	A-Sq	0.928833	Pr > A-Sq	0.0175

图5.25 例5.6group=2（小剂量组）的基本统计量和正态性检验结果

基本统计测度			
位置		变异性	
均值	-3.62633	标准差	4.00364
中位数	-3.77500	方差	16.02914
众数	0.00000	极差	14.79000
		四分位间距	5.10000

正态性检验				
检验		统计量	p 值	
Shapiro-Wilk	W	0.971245	Pr < W	0.5738
Kolmogorov-Smirnov	D	0.085037	Pr > D	>0.1500
Cramer-von Mises	W-Sq	0.028647	Pr > W-Sq	>0.2500
Anderson-Darling	A-Sq	0.235929	Pr > A-Sq	>0.2500

图 5.26 例 5.6group=3（对照组）的基本统计量和正态性检验结果

结果显示如图 5.24~图 5.26，大剂量组数据不符合正态分布（W=0.917705，P=0.0234）；小剂量组数据不符合正态分布（W=0.9147，P=0.0196），对照组数据符合正态分布（W= 0.971245，P =0.5738）。由于有两组数据不符合正态分布，因此不宜采用方差分析，应采用多组秩和检验的 Kruskal-Wallis 法。

4. 进行 Kruskal-Wallis 检验

proc npar1way wilcoxon;   /*wilcoxon 选项给出 Kruskal-Wallis 检验 */

class group;

var dust;

run;

变量 "dust" 的 Wilcoxon 评分（秩和）按变量 "group" 分类					
group	数目	评分汇总	H0 之下的期望值	H0 之下的标准差	均值评分
1	30	1755.00	1365.0	116.825521	58.500
2	30	1354.50	1365.0	116.825521	45.150
3	30	985.50	1365.0	116.825521	32.850
已将平均评分用于结值。					

图 5.27 例 5.6Kruskal–Wallis 检验统计描述结果

Kruskal-Wallis 法秩和检验的分析结果主要包括两部分。第一部分是统计描述，给出了两组的例数、秩和、平均秩和等，见图 5.27。

Kruskal-Wallis 检验		
卡方	自由度	Pr > 卡方
14.4698	2	0.0007

图5.28　例5.6Kruskal–Wallis检验结果

第二部分是统计分析结果，给出了Kruskal-Wallis法的检验结果（Z=14.4698，P=0.0007），提示三组总的差异有统计学意义，见图5.28。

上述结果只是给出了总的组间比较结果，显示三组总的差异有统计学意义，但并未说明具体是哪两组之间有差异。从秩和来看，大剂量组水平最高，对照组水平最低，但具体哪两组有差别还需要进一步做组间两两比较。

5.组间两两比较

可以在proc npar1way选项中选择dscf来实现组间两两比较。

proc npar1way wilcoxon dscf;　　/*dscf要求给出两两比较结果*/

class group;

var dust;

run;

成对双侧多重比较分析			
Dwass、Steel、Critchlow-Fligner 方法			
变量: dust			
group	Wilcoxon Z	DSCF 值	Pr > DSCF
1 vs. 2	2.2843	3.2305	0.0580
1 vs. 3	3.4820	4.9243	0.0014
2 vs. 3	2.1292	3.0111	0.0840

图5.29　例5.6组间两两比较结果

从图5.29中可以看出，在0.05检验水准上，第一组和第三组有显著的统计学差异，在0.1的检验水准上，三组都有统计学差异，所以可以考虑参考第四章内容增加样本量继续进行探索。

6.给出结论

本例分析结果表明，三种口罩的防尘水平差别有统计学意义。两两比较结果显示，这种差别主要体现在大剂量组和对照组之间，而小剂量组和对照组、大剂量组和小剂量组之间在P=0.05水平上的差异无统计学意义。从中位数比较来看，三组降尘量的中位数分别为：–0.455、–2.265、–3.775 ，说明大剂量组的降尘量明显优于对照组。

✒ 课后练习：

　　1.秩和检验的基本思想是什么？

　　2.两组和多组秩和检验在SAS命令上有什么不同？

第三节　配对资料的差异性分析

一、配对资料介绍

1.配对资料差异分析的思路

在统计学分析中有一个重要的资料类型，就是配对资料。配对资料一般指两类情况：

（1）同一个体（对象）经过两次不同的处理。比如同一批员工接受两次安全教育培训，想比较哪次培训的效果更好。

（2）对两个匹配的（条件相近的，同质的）个体（对象）分别进行同样的处理。比如安全意识评分相近的员工两两组合，其中一个接受培训1，另一个接受培训2，看哪个培训的效果更好。

配对资料可以解决在研究中研究对象可能受到的干扰问题。比如研究安全管理措施对工人安全行为率的影响，但如果两种不同安全措施同时在两组不同工人间进行使用，人们对研究结果就会有质疑，因为不同工人本来个体差异就比较大，造成他们接受安全管理措施的程度不一样，也就是说，最后可能无法证明到底是因为某组工人原来就比较优秀，所以使用安全管理措施后安全行为率比较高，还是因为新安全管理措施比旧的好，使工人安全行为率提高了。为了排除可疑影响因素的干扰，可以考虑不同措施在不同时期使用在同一组工人身上，这就在最大限度上减少了不同工人本身对结果造成的干扰。这就是设计同一个体（对象）经过两次不同的处理的配对资料的目的。有时实在受条件所限，无法使用同组同一个体时，使用同质的个体也可以实现这一效果，这就是对两个匹配的（条件相近的）个体（对象）分别进行同样的处理。

配对资料也可以分为定量资料和定性资料，在定量资料中，如果数据符合正态分布，我们一般使用配对t检验，如果不符合正态分布，一般使用Wilcoxon符号秩和检验。配对数据符号秩和检验的基本思想与单样本符号秩和检验是一致的。不同之处在于，可以将配对数据中每个配对数值的差值看作是一个单独的样本，给定的总体中位数为0，即推断差值的单样本是否来自给定中位数为0的总体。其余部分与单样本符号秩和检验并无差别。

2.配对资料差异分析的SAS程序

配对资料的差异分析可以通过两种方式来实现，一是使用proc ttest过程，通过paired语句指定配对变量；二是通过变换分析变量，通过proc univariate过程实现。这两个过程在前文都有详细说明，这里就不再赘述。需要指出的是，进行配对资料的差异性检验，可以先计算每对数值的差值，如果差值服从正态分布，则采用配对t检验分析，如果不符合正态分布，则可以采用Wilconxon符号秩和检验。

二、通过 proc ttest 过程实现差异性分析

例5.7

表5.8中的数据为某厂10名工人一年中的安全行为的概率，试分析采用新的安全管理技术后工人安全行为的概率是否有显著提高。

表5.8 采用新的安全管理技术前后工人安全行为概率

采用新技术前	89.3	92.1	91.3	93.4	98.3	95.3	93.3	92.3	94.1	91.8
采用新技术后	90.8	92.2	90.4	95.2	98.3	95.2	95.5	93.9	94.5	91.5

1.选择研究方法

该研究的目的是通过比较10名工人采用新安全管理技术前后的安全行为概率，推断采用新的安全管理技术后工人安全行为的概率是否有显著提高，属于差异性检验。该研究是比较同一对象（10名工人）的采用新的安全管理技术前和后两次测量结果，属于配对设计。分析方法可根据资料的分布考虑采用配对t检验或配对秩和检验。

2.建立数据集

观察数据表可以看出，配对资料的差异检验含两个变量：采用新型安全措施前和采用新型安全措施后的安全行为概率，分别用prob0和prob1表示。

```
data;
input prob0 prob1;
cards;
89.3  90.8
92.1  92.2
91.3  90.4
93.4  95.2
98.3  98.3
95.3  95.2
93.3  95.5
92.3  93.9
94.1  94.5
91.8  91.5
;
run;
```

3.进行正态性检验，确定下一步的分析方法

```
proc univariate normal;
var prob0 prob1;
run;
```

正态性检验				
检验		统计量	p 值	
Shapiro-Wilk	W	0.952274	Pr < W	0.6954
Kolmogorov-Smirnov	D	0.154503	Pr > D	>0.1500
Cramer-von Mises	W-Sq	0.046077	Pr > W-Sq	>0.2500
Anderson-Darling	A-Sq	0.295061	Pr > A-Sq	>0.2500

图 5.30　例 5.7prob0 的正态性检验结果

正态性检验				
检验		统计量	p 值	
Shapiro-Wilk	W	0.943177	Pr < W	0.5889
Kolmogorov-Smirnov	D	0.141369	Pr > D	>0.1500
Cramer-von Mises	W-Sq	0.046707	Pr > W-Sq	>0.2500
Anderson-Darling	A-Sq	0.294837	Pr > A-Sq	>0.2500

图 5.31　例 5.7prob1 的正态性检验结果

　　分析结果表明 prob0 和 prob1 均服从正态分布，因此可以用配对 t 检验进行差异性分析，见图 5.30、图 5.31。

4.进行配对 t 检验

配对 t 检验可以通过 proc ttest 实现。

proc ttest;

paired prob0*prob1;

run;

差分: prob0 − prob1				
数目	均值	标准差	标准误差	最小值	最大值
10	-0.6300	1.0541	0.3333	-2.2000	0.9000

均值	95% 置信限均值		标准差	95% 置信限标准差	
-0.6300	-1.3841	0.1241	1.0541	0.7251	1.9245

自由度	t 值	Pr > |t|
9	-1.89	0.0914

图 5.32　例 5.7 的差异性分析结果

　　结果比较简单，在简单统计量后给出了 t 检验的结果，图 5.32 表明，使用了新技术前后，工人的安全行为率并没有显著差异（t=−1.89，P=0.0914）。后续结果还包括差分的分布、成对策略、一致性和 Q-Q 四个图，对本例意义不大，故略去。

5.给出结论

本例分析表明，两组差值没有显著的统计学意义。说明采用的新安全管理措施并没有提高工人的安全行为率，从统计数据没有看出新办法在提高安全管理水平上的有效性。

三、通过 proc univariate 过程实现差异性分析

例5.8

某研究为评价某种新型防止火灾的安全措施的有效性，随机抽取了30个火险较高企业，记录它们的火灾危险程度评分risk，采用该新型防火措施10个月后，再记录它们的risk评分。欲比较采用新防火措施后的vas评分是否比采用前有所降低，详见表5.9。

表5.9　采用新防火措施前后vas评分

采取措施前	6	7	7	5	5	6	8	5	5	6
	6	6	8	5	5	3	6	5	5	5
	5	4	6	3	7	5	6	5	4	4
采取措施后	3	5	7	5	3	3	5	4	5	3
	1	3	3	4	3	2	4	3	5	2
	1	3	5	1	4	5	5	2	1	2

1.选择研究方法

该研究的目的是通过比较30家企业采用新型安全措施前后的火险risk评分，推断采用新型安全措施前后的火险情况是否有差异，属于差异性检验。该研究是比较同一对象（30家企业）采用新型安全措施前和后的两次测量结果，属于配对设计。配对设计的分析可以以两组差值作为分析指标。分析方法可根据资料的分布考虑采用配对t检验或配对秩和检验。

2.建立数据集并制造差值变量

观测数据表可以看出，本例含两个变量：采用新型安全措施前和采用新型安全措施后的火险评分，分别用risk0和risk1表示。

配对设计分析可以以差值作为分析指标，实际上是分析差值与0相比是否有统计学意义。利用proc univariate程序对差值的正态性及分布进行检验。

```
data;
input risk0 risk1@@;
risk10=risk1–risk0;      /*构造差值为采用新型安全措施后的火险评分-
采用新型安全措施前的火险评分*/
cards;
63 75 77 55 53 63 85 54 55 63
61 63 83 54 53 32 64 53 55 52
51 43 65 31 74 55 65 52 41 42
;
run;
```

3.进行正态性检验，确定下一步的分析方法

```
proc univariate normal;
var risk10;
run;
```

正态性检验				
检验		统计量	p 值	
Shapiro-Wilk	W	0.920313	Pr < W	0.0273
Kolmogorov-Smirnov	D	0.154811	Pr > D	0.0662
Cramer-von Mises	W-Sq	0.141118	Pr > W-Sq	0.0301
Anderson-Darling	A-Sq	0.880785	Pr > A-Sq	0.0220

图5.33　例5.8risk10正态性检验结果

正态分布检验结果表明，risk10不服从正态分布（W=0.920313，P=0.0273），详见图5.33，所以需要采用符号秩和检验来进行差异性分析。

进行符号秩和检验：

之前的proc univariate的位置检验mu=0结果中，分别给出了t检验、符

号检验、符号秩检验（即 wilcoxon 配对检验）的差值与 0 的比较结果。秩和检验均显示 riskl0 与 0 的差值有统计学意义（S=−162.5，P<0.0001），详见图 5.34 和图 5.35。

位置检验: Mu0=0			
检验	统计量		p 值
Student t	t	-7.94617	Pr > |t|	<.0001
符号	M	-12.5	Pr >= |M|	<.0001
符号秩	S	-162.5	Pr >= |S|	<.0001

图 5.34　例 5.8 位置检验 mu=0 结果

基本统计测度			
位置		变异性	
均值	-2.03333	标准差	1.40156
中位数	-2.00000	方差	1.96437
众数	-3.00000	极差	5.00000
		四分位间距	2.00000

图 5.35　例 5.8 risk10 的基本统计量

5. 给出结论

分析结果表明，两组差值与 0 的差异有统计学意义。由于数据不符合正态分布，确定其差值大小需要结合中位数。本例中位数为 −2<0，提示采用新型安全措施后的火险评分低于采用新型安全措施前的火险评分，因为火险评分分值越小则火险发生率越低，所以结果说明采用的新型安全措施效果优于采用新型安全措施前。

✎ 课后练习：

1. 什么是配对资料，为什么要使用配对资料进行研究？
2. 配对资料研究的 SAS 命令是什么？

第四节 随机区组资料的差异性分析

一、随机区组资料

1.随机区组资料

随机区组资料在设计阶段选择研究对象时先把条件相同或相近的多个研究对象配成一组（区组），然后采用随机化技术将每对或区组的个体分配到不同的组别。

随机区组设计主要是解决组间的非处理因素，即研究不需关注但有可能对研究变量造成干扰的因素。如某学生研究应急演练对突发事件情况下反应速度的影响，考虑到除应急演练外，反应速度还会受到身高、籍贯等因素的影响，设计时可以将身高、籍贯相差不多的人先分到一组（区组），再将同一区组的人随机分到经常演练组、偶尔演练组和对照组，这样，所有组别的身高、籍贯分布都差不多，就减少了这两个因素可能对研究结果产生的影响。

随机区组资料看似有很多影响因素，但实际上，研究对象仍然只有一个影响因素，如上述例子中的身高、籍贯等只是混杂因素，并不是我们想研究的对象。

2.随机区组资料差异性分析的SAS程序

随机区组资料在分析前也需要确定是否服从正态分布，服从正态分布的随机区组资料因为超过两组不能用t检验，可以采用方差分析的方法进行检验，不服从正态分布的随机区组资料可以采用Friedman秩和检验的方法进行检验。

（1）随机区组资料方差分析的SAS程序

随机区组资料方差分析的SAS程序与之前章节方差分析的SAS程序语句基本一致，只是在model语句中需指定区组变量，即：

model因变量＝自变量 区组变量 选项。

（2）随机区组资料秩和检验的 SAS 程序

对于不符合正态分布的随机区组定量资料，一般用 Friedman 秩和检验。随机区组设计的 Friedman 秩和检验可通过 proc freq 过程来实现。Proc freq 过程主要用于分类资料的比较，本节介绍与随机区组设计秩和检验相关的选项，分类资料比较的语句和选项详见第六章。

Proc freq 与随机区组设计秩和检验相关的主要语句有：

proc freq 选项；

table 区组变量 * 分组变量 * 分析变量 / 选项；

table 语句要注意顺序，代表的区组变量要写在最前面，然后是分组变量，最后是分析变量。table 语句后常用的选项有：

noprint：不输出基本统计数据的列表；

scores=：指定行和列得分的类型，scores=rank 表明以行或列的平均秩次作为得分值，即进行非参数检验；

cmh2：要求在结果中给出相关性检验值及行平均得分差值。行平均得分差值即随机区组秩和检验的结果。

二、正态分布随机区组资料的方差分析

例 5.9

某学生研究应急演练对突发事件情况下反应速度（s）的影响，实验设计采用了随机区组设计，参照身高、籍贯等因素，每 3 个工人配成一个区组，共 9 个区组。每个区组内的 3 个工人随机分入不演练组、偶尔演练组和经常演练组，详见表 5.10，然后测定各组反应速度值并进行比较，试分析三组工人的应急反应速度是否有统计学差异，即演练频次对反应速度是否有影响。

表 5.10 三组工人应急反应速度

（s）

不演练组	0.37	0.40	0.39	0.32	0.34	0.35	0.42	0.32	0.35
偶尔演练组	0.37	0.27	0.26	0.26	0.25	0.36	0.33	0.28	0.33
经常演练组	0.31	0.26	0.21	0.31	0.33	0.21	0.23	0.20	0.22

1.确定分析方法

由数据表可判断本例属于定量资料的差异性分析，且案例使用了随机区组设计，该研究目的是比较反应速度在三组间是否有差异，属于随机区组资料的差异性检验。分析方法可以根据资料的正态性考虑随机区组的方差分析或随机区组的秩和检验即Friedman检验。

2.建立数据集

由实验设计和数据表可知该例有三个变量：组别、区组和反应速度。以group表示组别，group=1为不演练组，group=2为偶尔演练组，group=3为经常演练组；block表示区组变量，time表示反应速度变量。

```
data;
input group  block time@@;
cards;
1 1 0.37  1 2 0.40  1 3 0.39  1 4 0.32  1 5 0.34  1 6 0.35  1 7 0.42  1 8 0.32  1 9 0.35
2 1 0.37  2 2 0.27  2 3 0.26  2 4 0.26  2 5 0.25  2 6 0.36  2 7 0.33  2 8 0.28  2 9 0.33
3 1 0.31  3 2 0.26  3 3 0.21  3 4 0.31  3 5 0.33  3 6 0.21  3 7 0.23  3 8 0.20  3 9 0.22
;
Run;
```

3.资料的正态性检验，确定下一步的分析方法

```
proc univariate normal;
class group;
var time;
run;
```

基本统计测度			
位置		变异性	
均值	0.362222	标准差	0.03528
中位数	0.350000	方差	0.00124
众数	0.320000	极差	0.10000
		四分位间距	0.05000

图5.36a 例5.9group=1的基本统计量和正态性检验结果

正态性检验				
检验		统计量	p 值	
Shapiro-Wilk	W	0.937699	Pr < W	0.5579
Kolmogorov-Smirnov	D	0.19106	Pr > D	>0.1500
Cramer-von Mises	W-Sq	0.039682	Pr > W-Sq	>0.2500
Anderson-Darling	A-Sq	0.257491	Pr > A-Sq	>0.2500

图 5.36b　例 5.9group=1 的基本统计量和正态性检验结果

基本统计测度			
位置		变异性	
均值	0.301111	标准差	0.04649
中位数	0.280000	方差	0.00216
众数	0.260000	极差	0.12000
		四分位间距	0.07000

正态性检验				
检验		统计量	p 值	
Shapiro-Wilk	W	0.870043	Pr < W	0.1231
Kolmogorov-Smirnov	D	0.230685	Pr > D	>0.1500
Cramer-von Mises	W-Sq	0.092894	Pr > W-Sq	0.1229
Anderson-Darling	A-Sq	0.535674	Pr > A-Sq	0.1256

图 5.37　例 5.9group=2 的基本统计量和正态性检验结果

基本统计测度			
位置		变异性	
均值	0.253333	标准差	0.05074
中位数	0.230000	方差	0.00258
众数	0.210000	极差	0.13000
		四分位间距	0.10000

正态性检验				
检验		统计量	p 值	
Shapiro-Wilk	W	0.853212	Pr < W	0.0808
Kolmogorov-Smirnov	D	0.232733	Pr > D	>0.1500
Cramer-von Mises	W-Sq	0.100185	Pr > W-Sq	0.0960
Anderson-Darling	A-Sq	0.60356	Pr > A-Sq	0.0836

图 5.38　例 5.9group=3 的基本统计量和正态性检验结果

正态性检验结果如图 5.36~图 5.38 显示，三组正态性检验的 P 值均大于 0.05（0.5579、0.1231、0.0808），提示三组数据均符合正态分布。但第三组的 P 值为 0.0808，仅略高于检验水准 0.05。可以考虑分别采用随机区组的方差分析和随机区组的秩和检验对数据进行分析。

4.进行方差分析

随机区组资料的方差分析可以通过 proc glm 实现。

proc glm;

class group block;　/*将组别和区组均指定为分类变量*/

model time=group block;

/*model语句指定time为分析变量，group为分组变量，block为区组变量。如果不加block，其效果等同于完全随机设计的方差分析*/

lsmeans group/tdiff adjust=bon;　/*tdiff表示要进行两两比较，adjust=bon表示用bonferroni法对各组做两两比较*/

run;

源	自由度	平方和	均方	F 值	Pr > F
模型	10	0.06688889	0.00668889	3.10	0.0216
误差	16	0.03457778	0.00216111		
校正合计	26	0.10146667			

图5.39　例5.9方差分析结果

方差分析的结果之前已经介绍过，结果主要包括三部分。第一部分是总的比较结果，见图5.39，总的方差分析表明组间差异有统计学意义（F=3.10，P=0.0216）。

源	自由度	I 型 平方和	均方	F 值	Pr > F
group	2	0.05362222	0.02681111	12.41	0.0006
block	8	0.01326667	0.00165833	0.77	0.6359

源	自由度	III 型 平方和	均方	F 值	Pr > F
group	2	0.05362222	0.02681111	12.41	0.0006
block	8	0.01326667	0.00165833	0.77	0.6359

图5.40　例5.9组别和区组分别检验结果

第二部分是对组别和区组分别检验的结果。结果如图5.40表明，组别间差异有统计学意义（F=12.41，P=0.0006），区组间差异无统计学意义（F=0.77，P=0.6359）。

最小二乘均值 多重比较的调整: Bonferroni		
group	time LSMEAN	LSMEAN 号
1	0.36222222	1
2	0.30111111	2
3	0.25333333	3

图5.41a　例5.9的最小二乘均值和组间比较结果

效应 "group" 的最小二乘均值 t（针对 H0）：LSMean(i)=LSMean(j) / Pr > |t| 因变量：time			
i/j	1	2	3
1		2.788611 0.0394	4.968797 0.0004
2	-2.78861 0.0394		2.180187 0.1336
3	-4.9688 0.0004	-2.18019 0.1336	

图 5.41b 例 5.9 的最小二乘均值和组间比较结果

　　第三部分是最小二乘均值和组间比较结果，图示部分这里不再展示。结果表明 group1 和 group2 的差异有统计学意义（P=0.0394），group1 和 group3 之间的差异有统计学意义（P=0.0004），group2 和 group3 之间的差异无统计学意义（P=0.1336），详见图 5.41。

三、非正态分布随机区组资料的秩和检验

随机区组的 Friedman 检验可以用 proc freq 过程实现。

```
proc freq;  /* 调用 freq 命令 */
table block*group*time/ scores=rank cmh2;
/*table 语句指明分组变量和分析变量，scores=rank 表示执行非参数检验，cmh2 表示输出行平均得分差值 */
run;
```

Cochran-Mantel-Haenszel 统计量（基于秩评分）			
统计量	备择假设	自由度	值	概率
1	非零相关	1	12.0143	0.0005
2	行评分均值不同	2	12.0571	0.0024

图 5.42 例 5.9 相关性和行平均得分结果

　　仍使用例 5.9 的数据，图 5.42 仅给出了相关性检验结果和行平均得分差值结果。本例并不研究相关性检验结果（非零相关），所以只看行评分均值差值（行评分均值不同）结果即可，行平均得分差值结果表明，三组总的差别有统计学意义（P=0.0024）。

　　例 5.9 分别采用了方差分析和秩和检验，所得结论一致，但可以明显看出，秩和检验的 P 值要高于方差分析。由于正态性检验的 P 值并不是很小，

基本可以认为符合正态分布，在这种情况下，方差分析的检验效率要高于秩和检验。采用方差分析更容易得到阳性结果（即P值更小），而秩和检验的结果则更趋向于保守（P值更大）。

值得说明的是，SAS系统不自动给出friedman秩和检验两两比较的结果，需手动输入程序完成比较，因为过程较为复杂，这里不做介绍。感兴趣的读者可查看SAS帮助或自行探索。

2. 给出结论

本次研究所采用的方差分析和秩和检验均表明，三组的反应速度差异有统计学意义。从描述性统计结果看，三组反应时间均值分别为0.3622、0.3011、0.2533；中位数分别为0.3500、0.2800、0.2300，均表明第一组反应速度最慢，其次是第二组，最快为第三组，这说明经常演练可以提高反应速度。

课后练习：

1. 什么是随机区组资料？
2. 定量和定性随机区组资料在统计分析方法上有什么不同？

第五节 多重检验

一、多重检验介绍

1. 多重检验

到目前为止，本章案例中的定量资料的差异性分析均为单一研究因素的差异性分析（即仅有1个分析变量），比如反应时间差异、评分差异等，在某些特殊情况下，可能需要研究比较的因素有两个甚至两个以上，此时就要用到多重检验。多重检验（multiple test）常用于"小样本、多指标"的数据，相对于研究因素单一的数据，多重检验相当于针对n个单一研究因素进行比较，如果每次比较所选用的α都为0.05，必然会加大假阳性错误。这种情形下，常规的统计分析方法已不适用，多重检验则可较好地处理这种类型的数据。

多重检验常用的控制假阳性错误的方法有 bonferroni 法、bootstrap 法和 permutation 法。

（1）Bonferroni 法

Bonferroni 法用来校正检验水准，根据比较的次数重新设定检验水准，然后根据 P 值做出结论。该法仅用于比较次数较少的情形，在比较次数多的情况下该法结果过于保守。该方法将检验水准变为原来的比较次数的倒数，如常选用的检验水准为 0.05，如果需要比较 5 个指标，则检验水准变为 0.05/5，即每个指标的 P 值 $\leq$ 0.01 才有统计学意义。

（2）Bootstrap 法

Bootstrap 法是近几年发展的新方法，是基于现有样本的随机模拟抽样方法，其基本思想是：对一含量为 n 的样本进行有放回的重新抽样，得到新的样本，称为 bootstrap 样本，样本含量仍为 n。由于是有放回的抽样，抽到的 boot strap 样本中，有的样品可能被抽到 1 次，有的超过 1 次，也有的没有被抽到。这样重复抽取若干次，得到若干个 bootstrap 样本，每一样本均可估计一定的参数，如均数、标准差等，利用若干 bootstrap 样本便得到对某一参数的估计值及其置信区间。

（3）Permutation 法

Permutation 法与 bootstrap 类似，也是基于原有样本的随机抽样。他是利用手头样本，进行大量重复的排列组合，估计其近似的抽样分布，并求出从该分布中获得手头样本及更极端样本的概率，以此做出统计推断。一般而言，bootstrap 法侧重参数估计，而 permutation 法侧重于随机分组的统计推断。

2. 多重检验的 SAS 程序

多重检验的 SAS 程序可通过 proc multtest 过程来实现，其基本格式为：

proc multtest 选项；

class 分组变量；

test 分析变量 选项；

proc multtest 语句后常用的选项有：

bonferroni，该选项指定用 bonferroni 法校正 P 值

bootstrap，该选项指定用 bootstrap 法校正 P 值

permutation，该选项指定用permutation法校正P值

Test语句指定进行何种统计检验，并指明检验的变量是分类的还是连续的。常用的选项有：

ca，要求对组间进行cochran-armitage趋势检验，一般用于多组分类资料的比较；

fisher，要求两组比较时采用fisher检验，用于两组分类资料的比较；

mean，要求对两组均值进行t检验，用于两组定量资料的比较。

二、多个研究因素的多重检验

例5.10

某学生观察两种噪声控制措施的效果，将40个有噪声危害的车间，随机分为两组，分别采取不同的噪声控制措施。该研究共规定了8个控制效果指标，其中6个指标（x1~x6）为离散型资料，由安全检查人员和工人对车间噪声控制情况进行评分，另外2个指标（x7~x8）为"有"和"无"的二分类变量，详见表5.11。研究者欲比较两种噪声控制措施是否有差异。

表5.11 两种噪声控制措施效果指标统计

group	X1	X2	X3	X4	X5	X6	X7	X8	group	X1	X2	X3	X4	X5	X6	X7	X8
1	4	4	4	4	4	3	1	1	2	3	2	2	1	1	1	0	1
1	3	1	3	4	4	3	0	0	2	2	3	3	2	2	2	1	0
1	4	2	2	3	2	1	1	1	2	3	3	1	3	2	2	0	0
1	1	2	1	3	3	4	0	1	2	3	1	1	1	2	1	0	1
1	4	4	1	4	4	3	1	1	2	2	3	4	1	1	0	0	0
1	4	4	4	2	4	4	1	0	2	4	1	1	2	2	1	0	0
1	4	4	4	2	4	0	1	0	2	1	3	1	2	4	2	1	0
1	4	3	2	4	2	3	1	1	2	4	1	2	1	1	4	0	1
1	3	4	3	4	4	4	1	1	2	2	2	1	1	2	2	0	0
1	4	4	4	3	4	2	1	0	2	3	4	1	3	3	2	1	1
1	4	4	4	3	4	1	1	0	2	1	3	1	2	2	1	0	0

group	X1	X2	X3	X4	X5	X6	X7	X8	group	X1	X2	X3	X4	X5	X6	X7	X8
1	2	2	3	2	2	3	0	1	2	1	4	1	1	3	2	0	1
1	2	2	2	2	4	2	1	1	2	2	1	3	3	2	1	0	0
1	3	2	4	4	2	1	1	0	2	1	1	3	3	3	2	1	0
1	1	2	1	1	3	4	0	1	2	4	4	3	4	2	3	0	0
1	4	2	2	2	1	4	1	1	2	2	2	1	2	1	1	0	1
1	1	4	4	3	2	3	1	1	2	2	2	4	3	1	4	0	0
1	4	4	4	3	4	2	1	0	2	2	1	1	2	4	2	0	1
1	4	3	1	4	4	2	0	0	2	2	2	2	2	1	3	1	0

1.确定研究方法

从表格数据可以看出，该研究需要分析的对象，即能够表征噪声控制效果的指标有8个，因此该分析应使用多重检验。

2.建立数据集

从表格数据可以看出，该案例有9个变量：组别和反映噪声控制指标的8个变量，组别用group来表示，其余8个指标用x1~x8来表示。

```
data;
input group x1-x8 @@;
cards;
1  5  4  5  4  4  3  1  1      1  6  2  1  4  3  3  0  0
1  2  3  2  3  2  1  1  1      1  1  2  1  2  3  4  0  1
1  4  4  1  4  3  3  1  1      1  6  2  4  2  4  5  1  1
1  5  1  4  3  3  4  0  1      1  3  2  4  2  4  4  0  1
1  4  3  2  4  2  3  1  1      1  2  4  3  4  4  4  1  1
1  3  5  5  4  5  1  1  0      1  4  4  4  3  4  1  1  0
1  2  2  3  2  2  3  0  1      1  2  2  2  2  4  2  1  1
1  3  2  4  4  2  1  1  0      1  1  2  1  1  3  4  0  1
1  4  2  2  2  1  4  1  1      1  1  5  5  5  2  2  3  1  1
1  5  5  5  3  4  2  1  0      1  4  4  2  4  4  4  2  0  0
```

```
2 2 2 2 2 1 1 0 1   2 3 3 3 1 2 2 1 0
2 2 1 2 3 2 2 0 0   2 4 1 1 1 1 1 0 1
2 2 3 4 1 1 1 0 0   2 3 2 1 1 2 2 1 0
2 1 1 3 1 1 3 0 0   2 2 3 1 2 4 2 1 0
2 4 2 1 1 2 4 0 1   2 3 2 1 1 2 2 0 0
2 4 3 1 3 3 2 1 1   2 2 2 1 3 2 1 0 0
2 1 4 1 1 3 2 1 0   2 3 1 1 3 3 2 1 0 0
2 1 1 2 2 3 2 1 0   2 3 3 3 4 2 3 0 0
2 2 2 1 2 1 1 0 1   2 1 3 3 3 2 4 0 0
2 3 1 1 2 4 2 0 1   2 4 2 2 1 1 2 1 0
```

run;

3.进行多重检验

该研究的分析指标中既有离散型定量变量也有分类变量，需要在程序中表明。无论是定量变量还是分类变量，多重检验均可采用bootstrap法或permutation法，只是在SAS命令中选项不同。

proc multtest bootstrap nsample=1000;　/*bootstrap选项表示用bootstrap法，nsample=1000表示重复抽样1000次 */

class group;

test mean（x1–x6）fisher（x7 x8）;　　/*mean表示对定量资料进行均值比较，fisher表示对分类资料进行比例的比较 */

run;

模型信息	
Test for discrete variables	Fisher
Test for continuous variables	Mean t-test
Degrees of Freedom Method	Pooled
Tails for discrete tests	Two-tailed
Tails for continuous tests	Two-tailed
Strata weights	None
P-value adjustment	Bootstrap
Center continuous variables	Yes
Number of resamples	1000
Seed	719654001

图5.43　例5.10基本信息输出结果

结果主要包括三部分。第一部分是模型的基本信息，给出了定量资料和定性资料所用的方法、P值校正的方法、重复抽样的次数、随机的初始种子等信息，见图5.43。

Contrast Coefficients

对比	group 1	group 2
1 vs. 2	1	-1

离散变量表

变量	group	计数	观测数	百分比
x7	1	13	20	65.00
x7	2	6	20	30.00
x8	1	14	20	70.00
x8	2	7	20	35.00

连续变量表

变量	group	观测数	均值	标准差
x1	1	20	3.3500	1.5985
x1	2	20	2.4500	1.0501
x2	1	20	3.0000	1.2566
x2	2	20	2.1000	0.9119
x3	1	20	3.0000	1.4868
x3	2	20	1.8500	0.9881
x4	1	20	2.9500	0.9987
x4	2	20	1.9000	0.9679
x5	1	20	3.2000	1.0563
x5	2	20	2.0500	0.9445
x6	1	20	2.8500	1.2258
x6	2	20	2.0000	0.9177

图5.44　例5.10变量描述结果

第二部分是对变量的简单描述，分类资料给出了计数、百分比，定量资料给出了均值和标准差，见图5.44。

p 值

变量	对比	Raw	自助法
x7	1 vs. 2	0.0562	0.3340
x8	1 vs. 2	0.0562	0.3340
x1	1 vs. 2	0.0420	0.2530
x2	1 vs. 2	0.0135	0.0990
x3	1 vs. 2	0.0065	0.0470
x4	1 vs. 2	0.0017	0.0070
x5	1 vs. 2	0.0008	0.0050
x6	1 vs. 2	0.0176	0.1180

图5.45　例5.10的差异比较结果

第三部分给出了差异性分析的P值，见图5.45。其中Raw列给出了原始的P值，即采用普通的t检验所得的P值，bootstrap列给出的是采用bootstrap法求得的P值。结果表明，如果采用常规的t检验，共6个指标差异有统计学意义，而使用bootstrap法后则显示只有x3、x4、x5三个指标的差异有统计学意义。Bootstrap法考虑到了多个指标之间的相关性，有效地降低了假阳性率，更准确地反映了实际情况。

值得注意的是，由于每次选用的种子不同（即随机数的开始数字不同），bootstrap法每次选择的内部抽样样本都不同，所以每次运行的结果也稍有不同。但定性的结果差别不大。

4.给出结论

该研究采用bootstrap法对8个噪声控制指标进行组间比较，结果表明指标x3、x4、x5三个指标在两组间差别有统计学意义，其余指标的组间差异无统计学意义。

课后练习：

1.多重检验适用于什么样的定量数据？

2.Bootstrap法能起到什么作用？

第六章 分类资料的差异性分析

📚 教学目的

1.了解卡方检验、四格表资料、R×2表资料、2×C表资料、配对资料、多层分类资料的基本特点。

2.理解卡方检验及SAS命令。

3.掌握四格表资料的分析、R×2表资料的分析、2×C表有序资料的分析、2×C表无序资料的分析、配对资料的分析、多层分类资料的分析的SAS程序，以及分类资料统计分析结果的解释。

📕 教学要求

1.熟练使用proc data建立四格表资料、R×2表资料、2×C表有序资料、2×C表无序资料、配对资料、多层分类资料的数据集。

2.熟练使用proc freq过程在指定要求下对资料进行卡方检验并分析检验结果。

第一节　列联表与卡方检验

很多研究需要了解两组或多组样本的总体率（或构成比）之间的差别是否具有统计学意义，比如某两地安全事故率、百万人死亡率的比较等，此时就需要用到列联表和卡方检验。

一、分类资料的列联表

列联表（contingency table）是观测数据按两个或更多属性（分类变量）分类时所列出的频数表，是由两个以上的变量进行交叉分类的频数分布表。如果只有行和列两个变量，就是二维列联表，根据列联表的行数R和列数

C，可以将二维列联表命名为R×C表。最简单的二维列联表是2×2表，又称四格表。如果除了行和列还有其他变量，则称为高维列联表。还有一类特殊的列联表资料是配对列联表资料，关于配对资料在之前的章节已经有所介绍，这里不再赘述。

由于分类资料可以分为有序和无序两类，所以对其差异性分析的方法也会有不同。对于R×C表的组间比较，当结果指标为无序分类资料时，一般可以采用卡方（χ^2）检验，如果是有序资料，常采用的办法是秩和检验。秩和检验的基本思想在第五章已有介绍，这里不再赘述。

二、卡方检验

卡方检验是由英国著名统计学家Karl Pearson于1900年提出的，因此也称为Pearson卡方检验，是一种针对两组或多组分类变量的总体率或总体频数分布进行推断的方法，其应用十分广泛。它可以用于两组或多组率的比较、两组或多组构成比的比较、两个分类变量之间的相关性分析、拟合优度检验等。

卡方检验是通过现有频数计算理论频数（期望频数），进而计算能够反映实际频数与理论频数差异的卡方值，判断组间是否存在统计学差异。理论频数的算法是先假设每组概率都相等，即用总发生数除以总例数，得到的概率再分别乘以每组的总例数，其结果就是每组的理论频数。例6.1的四格表资料见表6.1。

表6.1　听力损失人数表

组别	无听力损失	有听力损失	合计
非暴露组	1243	168	1411
暴露组	447	31	478
合计	1690	199	1889

暴露组和非暴露组有听力损失的人员共199人，如果两组听力损失率没有差异，那么两组的听力损失患病率都应该是199/1889，无听力损失率为（1–199/1889）。则理论频数详见表6.2。

表6.2　听力损失理论频数表

组别	无听力损失	有听力损失	合计
非暴露组	1411 × （1−199/1889）= 1262.4	1411 × 199/1889=148.64	1411
暴露组	478 × （1−199/1889）= 427.64	31 × 199/1889=50.36	478

卡方检验的公式为：

$$\chi^2 = \sum \frac{(A_{ij} - T_{ij})}{T_{ij}}$$

（6−1）

其中 A_{ij} 为每个格子的实际频数，T_{ij} 为每个格子的理论频数。根据该公式可以看出，卡方值反映了理论频数和实际频数的差异程度。理论频数和实际频数差别越大，卡方值越大；反之，卡方值越小。所以理想状态下，如果理论频数和实际频数相同，则卡方值应为0。但实际中由于存在抽样误差，理论频数和实际频数会有一定的差异。如果差异不大，则可以用抽样误差来解释，也即出现的差异是由抽样误差造成的。如果差别过大，则无法用抽样误差来解释，只能解释为两组确实有差异。因为卡方值服从卡方分布，所以可以通过自由度，计算P值判断这一差异是否具有统计学意义。

二、分类资料差异性分析的 SAS 程序

对于列联表的组间比较，当分析结果指标为无序分类资料时，一般可以采用卡方检验，如果是有序资料，比如事故等级的一般、较大、重大或特大，常采用的办法是秩和检验。秩和检验的proc npar1way过程在第五章已经进行了详细介绍，这里不再赘述。卡方检验可以通过proc freq过程实现。该过程在之前的章节做过简要介绍，该过程的主要语句包括：

proc freq 选项；

table行变量*列变量/选项；

test变量；/*作为chisq语句的辅助，可对相关性、一致性系数进行统计学检验*/

weight变量；

by变量；

run;

Table语句后常用的选项包括：

chisq：可输出Pearson检验、似然比检验、Mantel-Haenszel检验、phi系数、列联系数等。四格表还可输出连续校正检验和Fisher精确检验。

relrisk：输出相对危险度，该选项仅限于四格表资料使用；

trend：输出Cochran-Armitage趋势检验结果，该选项仅限于2×C表或R×2表使用；

measures：计算一系列关联性指标及其渐近标准误，如Pearson相关系数、Spearman相关系数、Kendalls' tau-b值、Gamma系数等；

agree：仅限于R×R表（即行列数相同）使用，可输出一致性系数。对四格表资料还给出Mc-Nemar配对检验结果，对R×R表给出Bowker对称性检验结果。

Test语句后常用的选项包括：

kappa：对一致性系数（Kappa系数）进行统计学检验；

measures：对table语句中measures选项输出的所有关联系数进行检验；

pcorr：对pearson相关系数进行检验；

scorr：对spearman相关系数进行检验。

课后练习：

1.卡方检验的基本思想是什么？

2.什么是R×C表？

3. Proc freq里table语句的常用选项有哪些？代表什么意思？

第二节　四格表资料的差异性分析

例6.1

某职业病研究所为探索噪声与听力损失的关系，在某厂随机抽取2000名正常听力的工人，根据噪声暴露水平分为高噪声组和低噪声组。随访3年后，由于部分工人未获得完整数据，最终完成了1889例听力损失诊断。诊断结果表明：高噪声组存在听力损失的有31人，无听力损失者为447人；低噪声组存在听力损失的有168人，无听力损失者为1243人，数据见表6.3。欲分析噪声暴露组与非暴露组听力损失患病率是否有差异。

表6.3　听力损失人数表

组别	无听力损失	有听力损失	合计
暴露组	1243	168	1411
非暴露组	447	31	478
合计	1690	199	1889

1.确定分析方法

该研究的目的是比较两组的听力损失患病率是否有统计学差异，属于差异性检验。从表格可以看出，数据是频数，数据类别为分类资料，分组变量是噪声暴露情况，分析变量是听力损失情况，均为二分类变量（是和否），表格为四格表资料，可以选择卡方检验进行差异性分析。

2.创建数据集

分类资料列联表创建数据集的方式和定量资料有很大不同。从上一章的定量资料创建数据集过程可以看出，定量资料的每一个观测都会有一个数据，但对于有大量观测的列联表资料，比如本例，观测数为总人数，即1889人，如果给每个观测建一行数据，则需要输入1889行数据，显然费时费力，所以可以采用之前介绍过的循环do语句来创建数据集，简化数据集建立过程。观查数据表可以看出，本例含两个分组变量：行变量的是否为暴露组和列变量的是否有听力损失。自定义变量exposed代表是否暴露，1代表非暴露组，2代表暴露组；变量hearloss代表是否有听力损失，1代表无听力损失，2代表有听力损失；变量f代表频数。

```
data;
do exposed=1 to 2;        /*定义行变量，表明exposed有2行，建议先do
行变量后do列变量，这样，cards后面的数据就和四格表顺序一致了*/
do hearloss=1 to 2;       /*定义列变量，表明hearloss有2列*/
input f@@;                /*表明后续输入的f是一个频数*/
output;
end;
end;
cards;
1243 168
447 31
;
run;
```

数据创建过程的第一个do语句输入行变量，第二个do语句输入列变量，SAS会按在exposed=1的情况下，hearloss分别为1和2，在exposed=2的情况下，hearloss分别为1和2的顺序对应后续输入的频数。也就是说，告诉SAS第一行第一列的数字是1243，第一行第二列的数字是168，以此类推。这样，cards后面的数据输入就可以和四格表顺序一致，不易出错。当然读者也可以按自己的喜好编写循环do语句，只要注意逻辑顺序就不会出错。在创建语句过程中一定要有output语句，且要在end语句前；end与do语句是成对出现的，有一个do语句，后边就必须有一个end语句与其对应，否则do语句将无限循环无法结束；weight语句一定要指定频数变量，否则SAS会认为四格表中每个格子的例数都为1。

3.进行卡方检验

卡方检验最常用的是proc freq过程。

```
proc freq;                /*调用freq程序*/
weight f;                 /*表明输入的f是一个频数*/
table exposed*hearloss/chisq expected relrisk;
```

/*table语句给出列联表，chisq要求给出卡方检验结果，expected要求输出理论频数，relrisk要求输出相对危险度 */

run;

频数 期望 百分比 行百分比 列百分比	exposed-hearloss表		
	hearloss		
exposed	1	2	合计
1	1243 1262.4 65.80 88.09 73.55	168 148.64 8.89 11.91 84.42	1411 74.70
2	447 427.64 23.66 93.51 26.45	31 50.356 1.64 6.49 15.58	478 25.30
合计	1690 89.47	199 10.53	1889 100.00

图6.1　例6.1的频数统计表

本例主要有四部分结果。第一部分是频数表，也就是第四章描述性统计分析所给出的频数统计表，因为程序要求输出理论频数，所以每个格子中给出了5个数据，它们的含义列于表格左上角，分别为实际频数（频数）、理论频数（期望）、总例数百分比（百分比）、行百分比和列百分比，详见图6.1。

统计量	自由度	值	概率
卡方	1	11.1332	0.0008
似然比卡方检验	1	12.2128	0.0005
连续调整卡方	1	10.5655	0.0012
Mantel-Haenszel 卡方	1	11.1273	0.0009
Phi 系数		-0.0768	
列联系数		0.0765	
Cramer V		-0.0768	

图6.2　例6.1的卡方检验结果

第二部分是卡方检验结果，给出了7个统计量，如图6.2所示。其中比较常用的是卡方结果，即χ^2值，它适用于总观测数（比如本例中的人数）n>40且所有格子内的期望频数T>5的情况。似然比卡方值在大样本情况下与卡方值是一致的，在小样本情况下，似然比卡方值更为可靠。连续调整卡方适用于总观测数n>40且所有格子内的期望频数1<T≤5的情况，其结果比卡方值略为保守。本例应该选用卡方检验结果，结果表明，两组资料的概率有统计学差异（P=0.0008）。Mantel-Haenszel卡方（M-H卡方）主要用于

对分层资料的分析。对于总观测数n<40或者有任意格子的期望频数T<1时，用Fisher精确检验结果更为可靠。Phi系数、列联系数和Cramer V主要反映变量之间的相关性，与本例无关，将在第七章相关分析中进行讲解。

Fisher 精确检验	
单元格 (1,1) 频数 (F)	1243
左侧 Pr <= F	0.0004
右侧 Pr >= F	0.9998
表概率 (P)	0.0002
双侧 Pr <= P	0.0007

图6.3　例6.1的Fisher精确检验结果

第三部分给出了Fisher精确检验的结果，见图6.3。本例更适用于卡方检验，所以可以忽略Fisher检验结果。

优比和相对风险		
统计量	值	95% 置信限
优比	0.5131	0.3446 0.7640
相对风险（第 1 列）	0.9420	0.9138 0.9711
相对风险（第 2 列）	1.8359	1.2696 2.6547

图6.4　例6.1的相对危险度分析结果

第四部分给出了相对危险度（风险）的结果，见图6.4。第一行的优比值是病例对照（case-control）研究中的相对风险，它是由第一部分结果的行和列百分比计算出来的，算法是 $\frac{88.09/93.51}{11.91/6.49}=0.5131$；第二行和第三行为队列研究中的相对风险，第二行算法是：$\frac{168/1411}{31/478}=1.8935$；第三行算法是：$\frac{168/1411}{31/478}=1.8935$。相对风险在本例中指暴露组与非暴露组的听力损失发病率之比，表示暴露于噪声下的工人发生听力损失的危险是未暴露于噪声的工人发生听力损失危险的倍数。其实际含义是噪声对个体造成听力损失作用的强度，其值越大，表示致听力损失的作用越强。所以，第二行的意义是暴露于噪声中的工人没有听力损失（四格表第一列）的风险是未暴露的工人的0.9420倍，第三行的意义是暴露于噪声中的工人有听力损失（四格表第二列）的风险是未暴露的工人的1.8359倍，显然我们更关注的是有听力损失的工人，所以应选择第三行数据（第二列相对风险）作为结果。

值得注意的是，只有卡方检验结果表明差异有统计学意义，我们才关注相对风险，如果卡方检验结果表明两组资料没有显著的统计学差异，则相对风险也没有意义。另外，从相对风险的置信区间也可以看出相对风险的值是否有统计学意义，置信区间包含1，则说明相对风险的总体真值有可能为1，即两组没有统计学差异，反之，置信区间不包含1，比如本例，说明相对风险的总体真值不太可能为1，所以两组资料有可能存在统计学差异。

4.给出结论

研究结果表明，噪声暴露组与非暴露组听力损失患病率差异有统计学意义，噪声暴露人群发生听力损失的患病率是非暴露人群的1.8359倍（95%CI：1.2696~2.6547），说明噪声暴露是导致听力损失的危险因素。

✐ 课后练习：

1.什么是四格表资料？

2.相对风险指的是什么？

3.什么是第一列风险和第二列风险？

第三节 R×2表资料的差异性分析

例6.2

某研究人员在某厂随机抽取了2646名工人，根据应急演练教育培训的频率将工人分为四组：每月一次组、每季度一次组、每半年一次组、每年一次组。以考试的方式对每组工人掌握应急疏散知识的情况进行考察。现欲比较四组人群的考试通过率是否有差异，见表6.4。

表6.4　四组人群考试结果人数统计

（人）

组别	考试通过	考试未通过	合计
每月一次组	420	602	1022
每季度一次组	22	197	219

组别	考试通过	考试未通过	合计
每半年一次组	188	671	856
每年一次组	130	416	546
合计	760	1886	2646

1.确定分析方法

从表格可以看出，数据是频数，数据类别为分类资料，研究目的是比较四组人群的考试通过率是否有差异，属于差异性检验。分组变量是培训频率，分析变量是考试通过情况，其中培训频率有四类，考试通过情况为二分类变量（是和否），表格为4×2表资料。虽然培训频率属于有序分类变量，但无序和有序变量的选择根据分析指标而定，只要分析指标为无序变量，则不论分组指标是有序还是无序，均可采用卡方检验进行分析。如果组间总的差异有统计学意义，还可进一步做两两比较。

2.创建数据集

观察数据表可以看出，本例含两个变量：行变量的培训频率和列变量的是否通过考试。自定义变量trainfreq代表培训频率，1代表每月一次组，2代表每季度一次组，3代表每半年一次组，4代表每年一次组；变量pass代表是否通过考试，1代表考试通过，2代表考试未通过；变量f代表频数。

```
data;
do trainfreq=1 to 4; /*定义行变量，表明trainfreq有4行*/
do pass=1 to 2; /*定义列变量，表明pass有2列*/
input f@@;
output;
end;
end;
cards;
420 602
22 197
```

188 671

130 416

;

run;

3.进行卡方检验

通过 proc freq 进行卡方检验。

proc freq;

weight f;

table trainfreq*pass / chisq expected;   /*chisq选项调用卡方检验结果，expected 选项要求给出期望频数 */

run;

频数 期望 百分比 行百分比 列百分比	trainfreq-pass表		
	pass		
trainfreq	1	2	合计
1	420 293.54 15.87 41.10 55.26	602 728.46 22.75 58.90 31.92	1022 38.62
2	22 62.902 0.83 10.05 2.89	197 156.1 7.45 89.95 10.45	219 8.28
3	188 246.73 7.11 21.89 24.74	671 612.27 25.36 78.11 35.58	859 32.46
4	130 156.83 4.91 23.81 17.11	416 389.17 15.72 76.19 22.06	546 20.63
合计	760 28.72	1886 71.28	2646 100.00

图 6.5　例 6.2 的频数统计表

结果主要有三个部分。第一部分是频数表，见图 6.5，这里不再赘述。

统计量	自由度	值	概率
卡方	3	139.7905	<.0001
似然比卡方检验	3	144.1983	<.0001
Mantel-Haenszel 卡方	1	74.4925	<.0001
Phi 系数		0.2298	
列联系数		0.2240	
Cramer V		0.2298	

图 6.6　例 6.2 的卡方检验结果

　　第二部分是卡方检验结果，仍然给出了7个统计量，见图6.6。根据之前介绍的选择规则，本例总观测数n>40且所有格子内的期望频数都>5，所以仍然选择卡方检验结果。结果表明，两组资料的概率有统计学差异（P<0.0001），说明培训频次不同的工人考试通过率有统计学差异，但这种差异是培训次数越多，通过率越高，还是培训次数越少通过率越高，卡方检验结果是无法判断的，所以有必要继续进行趋势检验。

　　4.进行趋势检验

　　趋势检验是通过在table语句后加trend选项来实现的。

```
proc freq;
weight f;
table trainfreq*pass/ chisq trend;
run;
```

Cochran-Armitage 趋势检验	
统计量 (Z)	-8.6325
单侧 Pr < Z	<.0001
双侧 Pr > |Z|	<.0001

图6.7　例6.2的趋势检验结果

　　前几部分结果在前文已经进行了介绍，本例的特别之处在于最后一部分的趋势检验结果，见图6.7。趋势检验结果的分析方法是：如果统计量（Z）≤0，单侧P值给出的是左侧P值，表明第一列呈下降趋势；反之若统计量>0，单侧P值给出的是右侧P值，表明第一列呈上升趋势。结合本例结果可以看出，统计量Z=-8.6325，为负值，且单侧P<0.0001，所以结合表格第一列，考试通过人数随着培训频繁程度增加而增加，且这种增加趋势有统计学意义。

　　虽然知道了考试通过率有随着培训频繁程度增加而增加的趋势，但每月培训一次和每季度培训一次考试通过率是否有不同，这种两两比较的问题并没有被解决。SAS并不能通过添加选项等方式实现该类数据两两比较，读者可以通过之前介绍过的bonferroni法对检验水准进行校正，再对任意两组资料进行卡方检验来比较其是否有统计学差异，这里不再赘述。

　　5.给出结论

　　上述分析结果表明，不同培训频率组考试通过率差异有统计学意义，且考试通过率有随着培训频繁程度增加而增加的趋势。这说明更高频次的培训可以增强工人的应急疏散知识掌握程度，对企业安全生产有利。

✒ 课后练习：

1. R*2 表与四格表的卡方检验有什么不同？

2. 循环 do 语句输入数据的逻辑是什么？

第四节　2×C 表无序资料的差异性分析

例6.3

某学生为分析尘肺患病和基因的关系，开展了一项病例对照研究，在某地选择250例尘肺患者及300例对照人群，分别检测他们的基因型分布。欲比较两组人群的基因型分布是否有差异，见表6.5。

表6.5　尘肺与基因分布人数统计

（人）

组别	基因型分布			合计
	A	B	C	
尘肺	55	120	73	250
对照	92	150	60	300
合计	147	270	133	550

1.确定分析方法

从表格中可以看出，数据是频数，数据类别为分类资料，研究目的是比较两组人群的基因型分布是否有差异，属于差异性检验。分组变量是尘肺患病情况，分析变量是三个基因型，患尘肺情况为二分类变量（是和否），表格为2×3表资料。三个基因型为无序分类变量，所以本例可采用卡方检验进行分析。

2.创建数据集

观察数据表可以看出，本例含两个变量：行变量的患尘肺情况和列变量的基因型。自定义变量 lung 代表患尘肺情况，1 代表尘肺组，2 代表对照组；变量 gene 代表基因型，1 代表 A 型，2 代表 B 型，3 代表 C 型；变量 f 代表频数。

```
data;
do lung=1 to 2;          /*定义行变量，表明 lung 有 2 行 */
do gene=1 to 3;          /*定义行变量，表明 gene 有 3 列 */
input f@@;
output;
end;
end;
cards;
55 120 73
92 150 60
;
run;
```

3.进行卡方检验

通过 proc freq 进行卡方检验。

```
proc freq;
weight f;
table lung*gene/ chisq expected;     /* chisq 选项调用卡方检验结果,
expected 选项要求给出期望频数 */
run;
```

频数 期望 百分比 行百分比 列百分比	lung-gene表			
		gene		
lung	1	2	3	合计
1	55 66.284 10.00 22.18 37.41	120 121.75 21.82 48.39 44.44	73 59.971 13.27 29.44 54.89	248 45.09
2	92 80.716 16.73 30.46 62.59	150 148.25 27.27 49.67 55.56	60 73.029 10.91 19.87 45.11	302 54.91
合计	147 26.73	270 49.09	133 24.18	550 100.00

图6.8　例6.3的频数统计表

程序运行后，主要有三部分结果。第一部分是频数表，见图6.8。

统计量	自由度	值	概率
卡方	2	8.6990	0.0129
似然比卡方检验	2	8.7164	0.0128
Mantel-Haenszel 卡方	1	8.5219	0.0035
Phi 系数		0.1258	
列联系数		0.1248	
Cramer V		0.1258	

图6.9　例6.3的卡方检验结果

第二部分是卡方检验结果，仍然给出了7个统计量，见图6.9。根据之前介绍的选择规则，本例总观测数n>40且所有格子内的期望频数都>5，所以仍然选择卡方检验结果。结果表明，两组人群的基因型分布有统计学差异（P=0.0129），说明尘肺患病情况不同的工人在三个基因型上有统计学差异。

4.给出结论

分析结果表明，尘肺病人和对照组之间的基因型分布差别有统计学意义。结合频数表来看，相对于非尘肺病人，尘肺病人群C型基因的比例略高，A型和B型比例略低，是否易患尘肺可能受这三种基因型分布影响。

✒ **课后练习：**

1.2×C表无序资料的特点是什么？

2.2×C表和R×2表的差异性检验在SAS程序语言上有何不同？

第五节　2×C 表有序资料的差异性分析

例6.4

某公司研制出一种通风设备，选择试验组车间和对照组车间各60例，试验组使用新研制设备，对照组使用传统通风设备。使用两个月后，以通风换气效果作为指标，分为无效、有效、显效、高效四个等级，见表6.6。欲分析两种通风设备的通风效果是否有差异。

表6.6 两组通风换气效果指标统计

组别	通风效果				合计
	无效	有效	显效	高效	
对照组	35	21	2	2	60
实验组	16	34	8	2	60
合计	51	55	10	4	120

1.确定分析方法

从表格可以看出，数据是频数，数据类别为分类资料，研究目的是比较两组车间使用不同通风设备时的通风效果是否有差异，属于差异性检验。分组变量是组别，分析变量是通风效果，其中组别为两类，通风效果为四类，表格为2×4表资料。且通风效果为有序变量，即分析指标为有序变量，根据第一节内容，对于有序多分类指标的结果，卡方检验只能说明组间的构成比是否有统计学差异，无法说明程度上的差别，因此此类资料的差异性分析常采用的方法是秩和检验。

2.建立数据集

观察数据表可以看出，本例含两个变量：行变量的组别和列变量的通风效果。自定义变量group代表组别，1代表对照组，2代表实验组；变量effect代表通风效果，1代表无效，2代表有效，3代表显效，4代表高效；变量f代表频数。

```
data;
do group=1 to 2;        /*定义行变量，表明group有2行*/
do effect=1 to 4;       /*定义列变量，表明effect有4列*/
input f@@;
output;
end;
end;
cards;
35   21   2    2
```

```
16   34   8    2
;
run;
```

3.进行秩和检验

用 proc npar1way 进行秩和检验。

proc npar1way wilcoxon;   /*调用秩和检验程序，wilcoxon 选项给出 Wilcoxon 和 Kruskal-Wallis 两种秩和检验结果 */

class group;   /*指明分组变量 */

var effect;   /*指明分析变量 */

freq f;

/*freq 语句与 proc freq 命令中的 weight 语句类似，因为数据输入都是以频数的方式，因此通过 freq 指定 f 为频数 */

run;

变量 "effect" 的 Wilcoxon 评分（秩和）按变量 "group" 分类					
group	数目	评分汇总	H0 之下的期望值	H0 之下的标准差	均值评分
1	60	3029.0	3630.0	173.199623	50.483333
2	60	4231.0	3630.0	173.199623	70.516667
已将平均评分用于结值。					

图6.10　例6.4秩和检验结果秩和统计量

结果主要有三部分。秩和检验结果的意义在第五章进行过介绍，这里不再赘述。第一部分是结果的秩和统计量，见图6.10。

Wilcoxon 双样本检验					
				t 近似值	
统计量	Z	Pr < Z	Pr > |Z|	Pr < Z	Pr > |Z|
3029.000	-3.4671	0.0003	0.0005	0.0004	0.0007
Z 包括 0.5 的连续性校正。					

图6.11　例6.4的Wilcoxon检验结果

第二部分是 Wilcoxon 检验的分析结果，如图6.11所示。结果显示，两组的通风效果有统计学差异（$P=0.0005$），即采用不同通风设备时，两组的通风效果有统计学差异。

Kruskal-Wallis 检验		
卡方	自由度	Pr > 卡方
12.0408	1	0.0005

图6.12　例6.4的　Kruskal-Wallis检验结果

第三部分是Kruskal-Wallis检验的分析结果（见图6.12）和评分盒子图。Kruskal-Wallis检验的分析结果与Wilcoxon检验结果一致。

4.给出结论

研究结果表明，车间使用的新型通风设备与传统设备相比，通风效果有显著的统计学差异。结合具体数值可以发现，对照组通风效果为无效的比例高，而试验组有效和显效的比例高，可以认为新研制设备在通风效果上优于传统通风设备。

课后练习：

1. 2×C表有序和无序资料有什么区别？

2. 2×C表有序和无序资料在差异性分析过程中有什么区别？

第六节　多层分类资料的差异性分析

例6.5

某公司推出一种新型防尘口罩，为评价其防尘效果，进行随机对照试验。共选择两家企业，每家企业随机抽取60例接触粉尘的工人为研究对象，试验组和对照组（佩戴某常规品牌口罩）各30人。以工人吸入粉尘降低量（mg/h）作为主要效果指标，佩戴20天后，根据降低程度分为有效和无效两类，见表6.7。欲分析两组口罩的防尘效果是否有差异。

表6.7　防尘口罩防尘效果统计

（人）

企业	组别	无效	有效	合计
企业1	对照组	7	23	30
	试验组	5	25	30
	合计	12	48	60

企业	组别	无效	有效	合计
企业 2	对照组	13	17	30
	试验组	7	23	30
	合计	20	40	60

1.确定分析方法

从表格可以看出，数据是频数，数据类别为分类资料，研究目的是比较两种口罩的防尘效果是否有差异，属于差异性检验。但从数据表上明显可以看出这不是之前例子中的 R×C 表，而是一个 2×2×2 的高维列联表。在本例中，之所以没有在一个企业选择研究对象，是为了防止在选取了某些特殊企业（比如企业 1 大量工人长期不按要求佩戴防尘口罩）而导致结果出现偏差；没有直接将两个企业的数据进行合并研究，是因为有可能两企业在安全设施、管理情况等方面存在差异，从而造成企业 1 有两种口罩的除尘效果有统计学差异而企业 2 无统计学差异的情况，如果直接将各企业数据合并，很可能会掩盖一定信息，造成分析结果有偏差。所以分别选取两家企业进行分层调查分析并进行比较，可以减少这种偏差的产生。这种资料在很多时候又被称为多中心资料。此类数据在分析时可以采用分层卡方检验。

2.创建数据集

观察数据表可以看出，本例含三个分组变量：分层变量的企业类别、行变量的组别和列变量的吸入粉尘降低效果。自定义变量 center 代表企业类别，1 代表企业 1，2 代表企业 2；group 代表组别，1 代表对照组，2 代表实验组；变量 effect 代表吸入粉尘降低量效果，1 代表无效，2 代表有效；变量 f 代表频数。

```
data;
do center=1 to 2;
do group=1 to 2;
do effect=1 to 2;
input f@@;
output;
```

```
end;

end;

end;

cards;

7   23

5   25

13 17

7   23

;

run;
```

3.进行分层卡方检验

分层卡方检验也由proc freq过程实现，但需要在table语句中使用cmh选项。

```
proc freq;

table center*group*effect/chisq cmh expected;   /* cmh输出Cochran-Mantel-Haenszel统计量*/

weight f;

run;
```

频数 期望 百分比 行百分比 列百分比	group-effect的表 1		
	控制 " center=1"		
	effect		
group	1	2	合计
1	7 6 11.67 23.33 58.33	23 24 38.33 76.67 47.92	30 50.00
2	5 6 8.33 16.67 41.67	25 24 41.67 83.33 52.08	30 50.00
合计	12 20.00	48 80.00	60 100.00

图6.13　例6.5企业1的频数统计表

频数 期望 百分比 行百分比 列百分比	group-effect的表 2		
	控制" center=2"		
	effect		
group	1	2	合计
1	13 10 21.67 43.33 65.00	17 20 28.33 56.67 42.50	30 50.00
2	7 10 11.67 23.33 35.00	23 20 38.33 76.67 57.50	30 50.00
合计	20 33.33	40 66.67	60 100.00

图6.14　例6.5企业2的频数统计表

结果共五部分。第一部分是分别对每一层（即每个企业）进行频数分析，见图6.13和图6.14。

表"1"(effect-group)的统计量 控制" center=1"			
统计量	自由度	值	概率
卡方	1	0.4167	0.5186
似然比卡方检验	1	0.4183	0.5178
连续调整卡方	1	0.1042	0.7469
Mantel-Haenszel 卡方	1	0.4097	0.5221
Phi 系数		0.0833	
列联系数		0.0830	
Cramer V		0.0833	

图6.15　例6.5企业1的卡方检验结果

表"2"(effect-group)的统计量 控制" center=2"			
统计量	自由度	值	概率
卡方	1	2.7000	0.1003
似然比卡方检验	1	2.7314	0.0984
连续调整卡方	1	1.8750	0.1709
Mantel-Haenszel 卡方	1	2.6550	0.1032
Phi 系数		0.2121	
列联系数		0.2075	
Cramer V		0.2121	

图6.16　例6.5企业2的卡方检验结果

第二部分是分别对每一层（即每个企业）进行卡方检验，作组间比较，见图6.15和图6.16。结合第一部分频数分析结果，此部分应该选择卡方检验结果。从结果可以看出对于企业1，P=0.5186，说明两组口罩的降尘效果没有统计学差异。对于企业2，P=0.1003，两组口罩的降尘效果也没有统计学差异。

"effect-group" 的汇总统计量 控制 "center"			
Cochran-Mantel-Haenszel 统计量　（基于表评分）			
统计量　备择假设	自由度	值	概率
1　非零相关	1	2.7442	0.0976
2　行评分均值差异	1	2.7442	0.0976
3　一般关联	1	2.7442	0.0976

图6.17　例6.5的Cochran–Mantel–Haenszel（CMH）统计量结果

第三部分是Cochran-Mantel-Haenszel（CMH）统计量的结果，如图6.17所示，表明在控制了分层的影响后，两组口罩的降尘效果差异无统计学意义（P=0.0976）。

普通优比和相对风险			
统计量	方法	值	95% 置信限
优比	Mantel-Haenszel	2.0256	0.8774　4.6766
	Logit	2.0249	0.8746　4.6882
相对风险（第 1 列）	Mantel-Haenszel	1.6667	0.9014　3.0816
	Logit	1.6791	0.9077　3.1062
相对风险（第 2 列）	Mantel-Haenszel	0.8333	0.6706　1.0356
	Logit	0.8577	0.6956　1.0575

图6.18　例6.5的相对风险分析结果

第四部分是相对危险度的结果，图6.18分别列出了Mantel-Haenszel和Logit两种方法计算的相对风险。Mantel-Haenszel和Logit只是计算方法不同，多数情况下二者的结果是一致的。第一列和第二列相对风险的分析结果表明，对照组与试验组相比，无效的可能性较高（1.6667），有效的可能性较低（0.8333）。也就是说对照组口罩对吸入粉尘降低量的效果更趋于无效，从置信区间看，由于包含1，相对风险没有统计学意义（置信区间含有1）。

优比齐性的 Breslow-Day 检验	
卡方	0.3369
自由度	1
Pr > 卡方	0.5616

图6.19　例6.5的Breslow–Day检验结果

第五部分为 Breslow-Day 优比齐性检验结果，见图 6.19，确定了两个企业之间的相对风险是否有差异。从结果来看，P=0.5616，表明两个企业之间的相对风险无统计学差异，具有层间一致性。一般而言，只有 Breslow-Day 齐性检验显示无统计学意义，第二部分的 CMH 统计量才有实际意义。因为这表明两个企业里并没有哪一个企业比较特殊（有差异），有可能对结果造成影响的。如果 Breslow-Day 检验有统计学意义，即层间的相对风险不同，则不应计算 CMH 统计量，而是应该对每个企业分别计算相对风险后再进行判断。

4.给出结论

本例分析结果表明，两个企业具有层间一致性，校正分层的影响后，两组口罩对吸入粉尘降低量效果的差异无统计学意义，新型口罩达到与传统口罩降低吸入粉尘量的效果。

课后练习：

1.什么是多层分类资料？

2.为什么要设计多层分类资料？

3.多层分类资料与一般的 R×C 表资料相比，分析过程要注意哪些问题？

第七节　配对分类资料的差异性分析

例 6.6

某单位分别采用安全宣教和违章罚款两种方式降低工人不安全行为发生次数，采用安全宣教方式期间发现 43 人有不安全行为，76 人无不安全行为，采用违章罚款方式期间发现 49 人有不安全行为，70 人无不安全行为，欲分析采用两种方式降低不安全行为的效果是否有差异。

表6.8 两种方式降低不安全行为的效果统计

（人）

安全宣教期间结果	违章罚款期间结果		合计
	有不安全行为	无不安全行为	
有不安全行为	39	11	50
无不安全行为	16	65	81
合计	55	76	131

1.确定分析方法

从表格可以看出，数据是频数，数据类别为分类资料，研究目的是分析安全宣教和违章罚款两种方式减少不安全行为的效果是否有差异，属于差异性检验。但从数据表上可以看出，采用安全宣教方式期间的研究对象和采用违章罚款方式期间的研究对象是同一批人，因此资料为配对资料。此类数据可以采用配对卡方检验进行分析。

2.创建数据集

观察数据表可以看出，本例含两个变量：分组变量的两种管理方法、结果变量的不安全行为状况。自定义变量manage代表企业管理方法，1代表安全宣教，2代表违章罚款；变量behavior代表不安全行为状况，1代表有不安全行为，2代表无不安全行为；变量f代表频数。

```
data;
do manage=1 to 2;          /*定义行变量，表明manage有2行*/
do behavior=1 to 2;        /*定义列变量，表明behavior有2列*/
input f@@;
output;
end;
end;
cards;
39 11
16 65
;
```

run;

3.进行配对卡方检验

配对卡方检验也由 proc freq 实现，只是需要在 table 语句中调用 agree 选项。

```
proc freq;
weight f;
table manage* behavior/agree;   /*agree选项给出了配对资料卡方检验的
结果，同时输出一致性检验的Kappa值*/
run;
```

频数 百分比 行百分比 列百分比	manage-behavior表		
	behavior		
manage	1	2	合计
1	39 29.77 78.00 70.91	11 8.40 22.00 14.47	50 38.17
2	16 12.21 19.75 29.09	65 49.62 80.25 85.53	81 61.83
合计	55 41.98	76 58.02	131 100.00

图 6.20　例 6.6 的频数统计表

主要输出结果有三部分。第一部分是频数统计表，见图 6.20。

McNemar 检验		
卡方	自由度	Pr > 卡方
0.9259	1	0.3359

图 6.21　例 6.6 的 McNemar 检验结果

第二部分给出了两种安全管理方法是否有统计学差异的 McNemar 检验结果，如图 6.21 所示。结果表明，两种安全管理方法下的不安全行为发生率并无统计学差异（P=0.3359）。

简单 Kappa 系数			
估计	标准 误差	95% 置信限	
0.5715	0.0729	0.4286	0.7145

图 6.22a　例 6.6 的 Kappa 一致性系数和图示结果

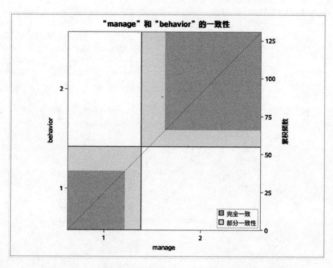

图6.22b　例6.6的Kappa一致性系数和图示结果

第三部分给出了Kappa一致性系数和一致性图示结果，见图6.22，两种方式的一致性系数为0.5715。一致性系数主要用于一致性检验，本例可忽略。

4.给出结论

本例的研究结果表明，在该企业中，所采用的安全宣教和违章罚款两种方法的不安全行为发生率并没有明显的统计学差异，企业可以选择其中任意一种进行安全管理。

课后练习：

1.配对分类资料有哪些特点？

2.与其他分类资料差异性检验的SAS程序相比，配对资料的SAS程序有哪些特别之处？

第七章　相关分析

教学目的

1.理解相关分析的原理及 SAS 命令。

2.掌握线性相关分析、分类资料相关分析、配对分类资料相关分析、多分类指标相关分析的基本思路和分析方法及 SAS 程序，以及相关分析结果的解释。

教学要求

1.熟练使用 proc corr 过程对定量资料进行相关分析、偏相关分析并解释分析结果。

2.熟练使用 proc freq 等过程对分类资料进行相关分析。

3.熟练使用 proc catmod 等过程对资料进行相关分析。

第一节　相关分析

相关关系表明了两个变量之间的联系程度，相关分析的目的就是研究事物或现象之间的联系。相关分析可用于确定各变量之间是否存在关联，关联程度如何。相关分析所研究的主要是变量间的相互依存关系，即如果其中一个变量有变化，其它变量也随之变化。需要注意的是，相关分析中的变量无主次之分也无因果关系，所有变量的地位并没有不同。

一、线性相关分析

1.线性相关简介

定量资料的相关分析主要采用直线相关即线性相关，线性相关主要研究两个或多个定量变量之间直线关系的强度和方向，可分为简单相关（simple linear cotrelation）和偏相关（partial correlation）两种。

简单相关就是直接计算两个变量之间的关联，但两个变量之间的关系往往会受其它一些因素的影响，所以有时简单相关并不能真实描绘变量之间的相关关系。为了排除其他因素的影响，可以采用偏相关的方法进行研究。偏相关是排除其它变量的影响后两个变量之间的相关性，显示的是两个变量之间的更加真实的相关关系。

常用的线性相关度量指标有Pearson相关系数和Spearman相关系数。其中Pearson相关系数适用于正态分布资料，而Spearman相关系数适用于非正态分布资料或等级资料。

Pearson相关系数r的计算公式为：

$$r = \frac{1}{n-1} \sum \left(\frac{x_i - \bar{x}}{s_x} \right) \left(\frac{y_i - \bar{y}}{s_y} \right) \tag{7-1}$$

其中，n代表观测对数，x_i和y_i代表两个变量的值，$\bar{x}$和$\bar{y}$代表两个变量的均值，s_x和s_y代表两个变量的标准差。

如两变量其中有一个变量为等级变量或者不服从正态分布，则无法直接应用直线相关系数，而且使用Spearman相关系数。Spearman相关系数是通过保留变量的顺序信息，利用直线相关的计算公式来进行计算的。Spearman相关系数r_s的计算公式为：

$$r_s = \frac{1}{n-1} \sum \left(\frac{p_i - \bar{p}}{s_p} \right) \left(\frac{q_i - \bar{q}}{s_q} \right) \tag{7-2}$$

其中，n代表观测对数，p_i和q_i代表两个变量的秩次值，$\bar{q}$和$\bar{q}$代表两个变量秩次的平均值，s_p和s_q代表两个变量秩次的标准差。

相关系数r（或r_s）为正，表明变量之间呈正相关，r为负表明变量之间呈负相关。r的取值范围在-1到1之间，r值接近于0说明变量线性相关关系很弱，r的绝对值越大，变量相关关系的程度越高。根据经验，r的绝对值≤ 0.3，可判断两变量呈低度相关；$0.3 < r$的绝对值≤ 0.6，可判断两变量呈中度相关；r的绝对值> 0.6，可判断两变量呈高度相关。图7.1简单列举了不同相关系数下两个变量的散点图关系。

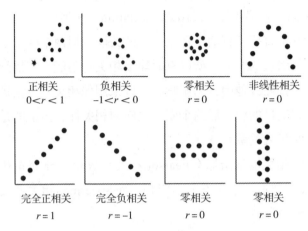

图7.1 不同相关系数下两变量散点图关系示例

研究线性相关时应该注意的是：线性相关要求两个变量均为定量变量；线性相关表示两个变量之间的相关关系是双向的；相关分析前应首先绘制散点图，与均数和标准差一样，相关系数受离群点的影响，当散点图中出现离群点时应慎用相关分析；计算出样本相关系数后，还需要对总体相关系数进行假设检验，即判断此相关系数是否具有统计学意义；两变量有相关关系，不表示一定有因果关系，仅表示一个变量随着另一个变量的变化而变化，或者互相影响。

2.线性相关的 SAS 程序

线性相关的 SAS 程序可通过 proc corr 过程来实现，proc corr 过程的基本格式为：

proc corr 选项；

var 变量列表；

with 变量；/*与 var 语句配对使用，var 语句后的变量不再两两进行相关分析，而是对 with 指定的每一个变量与 var 语句后的每一个变量进行相关分析。*/

partial 变量列表；/*指定需要计算的偏相关系数变量，可以是一个或多个*/

run；

Proc corr 后的选项较为常用的有：

pearson：计算 Pearson 相关系数，默认情况下计算该相关系数；

spearman：计算 Spearman 相关系数；

kendel：计算 Kendel 统计量；

hoeffding：计算 Hoeffding's d 统计量；

nomiss：删除含有缺失值的观测，不进行相关分析。

noprint：在结果输出窗口不打印出结果；

alpha：计算并输出 Cronbach（克朗巴赫）系数，该系数主要用于问卷的信度分析；

best=n：对每个变量输出绝对值最大的 n 个相关系数；

cov：计算并输出协方差矩阵；

rank：将相关系数按绝对值从大到小的顺序输出。

二、分类数据的相关分析

1.分类资料的相关性简介

分类资料的相关分析常用的方法是卡方检验和对数线性模型（log linear model）。卡方检验在第六章已经做过介绍。在配对资料中，还可采用 Kappa 一致性检验来分析指标的一致性。两分类变量的关联性一般采用 Pearson 列联系数（contingency coefficient）r 来反映，其计算公式为：

$$r = \sqrt{\frac{\chi^2}{\chi^2 + n}} \qquad (7-3)$$

式中，χ^2 为卡方值，算法见第六章，n 为观测数。

卡方检验主要用于对二维列联表的分析，对于多维列联表，对数线性模型更能显示出其优势。对数线性模型最先由 Yule、Bartlett 提出，后来由 Kullback（1968年）引入了方差分析的思想。对数线性模型把模型各分组变量的各期望频数的自然对数表示为各分组变量及其交互作用的线性函数，通过迭代计算求得模型中参数的估计值，进而运用方差分析的思想，采用最大似然分析法检验各主效应和交互作用的大小，以观察这些效应对频数差异的影响是否有统计学意义。

不论是二维列联表还是多维列联表，所有频数之间分布的关联都可以分解为两部分：一部分反映了变量自身的频数分布影响，即变量的主效应；另一部分反映了变量之间的关联所产生的效应，即变量的交互作用。这一分析思路类似于方差分析，只不过方差分析研究的是各类别在分析变量数值上的差异，而对数线性模型则研究了不同类别在各格子的计数上的差异。

2. 对数线性模型的 SAS 程序

卡方检验的 SAS 程序在第六章已经做过介绍，这里不再赘述。对数线性模型主要采用 proc catmod 过程进行分析。Proc catmod 的主要语句为：

proc catmod 选项；

weight 权重变量；

model 变量 1* 变量 2*⋯=_response_；

loglin 变量 1 变量 2⋯; /* 指定要研究哪些变量的交互效应。如果包括多个变量的主效应及变量之间的交互效应（饱和模型），则写为：loglin 变量 1|变量 2⋯；如只研究主效应和二阶及二阶以下的交互效应，则 loglin 写为：变量 1|变量 2 @2 */

run；

Model 语句中，右边 _response_ 是固定的形式，左边是分析的变量，该语句表示对因变量的变异进行分析。

Loglin 语句主要是定义模型中的效应，不同的选择会有不同的结果模型，这就产生了一个如何选择最优模型的问题。一般可以先拟合几个一阶模型，找出那些没有统计意义的交互效应项，然后从高阶模型到低阶模型，逐步剔除那些无统计学意义的交互效应项。读者可以在后续的例子中体会这种办法。

课后练习：

1. 如何计算线性相关系数？

2. 如何判断线性相关性的强弱？

3. 如何计算分类数据的相关性？

第二节 线性相关分析

例7.1

某企业调查评估了职工的体重指数、反应速度、安全意识等指标，以了解他们的应急逃生能力。现从中随机抽取25人的体重指数、反应速度评分、安全意识评分三个指标，分析这三个指标的相关性。

表7.1 职工应急逃生能力评分表

职工编号	体重指数	反应速度评分	安全意识评分
1	18.49	4.35	5.10
2	21.13	4.36	5.10
3	20.56	4.40	5.10
4	21.15	4.51	5.10
5	20.49	4.72	5.70
6	20.56	4.69	5.30
7	27.64	4.60	5.60
8	21.98	4.84	5.40
9	23.80	4.97	5.60
10	22.88	4.04	5.40
11	24.08	4.14	5.90
12	24.25	5.23	5.70
13	25.59	5.25	5.10
14	22.23	5.28	5.90
15	25.17	5.63	5.20
16	27.44	5.59	5.70
17	25.18	5.05	5.80
18	25.46	5.07	5.10
19	25.23	5.17	5.90
20	24.29	5.68	6.00
21	22.56	5.34	5.90
22	23.66	6.67	6.20
23	24.34	6.45	6.00
24	25.88	6.23	6.50
25	24.49	6.53	6.20

1.确定分析方法

从表7.1可以看出，数据是定量数据资料，研究目的是分析体重指数、反应速度评分、安全意识评分三个指标之间的关系。三个指标并无主次或因果之分，此类数据可选择线性相关，如果数据均服从正态分布，则选择Pearson相关分析，如果其中任意变量数据不服从正态分布，则选择Spearman相关分析。

2.建立数据集

观察数据表可以看出，本例含三个变量：体重指数、反应速度评分、安全意识评分。自定义变量bmi代表体重指数；speed代表反应速度评分；cons代表安全意识评分。

```
data;
input bmi speed cons@@;
cards;
18.49    4.35    5.10    21.13    4.36    5.10    20.56    4.40    5.10
21.15    4.51    5.10    20.49    4.72    5.70    20.56    4.69    5.30
27.64    4.60    5.60    21.98    4.84    5.40    23.80    4.97    5.60
22.88    4.04    5.40    24.08    4.14    5.90    24.25    5.23    5.70
25.59    5.25    5.10    22.23    5.28    5.90    25.17    5.63    5.20
27.44    5.59    5.70    25.18    5.05    5.80    25.46    5.07    5.10
25.23    5.17    5.90    24.29    5.68    6.00    22.56    5.34    5.90
23.66    6.67    6.20    24.34    6.45    6.00    25.88    6.23    6.50
24.49    6.53    6.20
;
run;
```

3.进行正态性检验

用proc univariate进行正态性检验。

```
proc univariate normal;
var bmi speed cons;
run;
```

正态性检验				
检验		统计量	p 值	
Shapiro-Wilk	W	0.969325	Pr < W	0.6280
Kolmogorov-Smirnov	D	0.120659	Pr > D	>0.1500
Cramer-von Mises	W-Sq	0.058485	Pr > W-Sq	>0.2500
Anderson-Darling	A-Sq	0.342321	Pr > A-Sq	>0.2500

图7.2 例7.1变量bmi的正态性检验结果

正态性检验				
检验		统计量	p 值	
Shapiro-Wilk	W	0.944139	Pr < W	0.1844
Kolmogorov-Smirnov	D	0.119652	Pr > D	>0.1500
Cramer-von Mises	W-Sq	0.058309	Pr > W-Sq	>0.2500
Anderson-Darling	A-Sq	0.440851	Pr > A-Sq	>0.2500

图7.3 例7.1 变量speed的正态性检验结果

正态性检验				
检验		统计量	p 值	
Shapiro-Wilk	W	0.923794	Pr < W	0.0626
Kolmogorov-Smirnov	D	0.135823	Pr > D	>0.1500
Cramer-von Mises	W-Sq	0.086938	Pr > W-Sq	0.1637
Anderson-Darling	A-Sq	0.635221	Pr > A-Sq	0.0894

图7.4 例7.1变量cons的正态性检验结果

正态性分析结果表明，三个指标均服从正态分布，可以采用Pearson相关进行分析，详见图7.2~图7.4。

4.进行线性相关分析

线性相关可以通过proc corr过程实现。

proc corr pearson;   /*选项pearson要求输出 Pearson 相关系数 */

var bmi speed cons;

run;

简单统计量						
变量	数目	均值	标准差	总和	最小值	最大值
bmi	25	23.54120	2.29312	588.53000	18.49000	27.64000
speed	25	5.15160	0.74101	128.79000	4.04000	6.67000
cons	25	5.62000	0.41332	140.50000	5.10000	6.50000

图7.5 例7.1变量的简单统计量

线性相关分析结果主要包括三部分。第一部分是对变量进行简单描述，见图7.5，给出了均数（均值）、标准差、中位数（总和）、最大值、最小值等统计描述指标。

Pearson 相关系数, N = 25 Prob > |r|, H0: Rho=0			
	bmi	speed	cons
bmi	1.00000	0.44966 0.0241	0.39343 0.0517
speed	0.44966 0.0241	1.00000	0.67222 0.0002
cons	0.39343 0.0517	0.67222 0.0002	1.00000

图7.6　例7.1的pearson相关分析结果

　　第二部分是Pearson相关分析的结果，给出了三个变量之间的相关系数r值及相应的P值。从图7.6中可以看出，bmi与speed之间的相关系数为0.44966，为中度正相关，且有统计学意义（P=0.0241）；bmi与cons之间的相关系数为0.39343，为中度正相关，但无统计学意义（P=0.0517）；speed与cons之间的相关系数为0.67222，为高度正相关，且有统计学意义（P=0.0002）。

　　上述结果表明了两两变量之间的简单相关关系，bmi与speed之间呈中等相关性，bmi与cons之间没有统计学意义上的相关性，speed与cons之间呈高度正相关性。但这些相关是否被干扰，比如bmi与cons之间的高度正相关性从理论上讲似乎不是很合理，是否受到了speed的影响，我们是不清楚的，所以有必要进行偏相关分析，排除其他因素的影响。从理论上考虑，反应速度评分不太可能影响体重指数和安全意识评分之间的关系，此处仅作为示例讲解如何进行偏相关分析。

　　5.进行偏相关分析

　　偏相关分析可以通过proc corr过程增加partial语句来实现。

proc corr pearson;

var bmi cons;

partial speed;　/*要求对bmi和cons进行偏相关分析，去除speed的影响*/

run;

简单统计量								
变量	数目	均值	标准差	总和	最小值	最大值	偏方差	偏标准差
speed	25	5.15160	0.74101	128.79000	4.04000	6.67000		
bmi	25	23.54120	2.29312	588.53000	18.49000	27.64000	4.37756	2.09226
cons	25	5.62000	0.41332	140.50000	5.10000	6.50000	0.09771	0.31258

图7.7 例7.1变量的简单统计量

输出结果与前面的简单相关分析结果类似，也包括三部分。第一部分也是简单的统计量，只是增加了偏方差和偏标准差两个指标，见图7.7。

Pearson 偏相关系数, N = 25 Prob > |r|, H0: 偏 Rho=0		
	bmi	cons
bmi	1.00000	0.13785 0.5206
cons	0.13785 0.5206	1.00000

图7.8 例7.1的Pearson偏相关系数

第二部分是Pearson偏相关系数，见图7.8。结果表明，校正了speed的影响后，bmi与cons变成了几乎不相关（r=0.13785），且此相关也无统计学意义（p=0.5206）。第三部分是Spearman偏相关系数，结果与Pearson偏相关系数类似。这说明，speed对bmi与cons的相关性影响较大，bmi与cons的相关性主要是由speed造成的，一旦消除了speed的作用，bmi与cons的就不会显示出相关性了。

6. 给出结论

本例的分析结果表明，体重指数与反应速度之间呈中等正相关性，表明体重指数越高，反应速度评分越高，推测体重指数对反应速度有影响，简单说越肥胖的人反应速度越慢；体重指数与安全意识评分之间没有统计学意义上的相关性；反应速度评分与安全意识评分之间也没有统计学意义上的相关性。

例7.2

在对我国安全生产数据进行分析的基础上，分析我国1986—2005年工业企业十万人事故死亡率、人均GDP、人均安全投入这三个指标的相关性，具体数据见表7.2。

表7.2　1986—2005年我国安全生产状况数据

年份	人均 GDP（元）	人均安全投入（元）	10 万人事故死亡率（1/10 万）
1986	1331	206.2	9.9
1987	1826	229.3	9.8
1988	2132	256.7	9.7
1989	2414	284.6	9.3
1990	2683	298.9	9.1
1991	2714	363.2	8.8
1992	2834	398.4	8.6
1993	3039	432.3	8.5
1994	3923	526.6	8.6
1995	4854	563.5	8.4
1996	5576	566.7	8.3
1997	6053	580.8	8.2
1998	6307	648.9	8.0
1999	6534	684.5	7.8
2000	7054	809.5	8.0
2001	7225	828.4	8.2
2002	7429	850.8	8.5
2003	7653	876.9	8.8
2004	8045	898.3	9.0
2005	8236	916.7	9.1

1. 确定分析方法

从表格可以看出，数据是定量数据资料。研究的目的是分析十万人事故死亡率、人均GDP、人均安全投入这三个指标之间的关系，且三个指标并无因果或主次之分，因此可选择线性相关分析。如果变量均服从正态分布，则选择 Pearson 相关分析，如果其中任意变量不服从正态分布，则选择 Spearman 相关分析。

2. 建立数据集

观察数据表可以看出，本例含三个变量：十万人事故死亡率、人均

GDP和人均安全投入（年份不是需要分析的变量）。自定义变量rate代表十万人事故死亡率；gdp代表人均GDP；investment代表人均安全投入。

```
data;
input gdp investment rate @@;
cards;
1331  206.2  9.9  1826  229.3  9.8  2132  256.7  9.7  2414  284.6  9.3
2683  298.9  9.1  2714  363.2  8.8  2834  398.4  8.6  3039  4323  8.5
3923  526.6  8.6  4854  563.5  8.4  5576  566.7  8.3  6053  580.8  8.2
6307  648.9  8.0  6534  684.5  7.8  7054  809.5  8.0  7225  828.4  8.2
7429  850.8  8.5  7653  876.9  8.8  8045  898.3  9.0  8236  916.7  9.1
;
run;
```

3.进行正态性检验

正态性检验可通过proc univariate命令实现。

```
proc univariate normal;
var gdp investment rate;
run;
```

正态性检验				
检验		统计量	p 值	
Shapiro-Wilk	W	0.369259	Pr < W	<0.0001
Kolmogorov-Smirnov	D	0.461626	Pr > D	<0.0100
Cramer-von Mises	W-Sq	0.911088	Pr > W-Sq	<0.0050
Anderson-Darling	A-Sq	4.615499	Pr > A-Sq	<0.0050

图7.9　例7.2变量investment统计量的正态检验结果

正态性检验				
检验		统计量	p 值	
Shapiro-Wilk	W	0.908941	Pr < W	0.0824
Kolmogorov-Smirnov	D	0.197317	Pr > D	0.0634
Cramer-von Mises	W-Sq	0.127452	Pr > W-Sq	0.0443
Anderson-Darling	A-Sq	0.707252	Pr > A-Sq	0.0543

图7.10　例7.2变量gdp的统计量的正态检验结果

正态性检验				
检验		统计量	p 值	
Shapiro-Wilk	W	0.257784	Pr < W	<0.0001
Kolmogorov-Smirnov	D	0.534847	Pr > D	<0.0100
Cramer-von Mises	W-Sq	1.318857	Pr > W-Sq	<0.0050
Anderson-Darling	A-Sq	6.31214	Pr > A-Sq	<0.0050

图7.11 例7.2变量rate统计量的正态检验结果

图7.9~图7.11中正态性分析结果表明，变量investment服从正态分布（P=0.0824），而变量gdp和rate不服从正态分布（P均小于0.0001），因此应采用Spearman相关分析。

4.进行线性相关分析

Spearman线性相关可以通过proc corr过程实现。

proc corr spearman; /* 选项 Spearman 输 Spearman 相关系数 */

var investment gdp rate;

run;

简单统计量						
变量	数目	均值	标准差	中位数	最小值	最大值
investment	18	976.73889	1828	573.75000	206.20000	8236
gdp	18	4593	2573	5215	9.00000	8045
rate	18	58.83889	214.09906	8.55000	3.00000	916.70000

图7.12 例7.2变量的简单统计量

线性相关分析结果主要包含两部分，第一部分对变量进行简单描述见图7.12，给出了均数（均值）、标准差、中位数、最大值、最小值等统计描述指标。

Spearman 相关系数, N = 18 Prob > |r|, H0: Rho=0			
	investment	gdp	rate
investment	1.00000	0.68421 0.0017	-0.50336 0.0332
gdp	0.68421 0.0017	1.00000	-0.81964 <.0001
rate	-0.50336 0.0332	-0.81964 <.0001	1.00000

图7.13 例7.2Pearson相关分析结果

第二部分给出了Spearman相关分析的结果，见图7.13。从结果中可以看出，gdp与investment之间的相关系数为0.68421，为高度正相关，且有统计学意义（P=0.0017）；gdp与rate之间的相关系数为–0.81964，为中等负相关，且有统计学意义（P<0.001）；investment与rate之间的相关系数为–0.50336，为中等负相关，且有统计学意义（P=0.0332）。

此处不再进行偏相关分析，读者可以根据需要自行选择研究中是否进行偏相关分析。

4.给出结论

从上述结果可知，人均GDP与人均安全投入之间具有显著的正相关关系，也就是人均GDP越高，工业企业的安全投入就越高；人均安全投入与十万人事故死亡率直接具有显著的中等负相关关系，说明人均投入越高，事故死亡率就越低；同理，人均GDP和十万人事故死亡率之间也有中等负相关关系。

课后练习：

1. 线性相关分析的条件是什么？

2. Spearman 线性相关和 Pearson 线性相关的区别是什么？

第三节 分类资料的相关分析

例7.3

某职业病研究所为探索噪声与听力损失的关系，在某厂随机抽取2200名正常听力的工人，根据噪声暴露水平分为高噪声组和低噪声组。随访5年后，共对1889例研究对象完成了听力损失诊断。其中高噪声组存在听力损失的有31人，无听力损失者为447人；低噪声组存在听力损失的有168人，无听力损失者为1243人。欲分析噪声暴露与发生听力损失的关系。

表7.3　噪声暴露与听力损失人数表

组别	无听力损失	有听力损失	合计
非暴露组	1243	168	1411
暴露组	447	31	478
合计	1690	399	1889

1.确定分析方法

从表格可以看出，数据是频数，数据类别为分类资料。类似例子我们在第六章见过，不同的是第六章研究的目的是暴露组和非暴露组听力损失发生率的差异性，而本例是研究噪声暴露与听力损失发生的关系，即研究相关性。分类数据的相关性可以通过卡方检验或对数线性模型实现，对于较为简单的二维列联表，首选卡方检验。

2.创建数据集

自定义变量exposed代表是否暴露，1代表非暴露组，2代表暴露组；变量hearloss代表是否有听力损失，1代表无听力损失，2代表有听力损失；变量f代表频数。

```
data;
do exposed=1 to 2;
do hearloss=1 to 2;
input f@@;
output;
end;
end;
cards;
1243    168
447     31
run;
```

3.进行卡方检验

卡方检验用proc freq过程实现，因为本例为相关性分析，所以table语句不用再调用relrisk选项。

proc freq;

weight f;

table exposed*hearloss/chisq expected;

run;

频数 期望 百分比 行百分比 列百分比	exposed-hearloss表		
	hearloss		
exposed	1	2	合计
1	1243 1060.6 59.50 94.81 73.55	68 250.4 3.26 5.19 17.04	1311 62.76
2	447 629.4 21.40 57.46 26.45	331 148.6 15.84 42.54 82.96	778 37.24
合计	1690 80.90	399 19.10	2089 100.00

图7.14 例7.3的频数统计表

本例主要有三部分结果。第一部分是频数表，见图7.14，也就是第四章描述性统计分析所给出的频数统计表。

统计量	自由度	值	概率
卡方	1	440.9921	<.0001
似然比卡方检验	1	441.4709	<.0001
连续调整卡方	1	438.5778	<.0001
Mantel-Haenszel 卡方	1	440.7810	<.0001
Phi 系数		0.4595	
列联系数		0.4175	
Cramer V		0.4595	

图7.15 例7.3的卡方检验结果

第二部分是卡方检验结果，图7.15给出了7个统计量。由于本例研究的是相关性，所以只需要看卡方值和列联系数。列联系数反映两个分类变量之间的相关程度，即r值，卡方的P值反映了该相关性是否有统计学意义。本例的结果表明，噪声暴露与听力损失的发生有弱相关性（r=0.4175），且相关性有统计学意义（P<0.0001）。

第三部分给出了Fisher精确检验的结果，本例可以忽略。

4.给出结论

本次研究结果表明，噪声暴露与听力损失的发生有中等正相关性，且相关性有统计学意义，或者说二者有一定的联系。

课后练习：

1.分类资料的相关分析与线性相关分析的SAS程序有什么不同？

第四节 多分类指标的相关分析

例7.5

某学生为了解职工心理状态对安全生产的影响，研究工人睡眠、抑郁、焦虑之间的关系，采用"匹兹堡睡眠质量指数（PSQI）"、"抑郁自评量表（SDS）"和"焦虑自评量表（SAS）"调查了480名工人的睡眠、抑郁和焦虑的状况（见表7.5）。欲分析睡眠、抑郁、焦虑之间的关系。

表7.5 职工心理状态人数表

（人）

睡眠情况	抑郁		无抑郁		合计
	焦虑	无焦虑	焦虑	无焦虑	
睡眠差	20	13	7	55	91
睡眠好	5	41	9	330	389
合计	25	54	16	385	480

1.确定分析方法

从表格可以看出，数据是频数，数据类别为分类资料。研究的目的是分析睡眠、抑郁、焦虑之间的关系，即研究相关性。从表的结构上看，这不是一个简单的 R×C 表，而属于多维列联表，此时选择对数线性模型更为合适。

2.创建数据集

观察数据表可以看出，本例含三个分组变量：抑郁状态、睡眠情况、焦虑状态。自定义变量 depression 代表抑郁状态，1 代表抑郁，2 代表无抑郁；变量 sleep 代表睡眠情况，1 代表睡眠差，2 代表睡眠好；变量 anxiety 代表焦虑状态，1 代表焦虑，2 代表无焦虑；变量 f 代表频数。

```
data;
do depression=1 to 2;
do sleep=1 to 2;
do anxiety=1 to 2;
input f@@;
output;
end;
end;
end;
cards;
20 13
5  41
7  55
9  330
;
run;
```

3.进行相关性分析

根据数据特征，用 proc catmod 过程进行相关性分析。

```
proc catmod;
weight f;                        /*表明输入的 f 是一个权重值*/
model sleep*depression*anxiety=_response_;      /* sleep、depression、
anxiety 均置于左边作为因变量*/
loglin sleep|depression|anxiety;    /* 对 sleep、depression、anxiety 的单独
效应及其所有交互效应进行分析（饱和模型）*/
run;
```

数据汇总			
响应	sleep*depression*anxiety	响应水平	8
权重变量	f	总体	1
数据集	DATA63	总频数	480
频数缺失	0	观测	8

响应概略			
响应	sleep	depression	anxiety
1	1	1	1
2	1	1	2
3	1	2	1
4	1	2	2
5	2	1	1
6	2	1	2
7	2	2	1
8	2	2	2

图7.18 例7.5的统计量描述

结果主要有三部分。第一部分是对数据和反应变量的简要概述，见图 7.18，包括例数、反应变量的类别等。

最大似然方差分析			
源	自由度	卡方	Pr > 卡方
sleep	1	5.20	0.0226
depression	1	15.00	0.0001
sleep*depression	1	8.30	0.0040
anxiety	1	85.92	<.0001
sleep*anxiety	1	26.51	<.0001
depression*anxiety	1	25.41	<.0001
sleep*depression*anxiety	1	1.58	0.2090
似然比	0	.	.

图7.19 例7.5的最大似然分析结果

第二部分给出了最大似然分析结果，见图7.19。第一列显示了变异的来源，包括sleep、depression、anxiety的主效应（sleep、depression、anxiety）、二阶交互效应（sleep*depression、sleep*anxiety、depression*anxiety）和三阶交互效应（sleep*depression*anxiety），包括了所有的主效应和交互效应，也称为饱和模型。结果显示，sleep（P=0.0226）、depression（P=0.0001）、anxiety（P<0.0001）的主效应以及sleep*depression（P=0.004）、sleep*anxiety（p<0.0001）、depression*anxiety（p<0.0001）的二阶交互效应均有统计学意

义。而sleep*epression*anxiety的三阶交互效应无统计学意义（P=0.2090），可以考虑删除该交互效应重新进行分析。因为本例是研究相关性，所以主效应可以不看。二阶效应结果说明sleep和depression、sleep和anxiety、anxiety和depression之间的相关性都有统计学意义。最后的似然比能够反映饱和模型与当前模型的差值是否有统计学意义，但由于目前的模型已经是饱和模型，所以这里没有结果。

最大似然估计分析					
参数		估计	标准误差	卡方	Pr > 卡方
sleep	1	-0.2257	0.0989	5.20	0.0226
depression	1	-0.3832	0.0989	15.00	0.0001
sleep*depression	1 1	0.2851	0.0989	8.30	0.0040
anxiety	1	-0.9171	0.0989	85.92	<.0001
sleep*anxiety	1 1	0.5094	0.0989	26.51	<.0001
depression*anxiety	1 1	0.4987	0.0989	25.41	<.0001
sleep*depression*anxiety	1 1 1	0.1243	0.0989	1.58	0.2090

图7.20 例7.5的最大似然分析参数估计

第三部分给出了饱和模型最大似然分析的参数估计，见图7.20。所有的参数估计值都是针对参照组的（1vs2），默认以最后一类（本例为2）作为参照。由于分析第二部分结果后考虑删除三阶交互效应项，所以这一结果可以先不考虑。

4.优化模型，删除三阶交互效应继续进行分析

程序如下：

```
proc catmod;
weight f;
model sleep*depression*anxiety=_response_;
loglin sleep|depression|anxiety @2; /*@2表示仅分析主效应和二阶交互
效应，无三阶交互效应 */
run;
```

最大似然方差分析			
源	自由度	卡方	Pr > 卡方
sleep	1	4.89	0.0270
depression	1	14.79	0.0001
sleep*depression	1	7.70	0.0055
anxiety	1	90.82	<.0001
sleep*anxiety	1	27.94	<.0001
depression*anxiety	1	29.39	<.0001
似然比	1	1.64	0.2006

图7.21　例7.5的二阶交互效应最大似然方差分析

输出结果仍然有三部分。第一部分的基本情况描述与前面相同，这里省略。

第二部分的最大似然方差分析结果与之前相同，仅P值有所变化，见图7.21，睡眠质量、抑郁、焦虑的主效应及睡眠质量*抑郁、睡眠质量*焦虑、抑郁*焦虑的二阶交互效应均有统计学意义。最后似然比的P值为0.2006，说明此二阶模型与饱和模型的差异无统计学意义，没有因为删掉三阶交互效应而丢失原数据的信息，模型拟合较好。此处如果$P \leqslant 0.05$，则提示不能去掉三阶交互效应。

最大似然估计分析					
参数		估计	标准误差	卡方	Pr > 卡方
sleep	1	-0.2043	0.0924	4.89	0.0270
depression	1	-0.3460	0.0900	14.79	0.0001
sleep*depression	1 1	0.2104	0.0759	7.70	0.0055
anxiety	1	-0.8975	0.0942	90.82	<.0001
sleep*anxiety	1 1	0.4991	0.0944	27.94	<.0001
depression*anxiety	1 1	0.5097	0.0940	29.39	<.0001

图7.22　例7.5的最大似然参数估计结果

第三部分的最大似然参数估计结果表明（见图7.22），sleep、depression、anxiety的参数估计均为负值，1与2相比，1的人数更少，即睡眠质量差的人数少于睡眠质量好的人数，有抑郁的人数少于无抑郁的人数，有焦虑的人数少于无焦虑的人数，且其间差异有统计学意义，这部分对相关分析并没有太大意义。sleep与depression的交互效应为正值（0.2104），且有统计学意义，表明睡眠质量差（sleep=1）与抑郁（depression=1）呈正相关，但相关性较弱。睡眠质量差（sleep=1）与焦虑（anxiety=1）、抑郁（depression=1）与焦虑（anxiety=1）的交互效应也均为正值（0.4991、0.5097），相关性为中等正相关，且均有统计学意义，详见图7.22。

4.给出结论

本例结果表明，睡眠质量与抑郁呈弱正相关，说明睡眠越差的人越有可能抑郁，但相关性不强；睡眠质量与焦虑、抑郁与焦虑均为中等强度的正相关，说明睡眠越差的人越容易焦虑，抑郁的人也更容易焦虑，也可以理解为睡眠质量差的人一般都伴有抑郁、焦虑，抑郁的人通常也伴有焦虑。

课后练习：

1.什么是多分类指标？

2.多分类指标在相关分析中要注意哪些问题？

第八章 回归分析

🎓 **教学目的**

1.了解线性回归、logistic 回归的基本原理和应用条件。

2.理解线性回归、logistic 回归模型诊断与评价。

3.掌握简单线性回归、多重线性回归和 logistic 回归分析的方法、SAS 程序及其结果解释。

📖 **教学要求**

1.使用 proc reg 过程在指定要求下对资料进行简单线性回归和多元线性回归并分析检验结果。

2.使用 proc logistic 等过程在指定要求下对资料进行 logistic 回归并分析检验结果。

第一节　回归分析简介

一、回归分析

在统计学中，回归分析（regression analysis）是一种确定两种或两种以上变量间相互依赖的定量关系的统计分析方法。其与相关分析既类似又有区别。在第七章介绍的相关分析中，各变量没有主次之分，侧重分析的是变量之间相互依赖的变化趋势，但有时分析的目的是确定的，比如分析粉尘暴露量上升是不是会导致患尘肺的人数增加，企业增加安全生产投入是否会让人均不安全行为减少等，这样的研究有明确的自变量（independent variable）和因变量（dependent variable），此时用相关分析不能满足研究的要求，而应用回归分析就可以解决这个问题。

线性回归是研究因变量与自变量关系的方法，其中因变量也称应变量、分析变量，自变量也称解释变量、独立变量。回归分析按照涉及的因变量的多少，分为一元回归分析（只有1个因变量）和多元回归分析（两个或两个以上因变量）；按照自变量的多少，可分为简单回归分析（只有1个因变量、1个自变量）和多重回归分析（因变量为1个，自变量为多个）；按照自变量和因变量之间关系的类型，可分为线性回归分析和非线性回归分析；按照是否依赖数据分布，可分为参数回归和非参数回归。

　　回归分析一方面可以研究变量之间的关系，另一方面还可以实现自变量对因变量的预测。本章将介绍比较常用的一元线性回归、多元线性回归、非参数回归和logistic回归等。

二、线性回归

1.线性回归模型

线性回归是一种利用数理统计中的回归分析，来确定两种或两种以上变量间相互依赖的定量关系的统计分析方法，应用十分广泛。其基本思想是通过对样本作出散点图拟合直线，求得直线的表达式。线性回归的表达式可以表示为：

$$y = a + b_1x_1 + b_2x_2 + ... + b_nx_n \qquad (8-1)$$

这一方程称为直线回归方程。回归分析中，如果只包括一个自变量和一个因变量，且二者的关系可用一条直线近似表示，这种回归分析称为一元线性回归分析。如果回归分析中包括两个或两个以上的自变量，且因变量和自变量之间是线性关系，则称为多元线性回归分析。其中，y为因变量，x_i为自变量，a为截距项也称常数项。

　　线性回归表达式确定后，根据所有自变量可以算出一组预测的因变量值，即：

$$\hat{y} = a + b_1x_1 + b_2x_2 + ... + b_nx_n \qquad (8-2)$$

其中的$\hat{y}$称为y的预测值，二者的差值称为残差，可以用e_i表示，它反映了变量的观测值与基于回归直线的预测值之间的差异，即除了自变量x_i以外的其它因素对y的影响。

　　理论上，通过抽样样本所作出的散点图能拟合出来的直线有很多，那么应该选哪一条作为直线回归的结果呢？线性回归分析通过最小二乘法能够解决这一问题。最小二乘法选择与所有抽样点距离之和最小的那条直线作为最终的回归直线，即最小二乘法的原则是以"残差平方和最小"来确定拟合直线的位置，也就是所选择的回归模型应该使所有观察值的残差平方和达到最小。所以相对于自变量或因变量预测值的散点图，残差图可以帮助我们评价回归直线与散点图的接近程度，如果残差图中的散点均匀分布在水平线附近，则说明回归直线拟合较好，反之，回归直线拟合效果不好。

2.线性回归的条件

线性回归分析的条件可以简单表述为线性、独立性、正态性和方差齐性。

（1）线性：线性指因变量与自变量呈线性关系，即需要先观察出因变量与自变量在散点图上大致呈直线趋势。所以，线性回归要求先绘制散点图以观察两个变量是否有线性关系，如果没有线性关系，就不能用线性回归的方法来分析，而是采用对数变换等方式变换数据形式让其符合线性，如果变换也不起作用，则需要考虑曲线回归或者非线性回归的方法。

（2）独立性：独立性指观察值之间应相互独立。这一条件通常可在实验设计或数据收集阶段进行控制，如果在此阶段无法控制，就根据专业知识来判断。

（3）正态性：正态性指线性模型的残差应符合正态分布。这一条件可通过对残差进行正态性检验或者绘制残差的正态概率图来判断。如果不满足这一条件，可考虑对因变量进行数据变换，使其服从正态分布后再拟合线性回归模型，或者采用非参数回归。

（4）方差齐性：方差齐性指在自变量取值范围内，对于任意自变量取值，因变量都有相同的方差。线性回归中，方差齐性实际上要比正态性重要，这一条件可通过绘制残差与因变量预测值的散点图来检验。理论上，残差的分布与预测值应该是不相关的，即残差应在零水平线上下波动，否则可能提示方差不齐。如果这一条件不满足，可对因变量进行变量变换，使其满足方差齐性条件；或采用加权回归分析，消除方差的影响。

3.线性回归分析的一般步骤

（1）根据抽样数据绘制散点图，判断变量间是否可能存在线性关系。

（2）检查数据是否符合线性、独立、正态、方差齐性，一般线性回归模型本身对轻度的条件偏倚有一定程度的"抗性"，如果非正态性、方差不齐等偏离不是很严重，就仍可采用线性回归。

（3）求解线性回归方程。

（4）对回归方程的模型和回归系数（参数估计）进行假设检验，一般包括总体检验和参数检验。总体检验是对整个模型的检验，表示总的模型有统计学意义，采用的是方差分析；而每一自变量对应的回归系数的显著性检验，表示自变量有统计学意义，采用的是t检验。

（5）变量选择。一个好的回归模型，应该对数据有比较好的拟合效果，而且不是模型中的自变量越多越好，而是应该尽可能去掉用处不大的变量，这就涉及最终模型的变量选择问题。变量选择的方法主要有向前选择法、向后剔除法、逐步选择法等，其中逐步选择法较为常用。逐步选择法指起初模型中除常数项外无任何其他自变量，然后按该模型外自变量对因变量贡献的大小依次将变量加入模型中，每加入一个变量就重新检查一次模型，如果加入变量后，该变量的参数估计无统计学意义，而原有变量的参数估计有统计学意义，则判断该变量不应加入模型；如果变量的参数估计有统计学意义，而原来模型中的变量参数估计由原来的有统计学意义变为无统计学意义，则将该模型中多数估计无统计学意义的变量删掉，再继续引入新变量，如此循环判断每一个新变量是否应该加入模型，直到没有新变量可以加入模型为止。需注意的问题是引入变量和剔除变量的显著性水准α值不应相同，引入自变量的显著性水准 $p_{引入}$ 应小于剔除自变量的显著性水平 $p_{剔除}$，否则容易产生"死循环"。

（6）模型诊断。模型的评价不仅是统计学问题，更重要的是要符合实际情况，所以通过变量选择建立的回归模型需要进一步诊断、评价与修正。如果从实际情况考虑，该模型不合理，就要考虑是不是哪里出了问题。模型诊断主要是检查数据是否符合线性回归的应用条件，数据中是否存在异常点或多重共线性等问题。

模型的异常点主要包括离群点、高杠杆点和强影响点。离群点指残差与其它点相比较大的点，如果学生化残差绝对值≥2，可以认为是一个可疑点，如果学生化残差绝对值≥3，基本可以认定是一个离群点。高杠杆点通常指自变量中出现的异常点，主要通过帽子矩阵中对角线的元素 H 值（hat diag H）来判断，如果某观测具有相对较高的 H 值，则该观测可能是个高杠杆点。强影响点指对模型结果有较大影响的点，强影响点的诊断指标可以用 Cook 距离（Cook's D）表示，其综合反映了杠杆值和残差的大小。Cook's D 值大，表明所对应的观测点的自变量和因变量均为异常值，该观测即为强影响点。强影响点也可以用 Dffits 来判断，其反映了某个观测被删除后模型的变化，变化越大（即 Dffits 值越大），表明该观测值越有可能是强影响点。最后，如果某点既是离群点又是高杠杆点，则该点很有可能也是强影响点。

简单来说，多重共线性就是自变量之间存在比较强的相关性，如果分析结果发现回归系数符号反常、标准误过高、回归系数估计值异常、模型总体有意义而每一变量均无统计学意义等，则可以考虑是否存在多重共线性问题。多重共线性的诊断方法有很多，常用的有容忍度（TOL）、方差扩大因子（VIF）和条件指数 k 等。容忍度反映了某自变量与其他自变量之间的相关程度，取值范围在 0 到 1 之间，其值越小，说明多重共线性越严重，即该自变量与其他自变量之间的相关程度较大，一般容忍度<0.1 时，就可以认为存在多重共线性。VIF 是自变量间存在多重共线性时回归系数的方差比自变量间无共线性时回归系数的方差增大的倍数，是容忍度的倒数，VIF>10 时，可以认为存在多重共线性。条件指数 k 是根据特征值（eigenvalue）计算的多个数值，一般取其中最大值来判断是否存在多重共线性。在 SAS 系统中，$k = \sqrt{\dfrac{\lambda_1}{\lambda_p}}$，其中 λ_1 和 λ_2 分别为计算的最大和最小特征值，一般当 k>10 时，可以认为存在多重共线性，k>30 时，存在严重的多重共线性。

（7）模型的评价。进行线性回归时，有时会遇到难以判断建立的几个不同模型哪个更优的问题，所以需要对这些模型进行量化评价。目前常用的评价标准有决定系数（R^2）、校正决定系数（R_{adj}^2）、C_P 统计量、赤池信息准则（AIC）和均方根误差（RMSE）等，在使用过程中可以综合判断这些指标。

决定系数反映了因变量的变异能够被自变量所解释的比例，或者说模型中的自变量解释了多少因变量变异，R^2 与相关系数的关系是 $r = \sqrt{R^2}$ 。决定系数 R^2 越大，模型拟合效果越优。但该指标值会随着自变量的增多而增加，因此当两个模型自变量个数不同，尤其是其中一个模型自变量个数较多时，无法反映模型孰优孰劣，所以引入了校正决定系数 R^2_{adj}。校正决定系数对决定系数进行了修正，修正办法是只有在有统计学意义的变量进入方程时，该指标的值才增大，否则该指标的值就减小。该指标是衡量模型优劣的重要指标之一，其值越大，模型拟合效果越优。赤池信息准则的基本思想是模型中应尽可能多地包含所有有意义的变量，而尽可能少地包含无意义的变量，AIC值越小模型越优。C_p统计量和AIC类似，值越小模型越优。均方根残差主要反映回归方程的估计精度，值越小模型越优。一般其随模型中自变量的增加而减少，但增加一些无统计学意义的自变量，其值反而会增大。

（8）进行分析和统计预测。

4.线性回归的SAS程序

线性回归的SAS程序主要通过proc reg过程实现，其主要语句包括：

proc reg 选项；

model 因变量 = 自变量 / 选项；

weight 变量；

id 变量；

var 变量列表；

by 变量；

output out=数据集名 keyword=变量名；

plot y轴变量 *x轴变量 =" 符号" / 选项；

run；

Proc reg后的常用选项包括：

outset=输出数据集：reg过程计算的相关统计量将输入该数据集中；

simple：计算model语句和var语句中各变量的简单统计数，包括变量的总和、均数、方差、标准差、离均差平方和等；

corr：计算model语句和var语句中各变量的相关系数；

all：执行 reg 过程所有选项的功能；

alpha=数值：设置假设检验的置信水平，默认为 0.05；

annotate=数据集名：plot 语句所绘图形的注释信息数据集；

covout：计算数据集的协方差矩阵，并输出到指定的输出数据集中；

edf：向输出数据集输出自变量个数、误差自由度、模型决定系数；

noprint：分析的结果不在结果窗口输出；

ridge=数值列表：执行岭回归分析，并设置岭回归参数，结果输出到指定的结果输出数据集。

Model 语句后的常用选项包括：

selection=：指定变量选择方法，如前进法（forward）、后退法（backward）、逐步法（stepwise）、最优子集法（maxR、mittR、Rsquare、Adjrsq、Cp）等，缺省时默认为 none；

slentry：指定变量入选标准（显著水平），适用于变量选择方法为 forward 或 stepwise 时，forward 的默认值为 0.5，stepwise 的默认值为 0.15；

slstay：指定变量剔除标准（显著水平），适用于变量选择方法为 backward 或 stepwise 时，backward 的默认值为 0.1，stepwise 的默认值为 0.15；

collin：给出特征值、条件指数及每一特征值的变异比例；

collinoint：与 "collin" 选项执行相同的功能，但是不包括截距项；

tol：给出参数估计值的容忍度；

vif：给出方差膨胀因子；

influence：寻找强影响点，分析每一观测值对参数预测值的影响度；

partial：检查线性，输出包括截距项在内的每个自变量的偏残差与因变量偏残差的散点图；

r：进行残差分析；

stb：给出标准化回归系数，衡量不同自变量对因变量影响的相对重要性；

pcorr2：输出自变量与因变量偏相关系数的平方；

spec：输出方差是否相等的 white 检验结果；

p：计算回归模型预测值；

adjrsq：计算校正模型自由度的决定系数；

cli：计算预测值的置信区间，包括置信上限和下限；

clm：计算因变量的置信上限和下限；

b：计算模型回归系数；

clb：计算回归系数估计值的置信区间；

noint：回归模型拟合时不包含截距项。

Plot语句后常用的选项包括：

vaxis=数值：定义纵生标的刻度间隔，例如 vaxis=10 to 100 by 10；

haxis=数值：定义横平坐标的刻度间隔；

vzero：控制图形纵坐标的刻度从零开始；

hzero：控制图形横坐标的刻度从零开始；

vree=值：在纵轴上指定的值处画一条水平线；

href=值：在横轴上指定的值处画一条垂直线。

多元线性回归的散点图还可以用proc corr来绘制，主要语句如下：

proc corr plots=matrix（histogram）; /*plots选项要求绘制变量的散点图矩阵并且对角线的位置显示各变量的分布 */

var 变量列表；

run;

三、Logistic 回归简介

1. Logistic 回归

在对安全科学相关资料的研究中，经常需要分析事情的发生（比如事故的发生、死亡、患职业病等）与各危险因素之间的定量关系。比如，研究尘肺的发生与粉尘暴露、吸烟等危险因素的关系，研究事故的发生与企业安全生产投入、安全管理状况、安全培训状况的关系等，如果仍然采用线性回归分析，由于因变量y为二分类变量（通常取值0或1），不满足正态分布和方差齐等应用条件，其预测值可能会大于1或小于0而无法解释。虽然在第六章中讲过可以用Mantel-Haenszel分层分析方法分析多个因素的混杂作用，但这种方法有其局限性，随着混杂因素的增加，分层越来越细，每层的数据越来越少，在估计相对危险度时会产生困难。Logistic 回归模型较好地解决了上述问题，在针对分类因变量的研究中是最常用的分析方法之一。

Logistic 回归也称为 logit 模型，是分类变量进行回归分析时最为常用的一种方法，与线性回归类似，其也是通过模型拟合研究自变量对因变量影响的方法，不同点在于 logistic 回归要求因变量必须是分类变量。当因变量是二分类时，称为二分类 logit 模型；当因变量为无序多分类时，称为多分类 logit 模型或多项 logit 模型；当因变量是有序多分类时，称为有序 logit 模型、累积比数 logit 模型或比例优势模型。

Logistic 回归模型的表达形式为：

$$\text{logit} P = \ln\left(\frac{P}{1-P}\right) = a + b_1 x_1 + b_2 x_2 + ... + b_n x_n \qquad (8.3)$$

其中，P 表示研究者关注的结局（如发生事故、死亡）的概率。logit P 是一种变量变换方式，这种变换是为了让因变量的发生概率范围（0~1）与自变量的线性组合的取值区间（$-\infty$, $+\infty$）能对等起来。可以看出，logistic 回归与多重线性回归的自变量既可以是定量变量，也可以是分类变量，其区别主要在于模型左侧的因变量。多重线性回归中，等式左边就是因变量本身，而在 logistic 回归模型中，等式左边没有直接用 P 作为因变量，而是将其进行了 logit 变换，以 logit P 作为因变量。a 为常数项，表示自变量均为 0 时 logit P 的估计值，将 logit P 视为一个整体，对回归系数 b_i 的解释类似于多重线性回归，其它解释变量保持不变时，解释变量 x_i 每改变 1 个单位，logit P 的平均改变量。Logistic 回归模型的回归系数具有特殊含义，其解释可与优势比（odds ratio，OR）联系起来，$\text{odds} = \dfrac{P}{1-P}$，所以 $OR = \dfrac{odds_1}{odds_0}$。OR 又称比值比，表示事件发生与不发生的比值，该值越大，表示事件发生的可能性越大。从而 logistic 回归系数也可解释为：其它自变量不变时，暴露于某影响因素下的 x_i 相对于非暴露于该影响因素下的 OR 值的自然对数（即 $OR = e^b$），或者调整（控制）其它自变量的影响后，自变量 x_i 每增加一个单位，得到的优势比的自然对数。当 $b_i = 0$ 时，$OR = 1$，自变量与因变量间不存在关联；当 $b_i \neq 0$ 时，$OR \neq 1$，自变量与因变量间存在关联，当自变量 x_i 的回归系数 $b_i > 0$ 时，$OR > 1$，提示 x_i 为危险因素（增加结局发生的风险）；$b_i<0$时，优势比$OR<1$，提示x_i为保护因素（降低结局发生的风险）。

2. Logistic回归的条件

从公式可以看出，logistic回归需要满足线性条件，不过不是直接看概率P与自变量的线性关系，而是看logit P与自变量的关系是否呈线性。如果不满足线性条件，可以对自变量进行适当的变换，不做变换时可以以虚拟变量的形式进入模型。虚拟变量也叫哑变量（dummy variable），没有实际意义。当自变量为多分类时，如果直接用1，2，3……表示，就是默认自变量与logit P是直线关系，而实际上其可能不是直线关系。虚拟变量是将n类自变量用$n-1$个虚拟变量来表示，每个虚拟变量是该变量与参照组的比较结果。比如自变量为年龄，最初数据资料将其分为"<20岁""20~60岁""≥60岁"三类，构造哑变量的过程是可以以"<20岁"为参照组，则"20~60岁"与"<20岁"相比的结果和"≥60岁"与"<20岁"相比的结果为两个虚拟变量。此处不太好理解，读者可以参见本章案例8.4。

建立logistic回归模型时，还要求研究对象间具有独立性。当研究个体间存在聚集性特征时，可考虑采用广义估计方程或多水平模型等更复杂的方法进行分析，相关分析方法可参看专业书籍。Logistic回归模型的因变量可为二分类、无序多分类或有序分类变量；自变量可以是任意类型，如定量变量、二分类变量、无序多分类变量或有序分类变量等。当因变量为多分类变量时，可采用多分类logistic回归分析；当因变量为有序分类变量时，可采用有序logistic回归分析。

3. Logistic回归的一般过程

Logistic回归过程就是通过最大似然估计求解常数项和偏回归系数，主要包括以下几个步骤：

（1）应用条件检查。不满足条件时进行数据变换或者更换分析方法。

（2）单因素分析和变量选择。从单因素分析着手开始进行数据分析是一种好办法，其目的一是探索自变量进入模型的形式，以便更好地描述因变量与自变量的关系；二是在样本较少而自变量较多的情况下，可以将一些可能无意义的变量剔除掉，以减少多因素分析中的变量数目。

多因素分析要比单因素分析更为复杂，需要考虑各个变量之间的相关性。像线性回归一样，logistic 回归的多因素分析也可以采用变量筛选方法，如向前选择法、向后剔除法、逐步选择法等。

（3）模型和参数估计检验

模型检验包括总体检验及参数估计检验。总体检验是判断整个模型是否有统计学意义的检验，采用的检验方法有似然比检验、得分（score）检验和 Wald χ^2 检验。模型中参数估计的检验采用的是 Wald χ^2 检验。Wald χ^2 检验对标准误的依赖很大，因此 logistic 回归分析的样本含量不宜太少，否则会使估计结果不稳定，产生大的标准误，使本来有意义的变量变得无统计学意义。当参数估计值和标准误非常大的时候，采用 Wald χ^2 检验可能会出现较大的偏差，最好采用似然比检验再次进行分析判断。

（4）模型分析

分析模型与实际是否相符合。如前所述，$OR = e^b$，OR 在很多情况下可作为相对危险度（relative risk，RR）的近似估计。具体的模型中，如果自变量为二分类变量（假设为暴露与非暴露组），OR 反映了暴露与非暴露组相比的结局（发生事故、死亡等等）风险有多高。如果自变量为多分类，需要先指定某一类为参照，OR 表示某一类别与参照组相比的发生事故或死亡的风险有多高。如果该结果与实际有较大出入，则需进行进一步的模型诊断。

（5）模型诊断

和直线回归一样，logistic 回归模型也有异常值和多重共线性等问题。

异常值诊断主要是检查离群点、高杠杆点和强影响点。离群点可通过 Pearson 残差和 Deviance 残差来判断，当这两种残差取值大于 2 时，判断其可能是离群点。高杠杆点仍然由帽子矩阵中对角线的元素 H 值来判断，H 值越大，越有可能是高杠杆点。通常用 $H>2(K+1)/n$ 作为高杠杆点的判定指标，其中 K 为自变量个数，n 为观测数。强影响点在 SAS 中主要通过 Dfbeta 和 Cook 距离来判断。Dfbeta 表示某观测被删除后回归系数的变化程度。Cook 距离是 Pearson 残差和杠杆值的综合指标，值越大，该观测的影响越大。

和直线回归一样，logistic回归模型的多重共线性也可以用容忍度TOL、方差扩大因子VIF和条件指数等指标进行诊断。但值得注意的是，当自变量均为分类变量时，条件指数不是一个很好的选择。因为条件指数是根据基于具体数值大小的特征值来判断的，但很多分类数据本身并没有大小关系，比如0和1，1和2可能仅意味着分类，而不是说1就比0大。此时可以选择容忍度和方差扩大因子来判断多重共线性，因为它们是基于相关系数进行判断的，不受分类或者定量变量的影响。

（6）模型评价

与线性回归一样，logistic可能也会面临多个拟合模型的优劣判断问题，logistic模型拟合优度的评价指标主要有Pearson χ^2、Deviance、Hosmer-Lemeshow、AIC等。Pearson χ^2通过比较模型预测与实际观测的事件发生和不发生的频数来检验模型成立的假设，χ^2值越小表示预测值与观测值之间显著性差别越小，模型拟合越好；Deviance通过似然函数测量所设模型与饱和模型之间的差异程度，Deviance越小模型拟合越好。Hosmer-Lemeshow指标和前两种指标类似，但其主要用于对含连续自变量的模型的拟合优度评价，当模型中有连续自变量时，前两种指标不再适用于拟合优度评价，而最好采用Hosmer-Lemeshow指标；如前所述，AIC指标是根据所设模型的最大似然值以及自变量与样本含量对似然值的影响而得出的一个指标，可用于比较不同样本的模型或非嵌套关系的模型，AIC值越小说明模型拟合越好。

（7）进行分析和预测

4. Logistic 回归的 SAS 程序

Logistic回归的SAS程序主要通过proc logistic过程实现，其主要语句包括：

proc logistic 选项；

class 自变量 / 选项；/*必须在model语句之前，可以通过选项指定虚拟变量和对照组*/

model 因变量＝自变量 / 选项；

freq 变量；

run；

proc logistic 语句后面的选项通常包括以下几项。

descending|desc：将默认的因变量较小值与较大值比较改为较大值与较小值比较；

plots（only）=：绘制图形。plots（only）=effect 可以查看多分类自变量与概率 p 是否为线性关系；plots（only）=（effect（link））可以查看多分类自变量与概率 logit（p）是否为线性关系；plots（only）=（effect（link）join=yes）表示在之前的基础上将各类点连接起来；plots（only）=（odds ratio）可以查看多分类自变量各分类的 OR 值图；plots=all 可以绘制所有图形。

Model 语句常用的选项有：

selection=：指定变量选择方法，如前进法（forward）、后退法（backward）、逐步法（stepwise）、最优子集法（maxR、mittR、Rsquare、Adjrsq、Cp）等，缺省时默认为 none；

slentry：指定变量入选标准，适用于变量选择方法为 forward 或 stepwise 时，forward 的默认值为 0.5，stepwise 的默认值为 0.15；

slstay：指定变量剔除标准，适用于变量选择方法为 backward 或 stepwise 时，backward 的默认值为 0.1，stepwise 的默认值为 0.15；

lackfit：给出 Hosmer-Lemeshow 拟合优度指标；

scale=：scale 语句用于对过离散情形的校正。过离散情形主要出现于聚集现象或非独立数据中，主要表现为估计方差大于名义方差。过离散可通过 scale-pearson 或 seale-deviancc 进行调整。如果直接将 scale=none：（即不调整）语句与 aggregate 合用，则输出 Pearson χ^2 和 Deviancc 进行拟合优度检验；

aggregate：该语句与 scale 语句合用，可输出 Pearson χ^2 和 Deviance 值；

tol：给出参数估计值的容忍度；

vif：给出方差膨胀因子；

influence：寻找强影响点，分析每一观测值对参数预测值的影响度；

rsquare：输出广义 R^2，类似于多重线性回归中的决定系数；

influence：输出一系列的模型诊断指标，如 Pearson 残差、Deviance 残差、帽子矩阵对角线、Dfbeta 和 Cook 距离等；

iplots：输出各诊断指标的诊断图，以便更直观地发现异常点；

expb：该选项输出OR值，无95%可信区间。当模型中含交互项时，交互项及交互项所含的变量均不输出OR值，这时只能通过该选项输出OR值；

ctable：采用刀切法输出模型判断分类表，根据"pprob="选项所指定的概率标准值，对二分类因变量进行分类，该选项对多分类因变量无效；

pprob=，指定一个或一系列的概率标准值，当选用ctable时，根据该标准值来判断事件发生与否，大于该标准值表示事件发生，否则表示事件未发生，一般以0.5作为判断标准；

stb：输出标准化回归系数，可用于比较不同变量的作用。

Class语句后常用的选项包括：

param=：指定分类变量的参数比较方法，默认为param=effect，设置虚拟变量时，要设置为param=reference；

ref=：指定虚拟变量的参照组，如ref=first表示以第一类为参照组、ref=last表示以最后类为参照组、ref="女"表示以女为参照组等。如果自变量没有在class语句出现，也没有设置为虚拟变量，则自变量被默认为连续变量。

课后练习：

1. 线性回归的适用条件是什么？如何检测？

2. Logistic回归的基本思想是什么？

3. 线性回归和logistic的模型诊断的区别是什么？

第二节　一元线性回归

例8.1

某研究人员分别用两种不同的方法测量作业场所中某种爆炸性气体含量（两种方法测量单位不同），方法1精确度稍差但操作简单，方法2比较精确但复杂费力，现在想了解用两种方法产生的测量值之间是否有关系，以便以后用方法1预测方法2的测量值。

表8.1 两种方法测量作业场所存在的某种爆炸性气体含量统计

场所编号	1	2	3	4	5	6	7	8	9
方法 1	6.6	8.8	7.7	6.0	7.9	8.6	7.8	6.8	7.3
方法 2	555	589	568	526	571	578	565	559	559

1.确定分析方法

由表8.1可以看出数据为定量数据。本例是研究两种方法之间的关系，但和之前的相关分析不同，是为了通过方法1预测方法2的结果，显然二者之间有主次之分，因此选择回归分析更为合适。本研究可采用线性回归进行分析。

2.创建数据集

本例有两个变量：方法1和方法2的测量数据。自定义方法1的测量数据变量为method1，方法2的测量数据变量为method2。

```
data;
input method1 method2 @@;
cards;
6.6 555 8.8 589  7.7 568  6.0 526  7.9 571  8.6 578  7.8 565  6.8 559  7.3 559
;
run;
```

3.绘制散点图

通过proc gplot绘制散点图。

```
proc gplot;
plot method2*method1;
run;
```

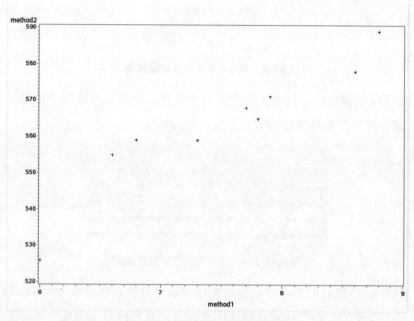

图8.1　例8.1的散点图

从图8.1散点图可以发现，两个测量值之间有线性关系趋势，可视为符合线性条件。

4.进行正态性和方差齐性检验

正态性和方差齐性检验可以通过proc reg过程实现。

proc reg; /* 调用线性回归分析程序 */

model method2=method1/spec; /* 拟合自变量对因变量的关系，执行方差齐性的white检验 */

output out=res r=r; /* 将残差输入数据集res以便进行正态性检验，残差变量为r*/

run;

proc univariate normal data=res;

var r;

run;

第一和第二矩指定检验		
自由度	卡方	Pr > 卡方
2	3.20	0.2018

图8.2　例8.1方差齐性检验结果

由于此步骤是为了检验正态性和方差齐性，所以先看这两个结果，见图8.2。方差齐性检验结果显示方差齐（P=0.2018）。

正态性检验				
检验		统计量	p 值	
Shapiro-Wilk	W	0.961302	Pr < W	0.8118
Kolmogorov-Smirnov	D	0.126354	Pr > D	>0.1500
Cramer-von Mises	W-Sq	0.027329	Pr > W-Sq	>0.2500
Anderson-Darling	A-Sq	0.203659	Pr > A-Sq	>0.2500

图8.3　例8.1残差的正态性检验结果

如图8.3，残差的正态性检验结果显示残差符合正态分布（P=0.8118）。

其实残差的正态性和方差齐性还可以通过观察残差图实现，如果图中残差的散点均匀地分布在0上下，可以认为其符合正态性和方差齐性，但初学者可能觉得有一定的难度。

上述结果表明数据符合线性、正态、方差齐的条件，可以进行线性回归分析。

5.进行线性回归分析

其实在上一步中已经编写了线性回归分析的程序，所以可以直接看结果。Proc reg 主要有三部分结果。

方差分析					
源	自由度	平方和	均方	F 值	Pr > F
模型	1	2173.74041	2173.74041	53.53	0.0002
误差	7	284.25959	40.60851		
校正合计	8	2458.00000			

图8.4　例8.1方差分析结果

第一部分是方差分析结果，见图8.4。从结果可以看出，总体上回归模型有统计学意义（P=0.0002）。

均方根误差	6.37248	R 方	0.8844
因变量均值	563.33333	调整 R 方	0.8678
变异系数	1.13121		

图8.5　例8.1模型评价结果

　　第二部分是模型评价结果，见图8.5，决定系数R^2=0.8844，所以相关系数r=R=0.9404；表明两种方法有很强的相关性。

参数估计					
变量	自由度	参数估计	标准误差	t 值	Pr > |t|
Intercept	1	429.04130	18.47753	23.22	<.0001
method1	1	17.90560	2.44734	7.32	0.0002

图8.6　例8.1模型的参数估计

　　第三部分结果为模型的参数估计，见图8.6。从结果可以看出，截距项（t=23.22，P<0.0001）和回归系数（t=7.2，P=0.0002）均有统计学意义。根据参数估计结果，可以建立模型：method2=429.0413+17.9056method1。

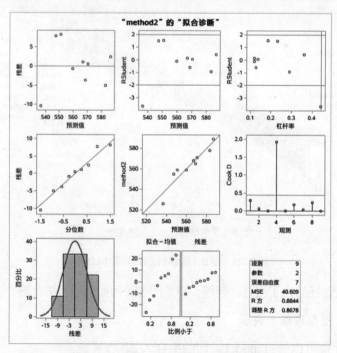

图8.7a　例8.1的线性回归模型拟合图

257

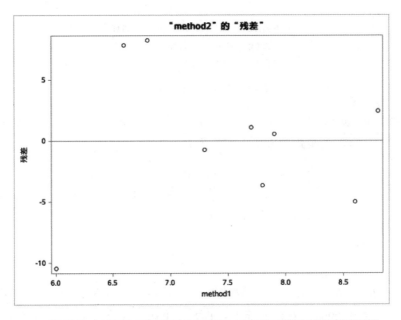

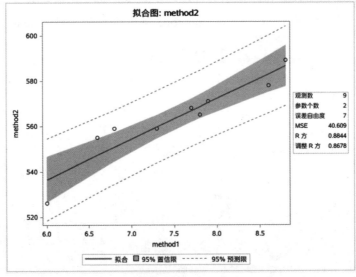

图 8.7b　例 8.1 的线性回归模型拟合图

最后 SAS 还给出了拟合诊断图、残差图和线性回归模型拟合图，详见图 8.7。

6. 进行模型诊断和评价

模型评价可以通过 model 语句的中加入选项 r 实现。

proc reg;

model method2=method1/r;

run;

输出统计量							
观测	因变量	预测值	标准误差均值预测	残差	标砖误差残差	Student残差	Cook D
1	555	547.2183	3.0600	7.7817	5.590	1.392	0.290
2	589	586.6106	3.8255	2.3894	5.096	0.469	0.062
3	568	566.9145	2.1798	1.0855	5.988	0.181	0.002
4	526	536.4749	4.2413	-10.4749	4.756	-2.202	1.929
5	571	570.4956	2.3389	0.5044	5.928	0.085	0.001
6	578	583.0295	3.4292	-5.0295	5.371	-0.936	0.179
7	565	568.7050	2.2475	-3.7050	5.963	-0.621	0.027
8	559	550.7994	2.7289	8.2006	5.759	1.424	0.228
9	559	559.7522	2.1798	-0.7522	5.988	-0.126	0.001

图8.8a 例8.1的残差诊断和图形化学生化残差结果

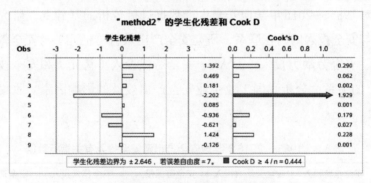

残差和	0
残差平方和	284.25959
预测残差 SS (PRESS)	641.31448

图8.8b 例8.1的残差诊断和图形化学生化残差结果

图8.8给出了残差诊断和图形化学生化残差结果。残差诊断表的第2~8列分别为method2的实际值、预测值和预测值的标准误、残差、残差标准误、学生化残差和Cook's D值。这里主要关注学生化残差和Cook's D值。尤其图形化学生化残差比较直观，如果学生化残差的绝对值大于2，则怀疑其为一个离群点，本例显示4号观测可能是一个离群点。从Cook's D值来看强影响点，图中可以看到第4号观测可能是一个强影响点，结合图8.1可以发现，该观测值对于整个数据来说略有偏移，但影响并不大，因此不做处

理。其实这些结果从之前的拟合诊断图当中也可以看到，但残差诊断结果更为量化。

🖋 **课后练习：**

1. 如何利用 SAS 程序结果对一元线性模型进行诊断和评价？
2. 如果遇到异常点怎么处理？

第三节　多元线性回归

例8.2

在对 1985—2016 年某地安全生产数据进行分析的基础上，研究安全产出效益与安全投入的内在联系，研究安全产出效益（亿元）与安全教育投入（亿元）、安全劳动力投入（万人）、安全劳保投入（亿元）和安全技术投入（亿元）的关系，分析我国工业企业安全产出效益的影响因素。收集的数据见表8.2。

表8.2　1985—2016年某地安全产出及安全投入有关指标数据

年份	安全教育投入（亿元）	安全劳动力投入（万人）	安全劳保投入（亿元）	安全技术投入（亿元）	安全产出效益（亿元）
1985	61	95	62	6.34	26.74
1986	59	100	60	5.13	22.96
1987	78	100	60	6.88	26.01
1988	67	100	60	7.25	28
1989	65	119	61	5.78	30.33
1990	66	120	64	5.44	27
1991	73	130	88	6.68	47
1992	76	120	70	4.13	36.53
1993	76	136	70	5.28	35.67
1994	76	130	70	4.69	31.43
1995	68	126	70	4.25	32.63

年份	安全教育投入 （亿元）	安全劳动力投入 （万人）	安全劳保投入 （亿元）	安全技术投入 （亿元）	安全产出效益 （亿元）
1996	61	136	70	5.15	30.67
1997	78	124	70	5.70	37.67
1998	80	110	70	4.47	36
1999	74	140	70	7.99	40.98
2000	75	130	70	6.47	41.67
2001	66	130	70	6.49	22
2002	55	114	70	8.12	23.33
2003	71	120	70	5.04	25.67
2004	62	130	70	5.01	26
2005	69	130	70	4.38	26.79
2006	45	110	70	10.21	28.59
2007	79	120	70	6.37	30.33
2008	58	110	70	4.38	26.99
2009	65	100	70	6.46	27.86
2010	44	119	70	5.35	22.33
2011	53	105	70	13.87	29.33
2012	62	127	72	7.49	43
2013	62	118	71	4.03	27.33
2014	53	123	73	3.84	18.33
2015	71	129	76	3.82	31
2016	54	106	77	4.35	22.33

1.确定分析方法

该研究的目的是寻找影响因变量的各种可能因素，且变量很明确地分为因变量和自变量，因此可用回归分析。该研究的因变量为连续变量，可考虑用多重线性回归，但仍需进一步验证。

2.创建数据集

通过观察数据表可知，本例需创建五个变量。自定义变量 y 代表安全产出效益，x_1 代表安全教育投入、x_2 代表安全劳动力投入、x_3 安全劳保投入、

x_4安全技术投入。

```
data;

input x1 x2 x3 x4 y @@;

cards;
61   95  62  6.34  26.74   59  100 60  5.13   22.96   78  100 60  6.88   26.01
67   100 60  7.25  28      65  119 61  5.78   30.33   66  120 64  5.44   27
73   130 88  6.68  47      76  120 70  4.13   36.53   76  136 70  5.28   35.67
76   130 70  4.69  31.43   68  126 70  4.25   32.63   61  136 70  5.15   30.67
78   124 70  5.70  37.67   80  110 70  4.47   36      74  140 70  7.99   40.98
75   130 70  6.47  41.67   66  130 70  6.49   22      55  114 70  8.12   23.33
71   120 70  5.04  25.67   62  130 70  5.01   26      69  130 70  4.38   26.79

45   110 70  10.21 28.59   79  120 70  6.37   30.33   58  110 70  4.38   26.99
65   100 70  6.46  27.86   44  119 70  5.35   22.33   53  105 70  13.87  29.33
62   127 72  7.49  43      62  118 71  4.03   27.33   53  123 73  3.84   18.33
71   129 76  3.82  31      54  106 77  4.35   22.33
;

run;
```

3. 绘制散点图

散点图可以通过proc gplot逐一绘制，也可以通过proc corr过程同时绘制所有变量之间的散点图，更方便观察。

```
proc corr plots=matrix（histogram）; /*plots选项要求绘制变量的散点图矩阵并且在对角线的位置显示各变量的分布 */

var x1 x2 x3 x4 y;

run;
```

从图8.9可以看出，y和四个自变量之间大致呈线性关系，符合线性回归的条件。

4. 进行正态性和方差齐性检验

正态性和方差齐性检验可以通过proc reg过程实现。

```
proc reg;

model y=x1 x2 x3 x4 /r;

output out=res r=r;
```

run;

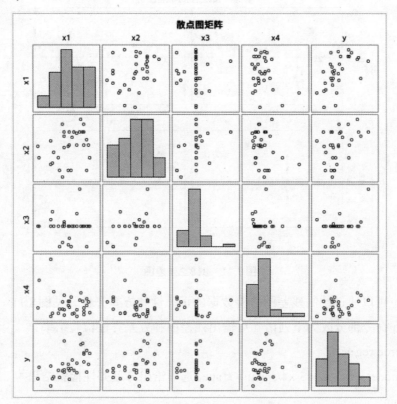

图8.9　例8.2安全投入劳动力与安全产出效益关系的散点图

proc univariate normal data=res;

var r;

run;

第一和第二矩指定检验		
自由度	卡方	Pr > 卡方
14	11.68	0.6322

图8.10　例8.2正态性统计结果

正态性检验结果表明（见图8.10），残差符合正态分布（P=0.6322）。

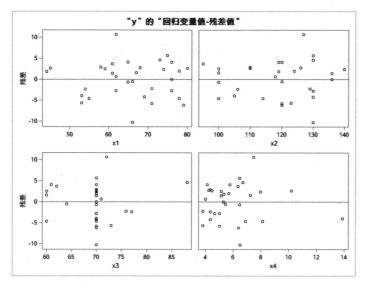

图8.11　例8.2残差图

也可以通过绘制残差图检验数据的正态性和方差齐性，见图8.11。将上述程序命令部分改为下列语句可输出残差图和方差齐性检验结果：

proc reg;

model y=x1 x2 x3 x4/spec;　　/*spec选项给出方差齐性检验结果 */

run;

方差分析					
源	自由度	平方和	均方	F 值	Pr > F
模型	4	835.92911	208.98228	9.75	<.0001
误差	27	578.57558	21.42873		
校正合计	31	1414.50469			

图8.12　例8.2方差齐性检验结果

根据图8.12中方差齐性检验结果，可以认为满足方差齐性（P<0.001）。残差图结果表明，4个变量的绝大多数残差围绕0在上下波动，且分布均匀，方差无扩大或缩小的趋势，可以认为符合等方差性条件。

综合以上结果来看，该数据满足多重线性回归的应用条件。

5.进行单因素分析

为了初步探索y和4个自变量之间的关系，先进行单因素分析。注意单因素分析的结果并不可靠，单因素分析只是为了初步研究变量之间的关系，排除一些与因变量关系不大的自变量。单因素分析可通过如下程序实现。

```
proc reg;
model y=x1;
model y=x2;
model y=x3;
model y=x4;
run;
```

单因素分析结果如图8.13所示：

参数估计					
变量	自由度	参数估计	标准误差	t 值	Pr > |t|
Intercept	1	4.56469	6.95005	0.66	0.5163
x1	1	0.38841	0.10469	3.71	0.0008

参数估计					
变量	自由度	参数估计	标准误差	t 值	Pr > |t|
Intercept	1	1.38447	10.81882	0.13	0.8990
x2	1	0.24119	0.09047	2.67	0.0123

参数估计					
变量	自由度	参数估计	标准误差	t 值	Pr > |t|
Intercept	1	-2.44493	14.83889	-0.16	0.8702
x3	1	0.46796	0.21289	2.20	0.0358

参数估计					
变量	自由度	参数估计	标准误差	t 值	Pr > |t|
Intercept	1	27.42489	3.74760	7.32	<.0001
x4	1	0.44489	0.59516	0.75	0.4606

图8.13　例8.2单因素分析结果

单因素分析的结果表明，x1、x2、x3、x4 的参数估计均具有统计学意义（P=0.0008、0.0123、0.0358），四个自变量都可以加入模型进行多因素分析。需要注意的是，由于单因素分析只是探索性分析，所以检验水准不是使用0.05。根据研究者的需要，如果某自变量比较重要，也可以将检验水准放宽到0.1甚至更大。检验水准需要研究者根据研究目的，通过分析实际情况等进行设定。

6.进行多因素分析

```
proc reg;
model y=x1 x2 x3 x4;
run;
```

方差分析					
源	自由度	平方和	均方	F 值	Pr > F
模型	4	835.92911	208.98228	9.75	<.0001
误差	27	578.57558	21.42873		
校正合计	31	1414.50469			

图8.14　例8.2方差分析结果

多因素分析结果主要有三个部分。第一部分是对整个模型的总体检验，见图8.14。结果表明，模型总体有统计学意义（F=9.75，P<0.0001），表明模型拟合总体有效。

均方根误差	4.62912	R 方	0.5910
因变量均值	30.07813	调整 R 方	0.5304
变异系数	15.39031		

图8.15　例8.2模型拟合结果

第二部分为模型的拟合结果，见图8.15。R^2=0.5910，表明这两个变量总共可以解释安全产出的59.1%。

参数估计					
变量	自由度	参数估计	标准误差	t 值	Pr > |t|
Intercept	1	-44.77697	13.36950	-3.35	0.0024
x1	1	0.41672	0.09314	4.47	0.0001
x2	1	0.11029	0.08278	1.33	0.1939
x3	1	0.38807	0.17719	2.19	0.0373
x4	1	1.23922	0.42810	2.89	0.0074

图8.16　例8.2自变量的检验结果

第三部分是对模型中每个自变量的检验结果，见图8.16。结果表明，安全教育投入、安全劳保投入、安全技术投入这三个变量均有统计学意义，安全劳动力投入无统计学意义。因此，根据上述分析，可以建立回归模型：

$$y=-44.7770+0.4167*x_1+0.3881*x_3+1.2392*x_4;$$

回归模型表明在其他条件不变的情况下，安全教育投入每增加1亿元，安全产出就增加0.4167亿元；安全劳保投入每增加1亿元，安全产出就增加0.3881亿元；安全技术投入每增加1亿元，安全产出就增加1.2392亿元。

需要注意的是，有时模型拟合会遇到自变量单位不同的情况，在单位不一致的情况下，不太容易比较自变量对因变量影响的大小。对于单位不同的自变量，如果想要比较他们对因变量的影响谁大谁小，可以考虑采用标准化回归系数消除单位不同造成的影响，直接比较不同变量对因变量的影响。假设该例几个变量单位不同，将上述程序中的model语句加入stb选项，即可输出标准化回归系数。

```
proc reg;
model y=x1 x2 x3 x4/stb;
run;
```

输出的标准化参数估计如图8.17所示。

参数估计						
变量	自由度	参数估计	标准误差	t 值	Pr > |t|	标准化估计
Intercept	1	-44.77697	13.36950	-3.35	0.0024	0
x1	1	0.41672	0.09314	4.47	0.0001	0.60169
x2	1	0.11029	0.08278	1.33	0.1939	0.20011
x3	1	0.38807	0.17719	2.19	0.0373	0.30886
x4	1	1.23922	0.42810	2.89	0.0074	0.37666

图8.17 例8.2标准化参数结果

从标准化回归系数估计（最后一列）来看，安全教育投入对安全产出的影响最大，影响值为0.60169；其次是安全技术投入，其影响值为0.37666；安全劳保投入的影响值最小，为0.30886。因此四个变量对安全产出效益影响从大到小依次为：安全教育投入＞安全技术投入＞安全劳保投入＞安全劳动力投入。

课后练习：

1. 多元线性回归需要满足什么条件？

2. 多元线性回归的步骤是什么？

第四节　Logistic 回归

一、单因素 logistic 回归分析

例8.3

某职业病研究所为探究噪声与听力损失的关系，在某厂随机抽取2000名正常听力的工人，根据噪声暴露水平分为高噪声组和低噪声组。随访3年后，由于部分工人无完整数据，最终共对1889例研究对象完成了听力损失诊断。诊断结果表明：高噪声组存在听力损失的有31人，无听力损失者为447人；低噪声组存在听力损失的有168人，无听力损失者为1243人，详见表8.3。欲分析噪声暴露对听力损失患病的诊断是否有指导价值。

表8.3　噪声暴露与听力损失诊断统计

组别	无听力损失	有听力损失	合计
暴露组	1243	168	1411
非暴露组	447	31	478
合计	1690	199	1889

1.确定分析方法

从表格可以看出，数据是频数，数据类别为分类资料，分组变量是噪声暴露情况，分析变量是听力损失情况，均为二分类变量，表格为四格表资料。这个例子的数据是之前第六章的例6.1，例6.1的研究目的是分析噪声暴露组和非暴露组听力损失患病率是否有差异，属于差异性检验，之前选择了卡方检验进行差异性分析。本例想研究噪声暴露情况对听力损失患病的诊断是否有价值，即想知道噪声暴露是否对听力损失有影响，有明确的主次关系，因此更适用于回归分析（用卡方检验也可以，见后续例题）。自变量只有一个，因此该分析为一元 logistic 分析。

2.创建数据集

自定义变量exposed代表是否暴露，0代表非暴露组，1代表暴露组；变量hearloss代表是否有听力损失，0代表无听力损失，1代表有听力损失；变

量 f 代表频数。

```
data;
do exposed=0 to 1;
do hearloss=0 to 1;
input f@@;
output;
end;
end;
cards;
447 31
1243 168
;
run;
```

3.进行 logistic 回归

proc logistic desc；/*data 过程以 1 表示有听力损失，0 表示无听力损失，因此加入选项 desc，将默认方式中对较小赋值（hearloss=0）求解改为对较大赋值（hearloss=1）求解，更符合研究的目的*/

model hearloss=exposed;

freq f;　/*指定 f 为频数变量 */

run;

模型信息	
数据集	WORK.DATA1
响应变量	hearloss
响应水平数	2
频数变量	f
模型	二元 Logit
优化方法	Fisher 评分法

读取的观测数	4
使用的观测数	4
读取的频数总和	1889
使用的频数总和	1889

图8.18a　例8.3的模型信息

响应概略		
有序值	hearloss	总频数
1	1	199
2	0	1690

建模的概率为 hearloss=1。

图 8.18b　例 8.3 的模型信息

结果主要有五部分。第一部分是对模型信息的简单介绍，见图 8.18。该结果汇总了数据的因变量水平有两个，属于二分类变量；"建模的概率为 hearloss=1" 提示模型是对 hearloss=1 求解。

模型拟合统计量		
准则	仅截距	截距和协变量
AIC	1273.957	1263.744
SC	1279.500	1274.831
-2 Log L	1271.957	1259.744

图 8.19　例 8.3 模型拟合度信息

第二部分是模型拟合度信息，见图 8.19。第二列表示模型中不加入任何自变量而仅有截距项时的 AIC、SC、$-2LogL$ 值，第三列数据表示加入自变量 exposed 后三个指标的值。两列数据进行比较可以看出，加入自变量后 AIC、SC、$-2LogL$ 均降低，模型拟合效果变好。

检验全局原假设: BETA=0			
检验	卡方	自由度	Pr > 卡方
似然比	12.2128	1	0.0005
评分	11.1332	1	0.0008
Wald	10.7926	1	0.0010

图 8.20　例 8.3 模型总体检验结果

第三部分是模型总体检验结果，见图 8.20。似然比检验、评分检验和 Wald 检验均表明，模型有统计学意义（P=0.0005、P=0.0008、P=0.001）。

最大似然估计分析					
参数	自由度	估计	标准误差	Wald 卡方	Pr > 卡方
Intercept	1	-2.6686	0.1857	206.4426	<.0001
exposed	1	0.6672	0.2031	10.7926	0.0010

图 8.21a　例 8.3 参数估计和优比估计结果

优比估计		
效应	点估计	95% Wald 置信限
exposed	1.949	1.309	2.902

图8.21b　例8.3参数估计和优比估计结果

第四部分是参数估计和优比估计结果，见图8.21。各自变量的参数估计采用的是Wald χ^2检验。由于只有一个自变量，因此参数估计结果与第三部分结果中的Wald χ^2检验值相等，且有统计学意义（P=0.001）。危险度估计结果显示，exposed=1的人群hearloss=1的风险是exposed=0的人群的1.949倍。

预测概率和观测响应的关联			
一致部分所占百分比	22.3	Somers D	0.109
不一致部分所占百分比	11.5	Gamma	0.322
结值百分比	66.2	Tau-a	0.021
对	336310	c	0.554

图8.22　例8.3预测概率与观测值之间的关联指标

第五部分是预测概率与观测值之间的关联指标，重点关注c值，其代表ROC曲线下的面积，见图8.22。本例的c值为0.554，一般ROC曲线下面积大于0.9为预测价值较高，0.75~0.9为预测价值中等，小于0.75为预测价值较低。所以本例提示该企业的噪声暴露对听力损失的预测价值较低，说明在该企业，噪声暴露虽然会影响听力损失的患病率，但并不能以此进行听力损失的预测。

细心的读者可能已经发现，logistic回归的单因素分析结果与χ^2检验结果是一致的，且logistic回归中参数估计的Wald χ^2=（参数估计值$\pm 1.96 \times$标准误）^{2}，OR=exp（参数估计值），OR值的可信区间为exp（参数估计值$\pm 1.96 \times$标准误）。

4.给出结论

综合上述分析结果，该企业噪声暴露情况对听力损失的影响有统计学意义，暴露人群发生听力损失的风险是非暴露人群的1.949倍。但暴露与否对听力损失的诊断价值并不高。

值得说明的是，logistic回归对预测还可以提供更多的结果，比如在

model语句中调用ctable选项来计算诊断的灵敏度、特异度等，读者可自行尝试。

二、多因素 logistic 回归分析

例8.4

某政府安全生产监管部门想研究其监管范围内导致企业发生安全生产事故的主要因素，在监管范围内随机抽取200个过去1年曾经发生过事故和未发生过事故的企业，进一步调研了企业成立时间（0~5年、5年以上）、企业规模（产业以上、产业以下）、年全面安全大检查次数（次）、近1年未遂事故次数（次）、是否配备专职安全管理员（是或否）等信息。因数据较多，此处省略数据表格。

1.确定分析方法

由案例描述可知，研究的目的是企业发生事故（是或否）的影响因素，可以采用回归分析方法进行研究。是否发生事故是二分类变量，故可以采用logistic回归进行分析。

2.建立数据集

该例拟设置如下变量：企业发生事故（是或否）、企业成立时间（0~5年、5年以上）、企业规模（产业以上、产业以下）、年全面安全大检查次数（1次、2次、3次以上）、近1年未遂事故次数（0次、1次、2次以上）、是否配备专职安全管理员（是或否）。自定义变量accident表示事故，0代表无事故，1代表有事故；establish代表企业成立时间，0代表<5年，1代表≥5年；nearac代表未遂事故次数，0代表0次，1代表1次，2代表≥2次；scale代表企业规模，0代表产业以下，1代表产业以上；times代表年全面安全大检查次数，1代表1次，2代表2次，3代表≥3次；manager代表是否配备专职安全管理员，0代表已配备，1代表未配备。

```
data;
input accident establish scale times nearac manager @@;
cards;
```

```
0 0 0 1 0 0   0 0 0 2 0 0   0 0 0 1 0 0
0 0 0 3 2 0   0 0 0 1 0 0   0 0 0 1 0 0
0 0 0 2 0 0   0 0 0 1 2 0   0 0 0 1 0 0
```

… /* 中间数据太多，此处略去 */

```
1 1 1 1 2 1   1 1 1 1 1 1   1 1 1 2 1 1
1 1 1 2 1 1   1 1 1 1 1 1   1 1 1 2 1 0
1 1 1 3 2 1   1 1 1 3 2 1   1 1 1 1 1 1
;
```

run;

3.检查线性关系

本例中，accident、establish、scale、manager都是二分类变量的形式，可以直接加入模型，但nearac和times是次数，还需考察这些变量是否与logit（P）符合线性关系，以判断是否可以直接进入模型。如果不符合线性关系，则需要将这些变量先虚拟化或做其他变换。可以利用proc logistic语句的plots选项给出logit（P）与事故发生accident的关系。

proc logistic desc plots（only）=（effect（link join = yes））; /*desc改变默认的比较顺序，改为accident=1对accident=0进行比较；plots（only）=（effect（link join = yes））表示多分类自变量与概率logit（p）是否为线性关系，并将各类点连接起来*/

class times/param=reference ref=first;　/* param=reference 为参照组的均值及其它组与参照组的差值，ref=first表示以第一类为参照组 */

model accident=times;

run;

proc logistic desc plots（only）=（effect（link join = yes））; /*desc改变默认的比较顺序，改为accident=1对accident=0进行比较*/

class nearac/param=reference ref=first;

model accident= nearac;

run;

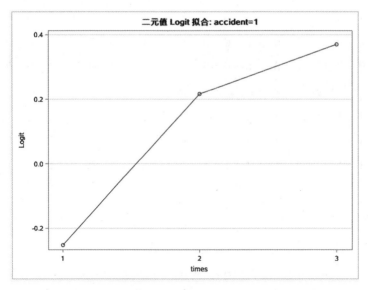

图8.23　例8.4的logit（P）与times关系图

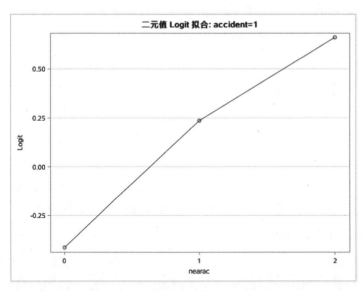

图8.24　例8.4的logit（P）与nearac关系图

　　结果包括了logistic回归的内容，但本部分的目的是检查线性关系条件，所以只看logit（P）与times和nearac的关系图即可。从图8.23、图8.24中可以看出，times和nearac与logit（P）均无线性关系，所以应将数据变换为虚拟变量（哑变量）再放入模型。

4.构造哑变量

data;

input accident establish scale times nearac manager @@;

if times=2 then times2=1; else times2=0; /*构造哑变量 times，如果 times 为2，则该哑变量为1，如果 times 不为2，则该哑变量为0。这一过程可以理解为判断 times 是否为2的过程，如果是，则 times2=1，如果不是，则 times2=0。*/

if times=3 then times3=1; else times3=0;

if nearac=1 then nearac1=1; else nearac1=0;

if nearac=2 then nearac2=1; else nearac2=0;

cards;

```
0  0  0  1  0  0    0  0  0  2  0  0    0  0  0  1  0  0
0  0  0  3  2  0    0  0  0  1  0  0    0  0  0  1  0  0
0  0  0  2  0  0    0  0  0  1  2  0    0  0  0  1  0  0
…   /*中间数据太多，此处略*/
1  1  1  1  2  1    1  1  1  1  1  1    1  1  1  2  1  1
1  1  1  2  1  1    1  1  1  1  1  1    1  1  1  2  1  0
1  1  1  3  2  1    1  1  1  3  2  1    1  1  1  1  1  1
;
```

run;

5.进行单因素 Logistic 回归分析

/*对 establish 进行单因素分析*/

proc logistic desc;

model accident=establish;

run;

/*对 scale 进行单因素分析*/

proc logistic desc;

model accident =scale;

run;

/* 对 times 进行单因素分析 */

proc logistic desc;

model accident =times2 times3; /* 这 里 也 可 以 写 成 "class times
（param=reference ref=first）; model accident =times; " 结果是一样的 */

run;

/* 对 nearac 进行单因素分析 */

proc logistic desc;

model accident =nearac1 nearac2;

run;

/* 对 manager 进行单因素分析 */

proc logistic desc;

model accident =manager;

run;

最大似然估计分析					
参数	自由度	估计	标准误差	Wald 卡方	Pr > 卡方
Intercept	1	-0.1164	0.1457	0.6381	0.4244
establish	1	0.2396	0.2007	1.4261	0.2324

（1）变量 establish 的单因素分析结果

最大似然估计分析					
参数	自由度	估计	标准误差	Wald 卡方	Pr > 卡方
Intercept	1	-0.5079	0.1535	10.9499	0.0009
scale	1	0.9439	0.2066	20.8627	<.0001

（2）变量 scale 的单因素分析结果

最大似然估计分析					
参数	自由度	估计	标准误差	Wald 卡方	Pr > 卡方
Intercept	1	-0.2526	0.1429	3.1241	0.0771
times2	1	0.4688	0.2271	4.2633	0.0389
times3	1	0.6230	0.2806	4.9302	0.0264

（3）变量 times 的单因素分析结果

最大似然估计分析					
参数	自由度	估计	标准误差	Wald 卡方	Pr > 卡方
Intercept	1	-0.4138	0.1441	8.2448	0.0041
nearac1	1	0.6501	0.2460	6.9832	0.0082
nearac2	1	1.0761	0.2582	17.3619	<.0001

（4）变量nearac的单因素分析结果

最大似然估计分析					
参数	自由度	估计	标准误差	Wald 卡方	Pr > 卡方
Intercept	1	-0.2817	0.1180	5.6994	0.0170
manager	1	1.1335	0.2419	21.9584	<.0001

（5）变量manager的单因素分析结果

图8.25 例8.4的单因素分析结果

从图8.25可以看出，除establish对accident的影响无统计学意义外，其他因素对accident的影响均有统计学意义。所以可以考虑在模型中去掉establish进行多因素分析。

6. 多因素分析

proc logistic desc;

model accident=scale times2 times3 nearac1 nearac2 manager/aggregate scale=none; /*aggregate和scale输出Pearson χ^2和Deviance值来评价拟合优度*/

run;

模型信息	
数据集	WORK.DATA8
响应变量	accident
响应水平数	2
模型	二元 Logit
优化方法	Fisher 评分法

读取的观测数	400
使用的观测数	400

响应概略		
有序值	accident	总频数
1	1	201
2	0	199

建模的概率为 accident=1。

图8.26 例8.4的模型拟合基本信息

结果主要包括五个部分。第一部分是模型拟合基本信息，见图8.26。

偏差和 Pearson 拟合优度统计量			
准则	值	自由度	值/自由度	Pr > 卡方
偏差	45.1216	26	1.7354	0.0114
Pearson	38.3862	26	1.4764	0.0557

模型拟合统计量		
准则	仅截距	截距和协变量
AIC	556.508	516.382
SC	560.499	544.323
-2 Log L	554.508	502.382

图8.27　例8.4的模型拟合优度结果

第二部分是模型拟合优度结果，见图8.27。Deviance（偏差）和 Pearson χ^2 的P值均较低且值都大于1，提示模型拟合不充分。一般 Deviance 和 Pearson χ^2 的值如果大于1，模型可能存在过离散；如果小于1，模型可能存在欠离散。过离散现象更为常见，在这种情况下，模型可能存在一些问题，比如存在异常值、缺少自变量、需要分析交互项等。模型的 AIC、SC 和 −2logL 结果表明在只含截距项的模型中加入自变量后，这三个值均变小，模型变优。

检验全局原假设: BETA=0			
检验	卡方	自由度	Pr > 卡方
似然比	51.7014	5	<.0001
评分	49.1594	5	<.0001
Wald	44.3846	5	<.0001

图8.28　例8.4的模型总体检验结果

第三部分是模型总体检验结果，见图8.28。三种检验方法均表明模型有统计学意义（P<0.0001）。

最大似然估计分析					
参数	自由度	估计	标准误差	Wald 卡方	Pr > 卡方
Intercept	1	-1.0374	0.2026	26.2132	<.0001
scale	1	0.7775	0.2202	12.4646	0.0004
times2	1	0.2770	0.2523	1.2050	0.2723
times3	1	0.0426	0.3472	0.0151	0.9023
nearac1	1	0.2825	0.2715	1.0828	0.2981
nearac2	1	0.9052	0.3128	8.3757	0.0038
manager	1	0.9282	0.2551	13.2433	0.0003

图8.29a　例8.4的模型参数估计和优比估计结果

优比估计			
效应	点估计	95% Wald 置信限	
scale	2.176	1.413	3.350
times2	1.319	0.804	2.163
times3	1.044	0.528	2.061
nearac1	1.326	0.779	2.258
nearac2	2.472	1.339	4.564
manager	2.530	1.535	4.171

图8.29b　例8.4的模型参数估计和优比估计结果

第四部分是模型参数估计和优比估计结果，见图8.29。可以看出 times2、nearac1的影响无统计学意义（P=0.2723、0.2981）。

预测概率和观测响应的关联			
一致部分所占百分比	66.2	Somers D	0.379
不一致部分所占百分比	28.3	Gamma	0.401
结值百分比	5.6	Tau-a	0.190
对	39999	c	0.689

图8.30　例8.4的预测概率与观察值之间的关联指标

第五部分是预测概率与观测值之间的关联指标，见图8.30。由于本例主要是寻找影响因素，这部分结果用处不大。

7.模型诊断

多因素分析结果与单因素分析结果不同，times2、nearac1的影响无统计学意义，且模型拟合优度结果显示模型拟合欠佳，故应确定是否存在异常点或者多重共线性，对模型拟合造成了影响。寻找异常点可以由以下程序实现：

```
proc logistic desc;
model accident =scale times2 times3 nearac1 nearac2 manager/influence
iplots;  /*influence对各种异常点进行诊断分析，iplots输出相应的诊断图 */
run;
```

共线性诊断可以通过第七章的卡方检验分析各自变量之间的相关性。

回归诊断													
Pearson 残差	偏差残差	Hat 矩阵对角	Intercept DfBeta	scale DfBeta	times2 DfBeta	times3 DfBeta	nearac1 DfBeta	nearac2 DfBeta	manager DfBeta	置信区间替换 C	置信区间替换 CBar	Delta 偏差	Delta 卡方
-0.5953	-0.7789	0.00793	-0.0534	0.0271	0.0196	0.00953	0.0111	0.0127	0.0116	0.00286	0.00283	0.6095	0.3572
-0.6837	-0.8758	0.0146	-0.0356	0.0314	-0.0575	-0.0179	0.0352	0.0334	0.0102	0.00702	0.00692	0.7740	0.4744
-0.5953	-0.7789	0.00793	-0.0534	0.0271	0.0196	0.00953	0.0111	0.0127	0.0116	0.00286	0.00283	0.6095	0.3572
-0.9562	-1.1396	0.0236	-0.0326	0.0623	0.00826	-0.0750	-0.00846	-0.0438	0.0173	0.0227	0.0221	1.3208	0.9364
-0.5953	-0.7789	0.00793	-0.0534	0.0271	0.0196	0.00953	0.0111	0.0127	0.0116	0.00286	0.00283	0.6095	0.3572
-0.5953	-0.7789	0.00793	-0.0534	0.0271	0.0196	0.00953	0.0111	0.0127	0.0116	0.00286	0.00283	0.6095	0.3572
-0.6837	-0.8758	0.0146	-0.0356	0.0314	-0.0575	-0.0179	0.0352	0.0334	0.0102	0.00702	0.00692	0.7740	0.4744
-0.9360	-1.1218	0.0271	-0.0617	0.0431	0.0686	0.0931	-0.0325	-0.1271	0.0327	0.0251	0.0244	1.2828	0.9005
-0.5953	-0.7789	0.00793	-0.0534	0.0271	0.0196	0.00953	0.0111	0.0127	0.0116	0.00286	0.00283	0.6095	0.3572
-0.5953	-0.7789	0.00793	-0.0534	0.0271	0.0196	0.00953	0.0111	0.0127	0.0116	0.00286	0.00283	0.6095	0.3572

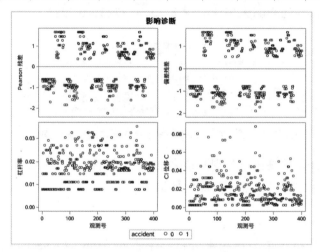

图8.31　例8.4的异常点诊断结果

表 "nearac2-times3" 的统计量			
统计量	自由度	值	概率
卡方	1	88.3322	<.0001
似然比卡方检验	1	76.7977	<.0001
连续调整卡方	1	85.4860	<.0001
Mantel-Haenszel 卡方	1	88.1114	<.0001
Phi 系数		0.4699	
列联系数		0.4253	
Cramer V		0.4699	

图8.32　例8.4的共线性诊断结果

　　结果给出了所有数据的诊断结果：Deviance残差（偏差残差）、帽子（Hab）矩阵对角线、Dfbeta值（Intercept DfBeta）、Cook距离、CBAR、

Delta偏差和Delta 卡方等。异常点和相关性诊断两部分的结果比较长，这里不再全部展示。异常点检测中未发现异常点，见图8.31。共线性诊断过程中发现times3和nearac2有中等程度的相关性（r=0.4253，P<0.001），所以考虑在模型中去掉其中的一个，见图8.32。从研究目的的角度看，根据海因里希的1:29:300的理论，认为未遂事故对发生事故的影响更大，所以这里考虑优先在模型中剔除times3，即大检查次数。对于上述结果提示的过离散，可以通过Pearson χ^2 来调整，方法是在model选项中加入scale=pearson。

8. 重新进行多元logistic回归分析

proc logistic desc;

model accident=scale nearac manager/aggregate rsquare scale=pearson;

/* rsquare输出广义 R^2，scale=pearson 表示用Pearson χ^2 来调整模型的过离散 */

run;

偏差和 Pearson 拟合优度统计量			
准则	值	自由度	值/自由度	Pr > 卡方
偏差	35.8113	18	1.9895	0.0075
Pearson	31.4624	18	1.7479	0.0254

R 方	0.0718	最大重新换算 R 方	0.1312

图8.33a 对例8.4重新进行多元logistic回归分析的结果

最大似然估计分析					
参数	自由度	估计	标准误差	Wald 卡方	Pr > 卡方
Intercept	1	-1.0330	0.2636	15.3556	<.0001
scale	1	0.7804	0.2894	7.2722	0.0070
times2	1	0.2657	0.3110	0.7303	0.3928
nearac1	1	0.2874	0.3551	0.6549	0.4184
nearac2	1	0.9246	0.3569	6.7100	0.0096
manager	1	0.9253	0.3357	7.5978	0.0058

图8.33b 对例8.4重新进行多元logistic回归分析的结果

结果仍然有五部分，这里不再一一展示。由于用Pearson χ^2 调整了模型（每次模型的调整因子不同，只有相同的调整因子才能比较），所以拟合优度指标无法和之前的模型进行比较。新模型的参数估计结果表明，scale、 nearac2、manager均有统计学意义，但仍显示模型过离散，见图8.33。由于 R^2 较小（0.0718），可以考虑在模型中加入交互作用分析项。

9.模型中加入交互作用项进行分析

proc logistic desc;

model accident=scale nearac manager scale*manager/aggregate scale=pearson rsquare expb;

/*交互作用即模型中将两个或多个变量用"*"连接，当作自变量进行分析。expb输出OR值*/

run;

偏差和 Pearson 拟合优度统计量

准则	值	自由度	值/自由度	Pr > 卡方
偏差	10.8458	7	1.5494	0.1455
Pearson	10.4299	7	1.4900	0.1655

R 方	0.0984	最大重新换算 R 方	0.1626

最大似然估计分析

参数	自由度	估计	标准误差	Wald 卡方	Pr > 卡方	Exp(Est)
Intercept	1	-0.8297	0.2300	13.0162	0.0003	0.436
scale	1	0.4063	0.2743	2.1938	0.1386	1.501
times2	1	0.2448	0.2663	0.8445	0.3581	1.277
nearac1	1	0.3019	0.3067	0.9684	0.3251	1.352
nearac2	1	0.8837	0.3054	8.3745	0.0038	2.420
manager	1	-0.1240	0.4714	0.0692	0.7925	0.883
scale*manager	1	1.7651	0.6196	8.1153	0.0044	5.842

图8.34　例8.4加入交互作用项后的分析结果

拟合优度结果显示，加入交互作用项后，Pearson χ^2 和 Deviance 值明显降低，且变得无统计学意义，R^2 也更大，提示加入交互项后模型更优，见图8.34。参数估计结果显示，交互作用项有统计学意义（P=0.0044）。但参数估计结果显示scale和manager本身无统计学意义，说明accident可能受这二者不同组合的交互作用影响，而非单独效应。所以考虑继续深入研究二者的交互效应。由于二者有四种组合方式：scale=0，manager=0；scale=0，manager=1；scale=1，manager=0；scale=1，manager=1。考虑据此构造新的虚拟变量，取scale=0，manager=0为对照组。

data;

input accident establish scale times nearac manager @@;

if scale=1 and manager=0 then new1=1; else new1=0;

if scale=0 and manager=1 then new2=1; else new2=0;

if scale=1 and manager=1 then new3=1; else new3=0;

cards;

```
0  0  0  1  0  0    0  0  0  2  0  0    0  0  0  1  0  0
0  0  0  3  2  0    0  0  0  1  0  0    0  0  0  1  0  0
0  0  0  2  0  0    0  0  0  1  2  0    0  0  0  1  0  0
```

…　/*中间数据太多，此处略*/

```
1  1  1  2  1  1    1  1  1  1  1  1    1  1  1  2  1  1
1  1  1  2  1  1    1  1  1  1  1  1    1  1  1  2  1  0
1  1  1  3  2  1    1  1  1  3  2  1    1  1  1  1  1  1
;
```

run;

继续对新变量进行logistic回归分析。

proc logistic desc;

model accident=nearac new1 new2 new3/aggregate rsquare scale=pearson;

/* rsquare 输出广义 R^2，scale=pearson 表示用 Pearson χ^2 来调整模型的过离散 */

run;

最大似然估计分析						
参数	自由度	估计	标准误差	Wald 卡方	Pr > 卡方	Exp(Est)
Intercept	1	-0.8297	0.2300	13.0162	0.0003	0.436
times2	1	0.2448	0.2663	0.8445	0.3581	1.277
nearac1	1	0.3019	0.3067	0.9684	0.3251	1.352
nearac2	1	0.8837	0.3054	8.3745	0.0038	2.420
new1	1	0.4063	0.2743	2.1938	0.1386	1.501
new2	1	-0.1240	0.4714	0.0692	0.7925	0.883
new3	1	2.0473	0.4099	24.9438	<.0001	7.747

图8.35a　例8.4加入scale和manager交互作用虚拟变量后的分析结果

优比估计		
效应	点估计	95% Wald 置信限
times2	1.277	0.758 2.153
nearac1	1.352	0.741 2.467
nearac2	2.420	1.330 4.403
new1	1.501	0.877 2.570
new2	0.883	0.351 2.225
new3	7.747	3.469 17.301

图 8.35b　例 8.4 加入 scale 和 manager 交互作用虚拟变量后的分析结果

分析表明，拟合优度与之前相同但参数估计发生了变化，见图 8.35。交互作用分析结果表明，nearac2 对 accident 的影响有统计学意义（P=0.0038），scale 和 manager 的对 accident 的影响主要是交互作用的影响，尤其是 new3（scale=1 and manager=1 即产业规模以上且配备了专职安全管理员）所代表的影响（P<0.0001）。

10. 给出结论

Logistic 分析结果表明：企业发生未遂事故对发生事故的影响是显著的，每增加一个等级，风险是前一个等级的 2.42 倍；企业规模和是否配备专职安全管理员对发生事故的影响是交互的，本例中产业规模以上且未配备专职安全生产管理人员的企业更容易发生事故，风险是产业规模以下且配备了专职安全管理员的 7.474 倍，表明监管部门应该加强对监管范围内该类别企业的监督检查。

✎ **课后练习：**

1. Logistic 回归适用于什么样的数据分析？

2. Logistic 回归需满足什么条件？

3. Logistic 回归分析时出现异常点和多重共线性应如何诊断？

4. 如何解读 logistic 回归的模型诊断结果？

第九章　其他常用统计分析方法

教学目的

1.了解主成分分析、聚类分析和生存分析的基本原理和应用条件。

2.熟悉主成分分析、聚类分析和生存分析模型的诊断与评价方法。

3.掌握主成分分析、聚类分析和生存分析的分析方法及其结果解释。

📖 **教学要求**

1.熟练使用proc reg过程并在指定条件下对资料进行简单线性回归分析并分析检验结果。

2.熟练使用proc princomp对资料进行主成分回归分析并分析检验结果。

3.熟练使用proc cluster、proc varclus过程进行聚类分析。

4.熟练使用proc lifetest和proc phreg过程实现生存分析。

第一节　主成分分析

一、主成分分析

在进行数据统计或者收集时，时常会遇到有很多变量的情况，如果将其全部放在模型里，会使模型非常复杂；有时，模型自变量间因存在相关性而导致的多重共线性用上一章介绍的线性模型剔除变量或者数据变换都无法解决，主成分分析就是一种解决这些问题的方法。

主成分分析的主要作用是使模型中的变量不再那么多，也就是将数据降维。其通过将多个变量的信息，比如有较强相关性的变量，组合构成新的变量，从而将原有的多变量压缩成为几个综合变量，这几个综合变量就是所谓的主成分。需要注意的是，主成分回归并没有筛选变量的功能，所以切忌将自变量较多的数据全部塞进主成分回归中进行分析，正确做法是通过线性回归等对变量进行筛选后再进行主成分回归分析。

主成分分析一般需先解决变量单位不统一的问题，所以一般会先对变量进行标准化处理，以去除不同量纲对数据值差异的影响，然后提取主成分。提取的主成分为原始变量的线性组合，类似如下格式：

$$\begin{cases} Y_1 = a_{11}x_1 + a_{12}x_2 + ... + a_{1n}x_n \\ Y_2 = a_{21}x_1 + a_{22}x_2 + ... + a_{2n}x_n \\ ... \\ Y_n = a_{n1}x_1 + a_{n2}x_2 + ... + a_{nn}x_n \end{cases} \qquad (9\text{-}1)$$

其中，数据 $X = (x_1, x_2, \cdots, x_n)$ 为待提主成分的矩阵数据，通过对 X 数据的线性变化可提取出主成分 Y_1, Y_2, $\cdots$, Y_n，各主成分间互不相关。主成分 Y_1, Y_2, $\cdots$, Y_n 为数据 X 中各变量的线性组合，且系数满足 $a_{i1}^2 + a_{i2}^2 + ... + a_{in}^2 = 1$：使各主成分分别与数据 X 线性组合中方差最大的组合，即主成分 Y_1 为变量 $x_1, x_2, \cdots, x_n$ 所有线性组合中方差最大的，主成分 Y_2 为与主成分 Y_1 最不相关的与变量 $x_1, x_2, \cdots, x_n$ 所有线性组合中方差次小的，以此类推。理论上讲，可以提取 n 个主成分，但分析时取前几个主成分即可代表所有变量的信息。

上述过程的计算是通过计算协方差矩阵实现的。假设原始数据 X 具有 p 个观测，n 个变量，其协方差矩阵的计算公式为：

$$V_{ij} = \frac{1}{p-1} \sum_{k=1}^{p} (x_{ki} - \overline{x}_i)(x_{kj} - \overline{x}_j) \qquad (9\text{-}2)$$

然后计算协方差矩阵的特征值（λ_1, λ_2, $\cdots$, λ_n），与特征值对应的特征向量即为主成分的载荷系数 a_{ij}。特征值代表了主成分所涵盖的信息，第一主成分的特征值最大，即其涵盖的信息最多，第二主成分次之，以此类推。一般取前几位的主成分就可以涵盖大部分的模型信息，取几个主成分（主成分数）一般通过累计贡献率来确定，主成分的累计贡献率表示提取的主成分对原始变量的解释能力，一般特征值大于1且累计贡献率达到80%即可认为该主成分下的信息已基本代表了原始的数据。

找到主成分后，有时还需要继续进行主成分的回归，即将得到的主成分加入线性回归模型，得到最终的回归模型。这里需要注意的是，这一步只是将主成分还原为标准化系数，还需要第二次还原，将标准化系数还原为原始变量系数，具体参见例9.1。

二、主成分分析的 SAS 程序

主成分分析主要通过proc princomp过程实现，该过程主要语句包括：

proc princomp 选项；

by 变量列表；

freq 变量；

id 变量列表；

partial 变量列表；/*指定需要进行偏相关或协方差分析的矩阵，可用于对var语句指定的变量的剩余主成分分析*/

var 变量列表；

weight 变量；

run；

Proc princom语句后的常用选项包括：

outstat=数据集名：创建一个包含means（均值）、standard deviations（标准差）、number of observations（观测数）、correlations（相关矩阵）、covanances（协方差矩阵）、eigenvalues（特征值）和eigenvectors（特征向量）等统计量的数据集。

cov：指定主成分分析时以协方差矩阵为基础计算，缺省时将从相关矩阵出发计算主成分。一般情况下，只有主成分的数据已标准化，或数据中的不同变量的量纲是可比较的才使用该选项。

n=正整数：指定需要计算的主成分数，条件为0<n<自变量个数。缺省时主成分数为自变量总数n。

prefix=主成分名：指定主成分分析后输出的主成分名，默认情况下为主成分1，主成分2，……用户如果指定主成分名为"prefix=name"，输出的第一主成分名即name1，name2等。

std:指定输出结果（out=数据集名）中包含标准化的主成分值，如果省略该参数，系统将输出未标准化的主成分值。

plots=参数：绘图参数设置，控制绘制的图形，之前章节已经讲过，不再赘述。

三、案例实践

例9.1

某地区公布了2000—2013年建筑施工安全生产形势分析报告，并按照事故类别和年份提供施工安全事故统计数据，给出建筑行业所有安全事故类别和发生频数等数据。建筑施工安全事故按照标准分为8类：高处坠落、坍塌、物体打击、触电、机具伤害、起重伤害、中毒和窒息以及其他伤害，详见表9.1。通过主成分分析法提取综合指标，对该地区建筑施工安全事故的状况进行分析。

表9.1 某地区2000—2013年建筑施工行业所有事故发生类别和占比统计

（单位：%）

年份	高处坠落	坍塌	物体打击	触电	机具伤害	起重伤害	中毒和窒息	其他伤害
2000	45.43	12.35	14.86	8.64	7.43	4.65	3.04	3.6
2001	48.46	13.82	15.64	6.82	7.24	2.86	2.98	2.18
2002	52.52	13.63	13.82	7.35	6.42	2.85	2.33	1.08
2003	51.32	14.98	12.43	7.21	6.25	2.96	2.1	2.75
2004	53.1	14.43	10.57	7.18	6.72	3.1	1.8	3.1
2005	45.52	18.61	11.82	6.54	5.87	5.53	2.51	3.6
2006	41.03	20.61	12.79	8.78	6.2	5.2	2.3	3.09
2007	45.45	20.36	11.56	6.62	6.43	4.84	2.96	1.78
2008	46.83	21.45	13.44	5.66	4.2	5.12	2.1	1.2
2009	44.56	18.82	15.46	5.34	5.98	6.43	1.86	1.55
2010	47.44	15.02	16.61	4.63	5.91	7.03	1.28	2.08
2011	53.14	14.77	12.05	4.92	3.4	8.32	0.34	3.06
2012	52.06	14.21	11.73	3.7	4.74	10.7	1.85	3.7
2013	52.68	14.54	13.68	2.6	2.88	11.26	1.2	1.16

1.确定分析方法

一般自变量较多时可以考虑主成分分析的方法，线性模型具有多重共线性时也可以考虑主成分回归。本案例为了讲解主成分分析的过程，直接根据案例要求采用主成分分析的方法。

2.创建数据集

根据数据表，一共有9个变量，自定义year表示年份，变量x1、x2、x3、x4、x5、x6、x7和x8分别表示高处坠落、坍塌、物体打击、触电、机具伤害、起重伤害、中毒和窒息以及其他伤害。

```
data;

input year x1-x8;

label x1='高处坠落' x2='坍塌' x3='物体打击' x4='触电' x5='机具
伤害' x6='起重伤害'

x7='中毒和窒息' x8='其他伤害'; /*为8个变量设置标签*/

cards;
```

2000	45.43	12.35	14.86	8.64	7.43	4.65	3.04	3.6
2001	48.46	13.82	15.64	6.82	7.24	2.86	2.98	2.18
2002	52.52	13.63	13.82	7.35	6.42	2.85	2.33	1.08
2003	51.32	14.98	12.43	7.21	6.25	2.96	2.1	2.75
2004	53.1	14.43	10.57	7.18	6.72	3.1	1.8	3.1
2005	45.52	18.61	11.82	6.54	5.87	5.53	2.51	3.6
2006	41.03	20.61	12.79	8.78	6.2	5.2	2.3	3.09
2007	45.45	20.36	11.56	6.62	6.43	4.84	2.96	1.78
2008	46.83	21.45	13.44	5.66	4.2	5.12	2.1	1.2
2009	44.56	18.82	15.46	5.34	5.98	6.43	1.86	1.55
2010	47.44	15.02	16.61	4.63	5.91	7.03	1.28	2.08
2011	53.14	14.77	12.05	4.92	3.4	8.32	0.34	3.06
2012	52.06	14.21	11.73	3.7	4.74	10.7	1.85	3.7
2013	52.68	14.54	13.68	2.6	2.88	11.26	1.2	1.16

```
;

run;
```

3.进行主成分分析

proc princomp out=prin; /*将主成分分析结果输出到数据集prin，在后续如果有需要可以继续进行主成分回归*/

var x1–x8;

run;

观测	14
变量	8

简单统计量							
	x1	x2	x3	x4	x5	x6	x7	x8
均值	48.53857143	16.25714286	13.31857143	6.142142857	5.690714286	5.775000000	2.046428571	2.423571429
StD	3.92010568	3.02310444	1.79048278	1.773458935	1.374853639	2.744423021	0.754908116	0.963332414

图9.1　例9.1的基本统计信息

结果共包括五个部分。第一部分给出了基本的观测和变量信息，见图9.1。包括观测数、变量数、各变量均数（均值）、标准差。

相关矩阵									
		x1	x2	x3	x4	x5	x6	x7	x8
x1	高处坠落	1.0000	-.6578	-.2887	-.4537	-.3910	0.2066	-.5118	-.0698
x2	坍塌	-.6578	1.0000	-.1893	0.0968	-.1203	-.0539	0.1538	-.2286
x3	物体打击	-.2887	-.1893	1.0000	-.0777	0.1887	-.0221	0.0735	-.4014
x4	触电	-.4537	0.0968	-.0777	1.0000	0.7869	-.8351	0.6547	0.2931
x5	机具伤害	-.3910	-.1203	0.1887	0.7869	1.0000	-.7839	0.7573	0.2334
x6	起重伤害	0.2066	-.0539	-.0221	-.8351	-.7839	1.0000	-.6069	0.0376
x7	中毒和窒息	-.5118	0.1538	0.0735	0.6547	0.7573	-.6069	1.0000	0.0668
x8	其他伤害	-.0698	-.2286	-.4014	0.2931	0.2334	0.0376	0.0668	1.0000

图9.2　例9.1的变量相关系数矩阵

第二部分给出了变量的相关系数矩阵，见图9.2。从相关系数可以看出本例有几对变量，如x1和x2、x1和x8等之间有强相关性。

相关矩阵的特征值			
	特征值	差分	比例	累积
1	3.53251581	1.89642623	0.4416	0.4416
2	1.63608959	0.26144001	0.2045	0.6461
3	1.37464957	0.51638415	0.1718	0.8179
4	0.85826542	0.46525034	0.1073	0.9252
5	0.39301508	0.26221649	0.0491	0.9743
6	0.13079860	0.06100742	0.0163	0.9907
7	0.06979118	0.06491644	0.0087	0.9994
8	0.00487474		0.0006	1.0000

图9.3　例9.1的相关系数矩阵的特征值

第三部分给出了相关矩阵的特征值计算结果，见图9.3。后四列分别给出了特征值、特征值差（差分）、方差贡献率（比例）和累计贡献率（累积）。主成分分析计算了全部8个特征值，图9.3中的第一列的特征值按照从大到小排列，可以看出，前三个主成分特征值均大于1，且第一主成分的累计贡献率为44.16%，第二主成分的方差贡献率为20.45%，第三主成分的方差贡献率为17.18%，这三个主成分的累计贡献率已达到81.79%。因此可以认为选择前三个主成分可较好地反映数据的信息。

		特征向量							
		Prin1	Prin2	Prin3	Prin4	Prin5	Prin6	Prin7	Prin8
x1	高处坠落	-.324912	0.490281	-.203457	-.440880	0.106473	0.088431	0.202095	0.598572
x2	坍塌	0.104343	-.597348	0.487294	-.196090	-.101360	0.282367	0.198570	0.476389
x3	物体打击	0.051881	-.316274	-.683427	0.429970	-.215082	-.029728	0.324599	0.304670
x4	触电	0.485530	0.150176	0.090174	-.089724	-.376235	-.626328	-.259917	0.352320
x5	机具伤害	0.482101	0.175816	-.187463	0.092056	0.063386	0.643713	-.491691	0.181401
x6	起重伤害	-.445495	-.121181	0.142435	0.457876	0.332004	-.189746	-.512277	0.385037
x7	中毒和窒息	0.452512	-.045366	-.030484	0.000068	0.813466	-.227088	0.272274	0.069400
x8	其他伤害	0.097259	0.482249	0.435416	0.596761	-.120852	0.131678	0.410470	0.108793

图9.4 例9.1相关系数矩阵的特征向量

第四部分给出了所有的8个特征向量和各主成分在8个变量上的得分系数，见图9.4。从这一分析结果上看，触电、机械伤害、中毒和窒息在第一主成分得分较高，可以认为第一主成分综合反映了触电、机械伤害、起重伤害、中毒和窒息的信息。第一主成分的表达式为（为节省篇幅，系数保留2位小数）：

$$\mathrm{Prin1} = -0.33X_1 + 0.10X_2 + 0.05X_3 + 0.49X_4 + 0.48X_5 - 0.45X_6 + 0.45X_7 + 0.10X_8$$

高处坠落、坍塌、其他伤害在第二主成分得分较高，可以认为第二主成分综合反映了坍塌、其他伤害的信息。第二主成分的表达式为：

$$\mathrm{Prin3} = -0.2X_1 + 0.49X_2 - 0.68X_3 + 0.09X_4 - 0.19X_5 + 0.14X_6 - 0.03X_7 + 0.44X_8$$

物体打击在第三主成分得分较高，可以认为第三主成分主要反映物体打击的信息。第三主成分的表达式为：

$$\mathrm{Prin3} = -0.2X_1 + 0.49X_2 - 0.68X_3 + 0.09X_4 - 0.19X_5 + 0.14X_6 - 0.03X_7 + 0.44X_8$$

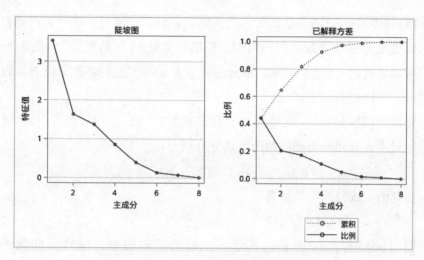

图9.5　例9.1主成分的陡坡图和已解释方差

最后给出了8个主成分的陡坡图和已解释方差，从图9.5中能够更加直观的看到各主成分特征值的变化和各主成分对模型解释的贡献与累积贡献率。

4. 给出结论

至此，我们通过主成分分析法提取了3个综合指标prin1、prin2和prin3来反映某地区建筑施工行业的事故情况，以后也可以利用这3个综合指标对该地区的建筑施工行业进行分析。

5. 进行主成分回归

其实主成分分析也可以完成回归过程，尤其是在多重共线性导致线性回归无法实现的时候。过程是以选出的主成分为自变量，以原有的因变量为因变量，进行主成分回归。假设将选出的主成分输入数据集prin中，共得到2个主成分prin1、prin2，因变量为y，则主成分回归程序为：

Proc reg data=prin;

Model y=prin1 prin2;

Run;

跟之前的线性回归一样，该程序的运行结果最终会给出每个主成分的参数估计模型，如：

$$y = a + b_1 prin1 + b_2 prin2$$

将 prin1 和 prin2 的表达式带入上面的回归模型，通过计算可以得到自变量对因变量的标准化系数回归模型，标准化变量=（原始变量－均数）/标准差，可以通过例9.1结果中第一部分的均数和标准差进行转换，读者可以自行尝试。举例如下：

假设原模型包括 x_1（均数为10，标准差为1）和 x_2（均数为5，标准差为2），通过主成分回归得到的两个主成分分别为：

$$prin1 = 0.5x_1 + 0.2x_2 \quad ; \quad prin2 = 0.2x_1 + 0.7x_2$$

得到的主成分回归模型为：

$$y = 2 + 3\,prin1 + 2\,prin2$$

则将 prin1 和 prin2 的表达式带入上面的回归模型，得到标准化系数模型：

$$y = 2 + 3(0.5x_1 + 0.2x_2) + 2(0.2x_1 + 0.7x_2) = 2 + 1.9x_1 + 2x_2$$

通过（标准化变量=（原始变量－均数）/标准差）对系数进行转换，得到最终回归模型：

$$y = 2 + 1.9 \times \frac{x_1 - 10}{1} + 2 \times \frac{x_2 - 5}{2} = -22 + 1.9x_1 + 2x_2$$

✒ **课后练习：**

1. 主成分分析的基本思想是什么？

2. 如何解释主成分分析的结果？

第二节　聚类分析

一、聚类分析介绍

1.聚类分析

聚类分析是通过计算数据之间的距离或者变量之间的相关关系，根据一定准则将距离更近或相关性更强数据进行分类的统计方法。聚类分析不需要数据服从某种分布，在聚类分析中主要对数据的统计规律进行分类。分类后各类内的数据差异较小，类与类之间的差异较大。

聚类分析的本质是计算数据之间的相关统计量，以相关统计量反映数据的相似度，从而进行分类。聚类分析的统计指标主要为距离系数和相关系数。距离系数指标主要包括明氏距离、兰式距离、欧式距离、切比雪夫距离、明科夫斯基距离、绝对值距离等；相关系数指标主要包括夹角余弦、相关系数等。

目前常用的聚类分析方法包括系统聚类、变量聚类和快速聚类。

（1）系统聚类

系统聚类的基本思想是计算所有的样本（变量）两两之间的距离，根据距离的远近对样本进行分类。假设有n个观测，系统聚类一般先将所有观测各自归为一类，即n类，然后计算观测的两两距离，再将距离最小的聚为一类，于是整体就变为了n–1类，之后依此类推，直到最后所有的数据归为一类。

（2）变量聚类

变量聚类的基本思想是以相关性来判断变量之间的关系，把相关性相对强的归为一类，而类的选择主要是在主成分变换的基础上（见上一节），使各类的第一主成分对该类数据的解释能力最强。变量聚类最初将所有的变量看作一类，然后选择一个类对数据进行分裂，类选择的依据为主成分所解释的方差百分比最小，或第二主成分的特征值最大，再把选中的类分裂为两个类，将变量重新归类，以此往复循环直到满足停止聚类的条件。

（3）快速聚类

当统计样本的容量较大时，采用上述两类方法效率比较低。快速聚类的基本思想是首先将数据分为若干类，然后以类间样本（变量）的距离较小为原则，不断调整分类的结果，使最后的数据分类产生类内距离最小、类间距离最大的最优效果。在分类过程中应首先随机或根据用户经验选择若干个样本作为凝聚点，计算各观测到凝聚点的距离，就近将观测划入最近的分类，再根据新分类结果重新计算每一类的凝聚点，以此类推直至达到最优分类效果。

二、聚类分析的 SAS 程序

本节会介绍三种聚类的 SAS 程序实现方式，在案例实践部分主要介绍前两种聚类分析。

1. 系统聚类

一般通过 proc cluster 过程进行系统聚类分析，主要语句包括：

proc cluster 选项；

var 变量列表；

id 变量；/*指定需要进行系统聚类分析的观测序号*/

run；

proc tree；/*根据 cluster 过程的结果，绘制聚类分析谱系图，SAS9.4 版的 proc cluster 过程会自动给出聚类分析谱系结果，所以该过程可以不写*/

id 变量；

run；

其中 proc cluster 语句后的选项包括：

method=方法名：用于指定聚类分析的方法，为必写选项，共有 11 种方法可供选择，包括 method=singl 或 sin（最短距离法）、method=complete 或 com（最长距离法）、method=centroid 或 cen（重心距离平均法）、method=average 或 ave（平均距离平均法）、method=median 或 med（中间距离平均法）、method=ward 或 war（最小离均差平方和法）、method=flexible 或 fle（可变类平均法）、method=density 或 den（密度估计法）、method=eml（最大似然谱系聚类法）、method=mcquitty 或 mcq（相似分析法）、method=twostage 或 two（两阶段密度估计法）；

outtree=数据集名：指定保存绘制谱系图数据的输出数据集名；

standard：要求对标准化后的数据集（均值为 0，标准差为 1）进行聚类分析；

nonorm：类间距离不进行标准化；

rsquare 或 rsq：输出每一种聚类的 R^2（复相关系数的平方）和半偏 R^2（半偏复相关系数的平方）；

pseudo，计算判断分类数的伪 F 和伪 R^2 统计量；

ccc 选项，计算 R^2、半偏 R^2 和三次方聚类标准，可用于判断聚类效果；

simple，输出数据中每个变量的简单描述性统计结果，包括标准差，均值等；

print=n，输出聚类分析中最后 n 层的计算结果。

proc tree 过程的常用选项包括：

out=数据集名，输出最后的分类结果到数据集；

horizontal，输出横向谱系图，默认为输出纵向谱系图；

page=n，控制谱系图绘制所需的页数；

space，控制绘制的谱系图上指标变量之间的距离；

nclusters=选项，指定最后分类数量。

2. 变量聚类的 SAS 程序

可通过 proc varclus 过程实现变量聚类，常用的语句包括：

proc varclus 选项；

var 变量列表；

run;

Proc varclus 后常用的选项包括：

outtree=数据集名，指定保存用于绘制谱系图的数据集；

outstat=数据集名，指定存储聚类分析统计量的数据集；

cov，指定变量聚类中分析协方差矩阵，缺省时为相关矩阵；

proportion=数值，指定每一类中变量的变异至少被解释的百分比，需为 0~1 的小数，或 1~100 的正数，且二者等价，即 proportion=0.10 与 proportion=10 等价；

maxeigen，指定所有类中第二特征值的上限，超过此上限时将分割为两类；

maxc，指定最大类别数，缺省时默认为自变量数；

minc，指定最小类别数；

corr，输出相关矩阵；

simple，输出变量的基本统计参数。

另外，proc varclus 过程也可以通过其计算的数据 outtree 进一步绘制谱系图，方法与 cluster 过程相同。

3. 快速聚类的 SAS 程序

可以使用 proc fastclus 进行快速聚类分析，常用的语句包括：

proc fastclus 选项；

var 变量列表；

id 观测序号；

run；

Proc fastclus 后常用的选项包括：

distance，输出各类别均值间的距离；

cluster=变量名，设置生成的结果数据集中，存储观测属于哪一类变量的名字，默认为 cluster。

out=数据集名，指定储存原始数据集、distance 和 cluster 中存储的变量数据集；

seed=数据集名，指定初始凝聚点的数据集；

mean=数据集名，指定存储统计量的数据集；

maxclusters=k，指定允许的最大分类个数，即最大凝聚点的个数，默认为 100；

radius=t，设置凝聚点选择的最小距离准则。当观测点与已有凝聚点的最小距离均大于 t 值时，该观测可考虑作为新的凝聚点；

replace=full|part|random|none 设置聚类分析中凝聚点替换的方法，包括 full（一般替换方式，默认选项）、part（观测和最近的凝聚点的距离大于凝聚点之间的最小距离时替换）、random（选择伪随机样本作为凝聚点）、none（禁止替换凝聚点）；

list: 列出最终的分类结果，其中包括观测的序号、观测的分类号、观测到凝聚点的距离。

值得注意的是，与之前的两个过程不同，proc fastclus 不能自动确定类别数，需要读者自行指定，该过程也不会对数据进行标准化处理，所以经常需要使用 proc standard 进行数据标准化，该过程也无法输出谱系图。

三、系统聚类分析

例9.2

依据2012年国家安全生产监督管理总局对全国31个省市安全生产事故的统计数据，31个省（市、自治区）事故起数、死亡人数、受伤人数和人口数，通过这些数据计算出万人事故率、万人死亡率和万人受伤率等指标，如表9.2所示，试根据万人事故率、万人死亡率和万人受伤率指标对这些地区进行分类。

表9.2　2012年国内安全生产事故统计

省市	事故（起）	死亡（人）	受伤（人）	人口（万人）	万人事故率	万人死亡率	万人受伤率
北　京	23	52	96	1538	1.495	3.381	6.241
天　津	7	18	53	1043	0.672	1.726	5.082
河　北	42	174	177	6851	0.614	2.541	2.583
山　西	67	675	263	3355	1.995	20.119	7.839
内蒙古	34	99	116	2386	1.426	4.15	4.862
辽　宁	33	146	53	4221	0.781	3.458	1.255
吉　林	17	36	20	2716	0.404	1.326	0.736
黑龙江	59	272	238	3820	1.545	7.12	6.23
上　海	31	50	133	1778	1.743	2.812	7.481
江　苏	58	151	196	7475	0.776	2.019	2.622
浙　江	132	328	340	4898	2.695	6.696	6.942
安　徽	84	245	192	6120	1.372	4.004	3.136
福　建	71	185	157	3535	2.008	5.233	4.442
江　西	31	116	73	4311	0.719	2.691	1.694
山　东	47	248	715	9248	0.51	2.68	7.731
河　南	47	227	158	9380	0.502	2.42	1.685
湖　北	78	225	283	5710	1.367	3.941	4.956
湖　南	62	271	242	6326	0.981	4.284	3.826
广　东	101	344	385	9194	1.099	3.742	4.188
广　西	115	407	345	4660	2.467	8.733	7.404
海　南	8	20	11	828	0.967	2.417	1.329

续 表

省市	事故（起）	死亡（人）	受伤（人）	人口（万人）	万人事故率	万人死亡率	万人受伤率
四 川	126	442	330	8212	1.534	5.382	4.018
贵 州	111	434	388	3730	2.976	11.636	10.402
云 南	115	409	489	4450	2.584	9.191	10.99
西 藏	10	49	79	277	3.61	17.689	28.52
重 庆	62	208	259	2798	2.215	7.433	9.257
陕 西	69	286	220	3720	1.855	7.688	5.912
甘 肃	46	155	123	2594	1.774	5.975	4.743
青 海	9	48	36	543	1.657	8.84	6.63
宁 夏	10	52	71	596	1.678	8.725	11.913
新 疆	33	170	96	2010	1.644	8.458	4.778
全 国	1732	6542	6337	128320	1.35	5.098	4.938

1. 确定分析方法

本例要求对这些地区进行分类，目标为对观测的分类，应采用系统聚类分析。

2. 创建数据集

根据数据表格，用变量 area 表示省（市、自治区）名称，变量 x1、x2 和 x3 分别表示万人事故率、万人死亡率、万人受伤率。

data;

input area $ x1-x3;

cards;

北京	1.495	3.381	6.241
天津	0.672	1.726	5.082
河北	0.614	2.541	2.583
山西	1.995	20.119	7.839
内蒙古	1.426	4.15	4.862
辽宁	0.781	3.458	1.255
吉林	0.404	1.326	0.736

黑龙江	1.545	7.12	6.23
上海	1.743	2.812	7.481
江苏	0.776	2.019	2.622
浙江	2.695	6.696	6.942
安徽	1.372	4.004	3.136
福建	2.008	5.233	4.442
江西	0.719	2.691	1.694
山东	0.51	2.68	7.731
河南	0.502	2.42	1.685
湖北	1.367	3.941	4.956
湖南	0.981	4.284	3.826
广东	1.099	3.742	4.188
广西	2.467	8.733	7.404
海南	0.967	2.417	1.329
四川	1.534	5.382	4.018
贵州	2.976	11.636	10.402
云南	2.584	9.191	10.99
西藏	3.61	17.689	28.52
重庆	2.215	7.433	9.257
陕西	1.855	7.688	5.912
甘肃	1.774	5.975	4.743
青海	1.657	8.84	6.63
宁夏	1.678	8.725	11.913
新疆	1.644	8.458	4.778

```
;
run;
```

3.进行聚类分析

```
proc cluster method=ave outtree=ot standard pseudo ccc;    /* method=ave
```

表示使用类平均法；outtree=ot 表示将聚类过程输入数据集 ot 中以便绘制谱系图；standard 表示聚类前将数据进行标准化处理；pseudo 表示输出伪 f 统计量和伪 t2 统计量；ccc 表示计算 r^2、半偏 r^2 和三次方聚类标准，用于判断聚类效果 */

    var x1–x3;

    id area; /*指出聚类过程中的识别变量为 area*/

    proc tree data=ot horizontal; /* 根据数据集 ot 绘制聚类过程的谱系图，选项 horizontal 表示绘制横向谱系图 */

    run;

CLUSTER 过程
类平均聚类分析

相关矩阵的特征值

	特征值	差分	比例	累积
1	2.49822431	2.21401861	0.8327	0.8327
2	0.28420570	0.06663571	0.0947	0.9275
3	0.21756999		0.0725	1.0000

已将数据标准化成均值为 0 且方差为 1

根均方总样本标准差	1

观测之间的根均方距离	2.44949

图9.6　例9.2数据相关系数矩阵的特征值信息和根均方距离

系统聚类的结果主要包括四个部分。第一部分是相关系数特征值表，给出了特征值、特征值之差（差分）、贡献率（比例）和累积贡献率（累积）等特征值信息，同时给出了根均方总样本标准差和根均方距离，详见图9.6。

第二部分给出了聚类历史和整个系统聚类的全过程信息，包含合并类的步骤以及相关统计量。可以看出，系统聚类共进行了30步，在每一步都合并了两个类，第一步首先将内蒙古和湖北合为一类，因为由类平均法计算的这两个样本间的距离最小……然后，在第五步将北京和CL30合为一类等，以此类推，直到最后一步合并后成为一类。表中后几列显示了当前步对应的各种统计量，其中 R^2 统计量可用于评价聚类的效果，值越大说明聚类的效果越好。随着分类的进行，R^2 统计量不断降低，但是其减少的量并不是随着分类数的增加而一直增加或减少的，从图9.7中可以看到在第3步，R^2统计量的减少较多，从0.885下降到0.768，所以可以考虑以分为5类的结果为最终的分类结果，而读者也可以通过半偏R^2的值确定分类数。半偏R^2值为上一步的R^2与该步R^2的差值，其值越大，说明上一步的聚类效果越好。最后一列则给出了两个类在合并之前的平均距离。

聚类数	连接聚类		频数	半偏R方	R方	近似期望R方	立方聚类条件	伪F统计量	伪t方	Norm RMS Distance	结值
30	内蒙古	湖北	2	0.0000	1.00	.	.	751	.	0.0371	
29	湖南	广东	2	0.0002	1.00	.	.	251	.	0.0847	
28	辽宁	江西	2	0.0002	.999	.	.	209	.	0.0861	
27	河北	河南	2	0.0003	.999	.	.	187	.	0.0935	
26	北京	CL30	3	0.0008	.998	.	.	123	17.4	0.1354	
25	CL27	江苏	3	0.0007	.998	.	.	106	2.5	0.1357	
24	CL28	海南	3	0.0007	.997	.	.	98.4	3.0	0.1359	
23	福建	甘肃	2	0.0007	.996	.	.	96.5	.	0.142	
22	青海	新疆	2	0.0008	.995	.	.	93.9	.	0.1536	
21	陕西	CL22	3	0.0009	.995	.	.	91.9	1.1	0.1597	
20	CL25	CL24	6	0.0017	.993	.	.	80.5	3.5	0.1651	
19	安徽	四川	2	0.0010	.992	.	.	81.7	.	0.1694	
18	黑龙江	CL21	4	0.0011	.991	.	.	82.3	1.3	0.1747	
17	CL26	CL19	5	0.0022	.989	.	.	76.0	3.6	0.1965	
16	浙江	广西	2	0.0017	.987	.	.	75.3	.	0.2272	
15	CL17	CL29	7	0.0044	.983	.	.	64.3	5.2	0.2439	
14	CL20	吉林	7	0.0029	.980	.	.	63.0	3.9	0.244	
13	天津	山东	2	0.0020	.978	.	.	65.6	.	0.2462	
12	CL16	重庆	3	0.0029	.975	.	.	66.7	1.7	0.2792	
11	CL18	CL23	6	0.0066	.968	.	.	60.7	7.7	0.3001	
10	贵州	云南	2	0.0032	.965	.	.	64.2	.	0.3096	
9	CL15	上海	8	0.0071	.958	.	.	62.5	5.0	0.374	
8	CL13	CL14	9	0.0152	.943	.	.	54.0	12.3	0.4191	
7	CL9	CL11	14	0.0302	.912	.	.	41.7	14.1	0.4319	
6	CL12	CL10	5	0.0118	.901	.888	0.93	45.3	4.5	0.4414	
5	CL6	宁夏	6	0.0155	.885	.863	1.44	50.1	3.2	0.5807	
4	CL7	CL8	23	0.1172	.768	.828	-2.5	29.8	30.9	0.6484	
3	CL4	CL5	29	0.2474	.521	.773	-5.7	15.2	28.8	0.998	
2	CL3	山西	30	0.1342	.386	.645	-3.6	18.3	7.8	1.5267	
1	CL2	西藏	31	0.3864	.000	.000	0.00	.	18.3	2.5092	

图9.7 例9.2的系统聚类过程（部分）

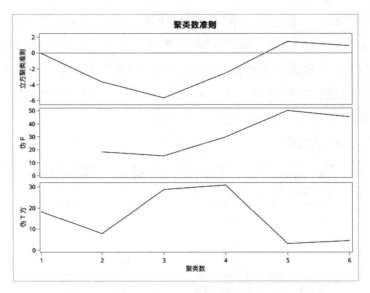

图9.8　例9.2的聚类准则结果

　　第三部分为聚类数准则，给出了伪T方、伪F和立方聚类准则的结果，详见图9.8。

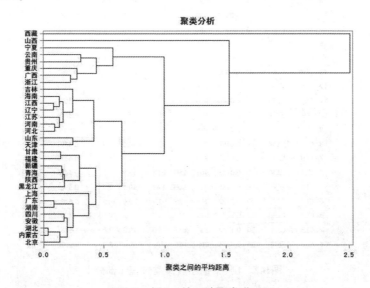

图9.9　例9.2的系统聚类谱系图

　　第四部分为绘制的聚类谱系图，见图9.9。从谱系图中可以直观地了解整个系统聚类的过程。根据上述如果判断分为5类，查看谱系可得分类结果如下：

第一类，北京、内蒙古、湖北、安徽、四川、湖南、广东、上海；

第二类，黑龙江、陕西、青海、新疆、福建、甘肃；

第三类，天津、山东、河北、河南、江苏、辽宁、江西、海南、吉林；

第四类，浙江、广西、重庆、贵州、云南、宁夏；

第五类，山西、西藏。

从数据表和分类结果可以看出，山西和西藏这两个省（自治区）发生的事故率最高，伤亡人数百分比也最高，所以被分为一类；而吉林、海南、江西、辽宁等地区，发生的事故率和伤亡率都较低，因此被分为一类，以此类推。

四、变量聚类分析

例9.3

表9.3所示为某市某年10个下辖地区企业职工人均安全投入支出统计情况，试对其反映支出基本情况的变量进行聚类分析。

表9.3　某企业职工人均安全投入支出统计情况

（元）

地区	基本保障	个体防护	警示标志	安全宣传	保险	应急物资	自动报警	应急演练	通信交通	隐患排查	教育
1	1.46	13.22	4.75	4.70	2.23	18.74	8.01	8.33	118.20	281.78	107.56
2	2.88	26.32	7.64	8.98	2.54	53.49	23.05	29.70	221.55	423.56	225.34
3	1.80	25.88	8.33	10.53	3.26	32.30	22.02	8.98	61.89	292.55	87.90
4	2.33	29.24	5.75	10.32	3.35	62.79	24.68	37.44	136.34	252.34	84.90
5	1.37	15.56	5.85	5.88	1.79	31.89	20.19	9.22	94.56	177.68	81.56
6	2.75	18.22	8.75	6.75	2.93	27.92	21.16	9.45	100.34	176.45	112.49
7	3.14	12.34	7.23	4.12	2.00	32.68	18.72	8122	86.78	148.34	118.47
8	0.95	12.55	5.31	4.33	3.14	21.65	6.54	9.05	84.12	112.99	41.58
9	1.33	16.34	6.42	5.61	2.73	16.15	9.48	4.56	83.22	102.30	82.70
10	1.50	19.55	7.74	6.84	2.45	26.77	15.81	10.22	134.78	213.44	127.58

1.确定分析方法

本例要求对地区进行分类，目标为对观测的分类，所以采用系统聚类分析。

2.创建数据集

根据数据表格，用变量 aera 表示地区，变量 $x_1 \sim x_{11}$ 分别按顺序表示表中的各自变量。

```
data;
input aera x1-x11;
cards;
```

1	1.46	13.22	4.75	4.70	2.23	18.74	8.01	8.33	118.20	281.78	107.56
2	2.88	26.32	7.64	8.98	2.54	53.49	23.05	29.70	221.55	423.56	225.34
3	1.80	25.88	8.33	10.53	3.26	32.30	22.02	8.98	61.89	292.55	87.90
4	2.33	29.24	5.75	10.32	3.35	62.79	24.68	37.44	136.34	252.34	84.90
5	1.37	15.56	5.85	5.88	1.79	31.89	20.19	9.22	94.56	177.68	81.56
6	2.75	18.22	8.75	6.75	2.93	27.92	21.16	9.45	100.34	176.45	112.49
7	3.14	12.34	7.23	4.12	2.00	32.68	18.72	81.22	86.78	148.34	118.47
8	0.95	12.55	5.31	4.33	3.14	21.65	6.54	9.05	84.12	112.99	41.58
9	1.33	16.34	6.42	5.61	2.73	16.15	9.48	4.56	83.22	102.30	82.70
10	1.50	19.55	7.74	6.84	2.45	26.77	15.81	10.22	134.78	213.44	127.58

```
;
run;
```

3.进行变量聚类分析

```
proc varclus outtree=safe; /*将谱系图数据输入 safe 数据集 */
var x1-x11;
run;
proc tree data=safe horizontal; /*绘制水平谱系图 */
run;
```

斜交主成分聚类分析

观测	10	Proportion	0
变量	11	Maxeigen	1

图9.10　例9.3的基本信息

结果包括四部分。第一部分是数据和选项汇总的基本信息，见图9.10。

1 个聚类的聚类汇总					
聚类	成员	聚类偏差	解释偏差	解释比例	第二特征值
1	11	11	5.368756	0.4881	2.1845

解释的总偏差 = 5.368756 比例 = 0.4881

图9.11　例9.3的第一部聚类结果

第二部分是聚类情况，见图9.11。第一步变量聚类将全部变量分为一类，其分类对方差的解释能力为5.368756，贡献率为0.4881，第二特征值为2.1845。

2 个聚类的聚类汇总					
聚类	成员	聚类偏差	解释偏差	解释比例	第二特征值
1	5	5	3.037888	0.6076	1.3598
2	6	6	3.801575	0.6336	1.0409

解释的总偏差 = 6.839463 比例 = 0.6218

2 Clusters		R 方		
聚类	变量	自己的聚类	下一个最近的	1-R**2 比率
聚类 1	x1	0.5815	0.2428	0.5527
	x8	0.2133	0.0169	0.8002
	x9	0.7243	0.1604	0.3283
	x10	0.6355	0.3656	0.5745
	x11	0.8832	0.1442	0.1364
聚类 2	x2	0.9284	0.2517	0.0957
	x3	0.2603	0.1280	0.8482
	x4	0.9131	0.1593	0.1034
	x5	0.2758	0.0216	0.7403
	x6	0.6867	0.4474	0.5669
	x7	0.7373	0.3354	0.3953

图9.12　例9.3的第二步聚类结果

第二步的变量聚类将全部变量分为两类，其中变量$x_2 \sim x_7$为一类，剩下的为第二类，见图9.12。第二步聚类结果给出了聚类汇总表、R^2统计表、标准化评分系数、类结构表和类的相关系数表，因为不是最终结果，此处不一一列举。

第三步的变量聚类分析将变量分为三类，结果也给出了聚类汇总表、相关统计量、标准回归系数、类结构表和类的相关系数表等信息。

3 Clusters		R 方		
聚类	变量	自己的聚类	下一个最近的	1-R**2比率
聚类 1	x9	0.8691	0.1759	0.1589
	x10	0.8012	0.3781	0.3196
	x11	0.8797	0.3138	0.1753
聚类 2	x2	0.9493	0.2946	0.0719
	x4	0.9194	0.1990	0.1007
	x5	0.2902	0.0126	0.7188
	x6	0.7501	0.3466	0.3824
	x7	0.6888	0.4454	0.5611
聚类 3	x1	0.9296	0.2541	0.0943
	x3	0.3937	0.1569	0.7191
	x8	0.6300	0.0246	0.3793

图9.13　例9.3第三步聚类的分类结果

R^2统计表给出了相关分类的统计情况，从图9.13中可以看到最后的分类情况为：

第一类（聚类3）：变量x1，x3和x8；

第二类（聚类2）：变量x2，x4，x5，x6和x7；

第三类（聚类1）：变量x9，x10和x11。

聚类	标准化评分系数		
	1	2	3
x1	0.000000	0.000000	0.493587
x2	0.000000	0.270806	0.000000
x3	0.000000	0.000000	0.321227
x4	0.000000	0.266507	0.000000
x5	0.000000	0.149735	0.000000
x6	0.000000	0.240735	0.000000
x7	0.000000	0.230681	0.000000
x8	0.000000	0.000000	0.406341
x9	0.365578	0.000000	0.000000
x10	0.351018	0.000000	0.000000
x11	0.367813	0.000000	0.000000

图9.14　例9.3第三步聚类的标准化评分系数结果

标准化评分系数表给出了标准化的变量预测分类结果的系数，见图9.14。

聚类结构			
聚类	1	2	3
x1	0.504108	0.444637	0.964174
x2	0.542809	0.974298	0.273982
x3	0.256004	0.396160	0.627484
x4	0.446150	0.958833	0.228734
x5	-.112135	0.538714	-.077666
x6	0.588752	0.866109	0.499033
x7	0.448753	0.829939	0.667376
x8	0.156985	0.125234	0.793746
x9	0.932248	0.419441	0.266678
x10	0.895117	0.614898	0.260118
x11	0.937945	0.340338	0.560198

图9.15 例9.3第三步聚类各类主成分相关系数结果

聚类结构表给出了每个变量与各类主成分的相关系数，见图9.15。

内部聚类相关			
聚类	1	2	3
1	1.00000	0.49436	0.39485
2	0.49436	1.00000	0.39761
3	0.39485	0.39761	1.00000

图9.16 例9.3第三步聚类各类之间的相关系数

各聚类相关系数表给出了各类之间的相关系数，见图9.16。

聚类数	由聚类解释的总偏差	由聚类解释的偏差比例	由聚类解释的最小比例	聚类中的最大第二特征值	变量的最小R方	变量的最大1-R**2比
1	5.368756	0.4881	0.4881	2.184477	0.0523	
2	6.839463	0.6218	0.6076	1.359838	0.2133	0.8482
3	8.101235	0.7365	0.6511	0.995013	0.2902	0.7191

图9.17 例9.3第三步聚类各聚类的效果评价参数

聚类分析的评价表给出了每一步聚类的效果评价参数，分别为聚类数、各类总的方差解释量、各类方差贡献率、各类解释方差的最小比例、各类最大第二特征值、各类最小R^2和各类最大$1-R^2$比。

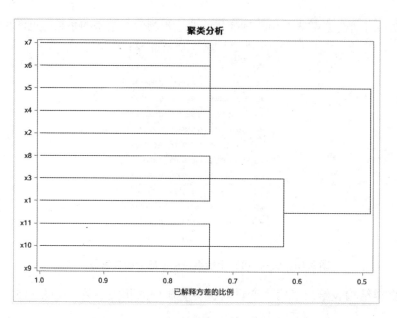

图9.18 例9.3的聚类分析谱系图

结果最后给出了聚类分析的谱系图，见图9.18，这里不再赘述。

✎ 课后练习：

1.聚类分析的基本思想是什么？

2.聚类分析与主成分分析有什么异同？

3.系统聚类与变量聚类有什么不同？

第三节 生存分析

一、生存分析

1.生存分析

生存分析是对一定生存期内的指标进行统计分析的方法，和以往介绍的方法都不同，生存分析不仅考虑了结局，还兼顾了结局发生的时间。在研究安全科学相关资料时，我们多是关心是否发生了事故，但事件发生的时间也同样值得我们关注。比如两组存在事故频发倾向的企业进行比较，在观察时间较长的情况下，可能研究对象的结局都是因不安全行为而导致事故，这时如果仅看结局的状态，就没有什么意义了，只有结合结局发生的时间考虑，才能更好地揭示事故的真相。生存分析还有个优点，就是能解决在跟踪调查研究中，经常会出现被调查对象失访的问题，之前介绍的研究方法对这类观测的数据只能剔除，而生存分析则可利用失访对象的不完整的信息，因为这些信息至少表明该对象在这个失访时间点之前没有发生结局事件时的情况。

生存分析中所指的生存时间（survival time）并不一定是某研究对象活着的时间，而是更广义地指从某事件发生到某事件终止的时间跨度。比如从出现事故隐患到发生事故、从接触某危险因素到受伤、从接触职业危害到诊断为职业病等，都可以称为生存时间，我们把某事件发生称为终止事件或结局事件（failure event）。进行生产分析时将失访的数据称为截尾数据（censored data），也称删失数据。截尾数据产生的原因也不一定是失访，也可能是研究结束时某研究对象仍未出现终止事件，或由于别的非研究因素原因出现了终止事件等。由于生存时间的分布多为偏态，因此生存分析中用中位生存时间而不是用平均生存时间来描述生存状况。生存分析中的另一个重要概念是风险比（hazard ratio，HR），类似logistic回归中的OR值，同时也体现了相对危险度的概念，表示暴露于某因素与不暴露于某因素的终止事件发生风险的比，如果HR>1，则表示暴露于某因素下发生终止事件的风险高，即该因素是一个对终止事件发生起到促进作用的因素或者称其为危险因素；如果HR<1，表示暴露于某因素下发生终止事件的风险低，即该因素是一个对终止事件发生起阻碍作用的因素。

生存分析主要对生存过程进行描述，也可以比较生存曲线或者分析影响生存状况的因素。

对生存过程的描述主要是估计中位生存时间，根据生存时间和生存结局的数据估计平均存活时间及生存率，绘制生存曲线，根据生存曲线分析其生存特点等。生存曲线一般采用Kaplan-Meier法绘制（K-M曲线），主要有三种，分别是S图、LS图和LLS图。S图是以生存时间为横坐标，各时间点的生存率为纵坐标的曲线；LS图是以各时间点生存率的对数为纵坐标，以时间为横坐标绘制的生存分析图；LLS图是以各时间点生存率的对数为纵坐标，以时间的对数为横坐标绘制的生存分析图。LS图和LLS图一般不作为结果展示，但可以帮助我们选择分析结果。K-M生存曲线呈阶梯形，随着生存时间的延续，曲线呈下降趋势。如果曲线阶梯陡峭，下降速度快，往往生存期较短。

生存过程的比较一般采用K-M曲线，常用的生存曲线组间比较的检验方法有Log-rank检验、Wilcoxon检验和似然比检验。这三种检验方法的结果有时会不一致，当它们的结果差别较大时，可参考S图、LS图和LLS图进行判断：当S图中的曲线有交叉时，Wilcoxon检验效率高；LS图中曲线近似为直线时，似然比检验效率高；当LLS图中曲线近似为直线时，Log-rank检验效率较高。Log-rank检验主要反映了远期的生存情况，而Wilcoxon检验主要反映了近期的生存情况，所以如果检验结果log-rank检验有意义而Wilcoxon检验无意义，表明远期的生存差异较大，近期生存差别不大；反之则表明近期生存差别较大，远期生存差异不大；如果两种检验都有意义，则表明近期和远期的差异均较大。

一般通过生存分析模型来探讨影响生存状况的因素，通常以生存时间和结局作为因变量（比如安全事故），而将可能的影响因素作为自变量，比如企业规模、安全教育程度、安全投入、安全检查等。通过拟合生存分析模型，筛选具有统计学意义的影响生存状况的因素，一般用Cox回归分析来实现。

生存分析的基本方法包括参数法、非参数法和半参数法三种，其中参数法要求生存函数符合特定的分布，例如指数分布、对数分布等，对数据分布要求较高，这里不做介绍。非参数法不受生产函数分布的限制，可用于对生存函数的比较、参数估计、分析危险因素对生存函数的影响等，但是无法建立定量模型。半参数法无须事先假定生存函数的分布，而是通过一个定量模型来描述时间函数的变化规律，并定量分析危险因素对时间函数的影响，主要通过Cox回归来实现。

2. Cox 回归

由于生存数据中包含删失数据，用一般的回归分析难以解决这一问题，这时需要用到风险函数。假设风险函数是t时刻存活的个体在t时刻的瞬时死亡风险，记为$h(t)$，其描述了某个体的瞬时死亡风险随时间变化的情况。不同特征的人群在不同时刻的风险率函数不同，通常将风险率函数表达为基准风险率函数与相应协变量函数的乘积：

$$h(t,x) = h_0(t)f(x) \tag{9-3}$$

其中$h(t，x)$表示t时刻的风险率函数；$h_0(t)$表示t时刻的基准风险率函数。1972年英国生物统计学家D.R Cox提出在基准风险率函数未知的情况下估计模型参数的方法，该估计方法被称为Cox比例风险回归模型，其基本形式为：

$$\ln[h(t,x)/h_0(t)] = \beta_1 x_1 + \beta_2 x_2 + ... + \beta_p x_p \tag{9-4}$$

模型右边的形式与logistic回归十分相似，只是没有截距项。回归系数β_i仍表示每改变一个单位，$\ln[h(t,x)/h_0(t)]$的变化量。如果两边取指数，则左边变为$h(t,x)/h_0(t)$，右边变为$EXP(\beta_i)$，表示与x_i不发生相比，x_i的结局事件发生风险的大小。

Cox比例风险模型的使用条件是等比例风险（proportional hazards），其表示某因素对生存的影响在任何时间都是相同的，不随时间的变化而变化，即$h(t,x)/h_0(t)$不随时间变化而变化。常用的验证等比例风险的方法有三种：第一种是图示法，绘制该因素在不同状态下的生存曲线图，如果生存曲线不交叉，表明等比例风险成立，否则提示等比例风险不成立；第二种是在模型中增加该变量与时间的交互作用项，如果交互作用项有统计学意义，则表明该变量在不同时间的作用不同，也就是说不满足等比例风险假设；第三种是利用Schoenfeld残差，如果Schoenfeld残差随时间t无明显的变化趋势，即Schoenfeld残差与时间t无关，则提示符合等比例风险假设。

Cox比例风险模型的分析思路与logistic回归相同，也可以从简单的单因素分析开始，探索各自变量分别与因变量的关系，并观察各自变量是否满足等比例风险假定。然后通过多因素分析求得参数估计，对模型进行评价，得到拟合效果。Cox模型可通过deviance残差、得分残差等对影响模型拟合优度的观测进行检查。Deviance残差如果大于0，就表示预测结局发生的时间比实际结局发生的时间少，即风险率会被高估；如果deviance残差小于0，则表示预测结局发生的时间比实际结局发生的时间长，即风险率会被低估。

得分残差显示了删除某个观测后模型中系数变化的大小，变化越大，表示该观测对模型的影响越大。如果模型中残差较大的观测有很多，表示模型拟合可能有问题。

二、生存分析的 SAS 程序

生存分析的非参数法和过程描述主要通过 proc lifetest 实现，半参数法主要通过 proc phreg 实现。

1. Proc lifetest 过程

生存过程的描述和比较可用 proc lifetest 过程实现，该过程的常用语句包括：

proc lifetest 选项；

time 生存时间*生存状态（截尾值列表）；/*定义生存时间和截尾指示变量，应为非结局值（如死亡（1）和存活（0），则括号中应为存活的赋值0）。默认情况下失效事件用0来表示，截尾事件用1来表示*/

strata 分组变量列表；/*定义生存分析过程中生存率比较的分组变量*/

test 变量；/*定义生存分析过程中需检验的变量，即分析生存时间与该变量是否有关*/

freq 变量；

by 变量；

run；

Proc lifetest 过程后的常用选项包括：

method=方法名：指定生存函数参数估计的方法，其中可以设置的方法包括 pl（乘积极限法或 Kaplan-Meier 法，默认选项）、lt（寿命表法）；

plots=绘图类型：为生存分析绘制相关的图形。可以绘制的图形包括 s、ls、lls、h（横坐标为生存时间、纵坐标为 h(t)）图；

missing：规定当数据中存在缺失数据时仍然为有效观测；

censoredsymbol=：指定截尾值的标记符号。默认截尾值用圆圈表示，none 为不显示截尾值的符号。

2. proc phreg 过程

Cox 比例风险模型可通过 proc phreg 命令实现。该命令的常用语句有：

proc phreg 选项；

model 生存时间 * 生存状态（截尾值列表）= 分析变量 选项；

output out= 数据集名 关键字 1= 名称 1　　关键字 2= 名称 2……/*输出一些模型不主动输出而又比较重要的指标，如生存函数预测值、用于模型评价的各种残差等 */

freq 变量；

by 变量；

run；

Model 语句后常用的选项包括：

ties= 方法名：指定估计生存率所使用的方法，其中可以设置的方法包括 breslow（breslow 的近似似然估计，默认选项）、discrete（方法使用离散 logistic 模型替代比例风险模型）、efron（使用 efron 的近似似然）、exact（在比例危险假定下，计算与所有失效事件发生具有相同值的删失时间或较大值时间之前的精确条件概率）；

entrytime= 变量名：指定一个替代左截断时间的变量名；

selection= 方法名，指定模型拟合中变量选择的方法，可以设置的选项包括 forward（或 f）（前向选择法）：stepwise（逐步选择法）；score（最优子集选择法）；

corrb：计算拟合的模型系数的相关系数矩阵；

covb：计算拟合的模型系数的协方差矩阵；

slentry=：变量选择方法为 forward 或 stepwise 时，用来指定变量入选标准，默认值为 0.05；

slstay=：变量选择方法为 backward 或 stepwise 时，用来指定变量剔除标准，默认值为 0.05；

risklimits：输出死亡风险比 hr 及其 95% 置信区间。

Output 语句后常用的关键字包括：

survival：生存函数的估计值，可利用 proc gplot 命令绘制其与 £ 的关系图，输出预测的生存曲线图；

ressch：输出 schoenfeld 残差，并可利用 proc gplot 绘图命令绘制其与 t 的关系图，判断等比例风险假设；

resdev：输出 deviance 残差，如果某观测的 deviance 残差绝对值大于 2，则需要检查一下该观测是否存在问题；

ressco：输出得分残差，得分残差主要用于识别模型中具有较大影响的观测，如果得分残差较大，表明该观测对模型的影响较大。

三、非参数法生存分析

例9.4

某安全监督部门收集了辖区内两组易发生安全生产事故并已进行整改的企业的随访资料，一组为年均查处事故隐患数>1 次的，共18家，一组为年均查处事故隐患数≤1 次的，共18家。该监督部门收集了两组企业直至再次发生事故的状态（生存状态）以及时间（生存时间，月），欲分析两组企业发生事故后的情况是否有差异。其中分组1表示年均查处事故隐患数≤1 次，2表示年均查处事故隐患数>1 次；状态0表示失访或未再次发生事故，1表示再次发生事故，见表9.4。对两组企业未发生事故时间的情况进行比较。

表9.4 两组企业的汇总

组别	状态	时间（月）	组别	状态	时间（月）
1	0	35.80	2	0	26.34
1	0	32.65	2	0	21.90
1	0	27.54	2	0	21.33
1	0	26.34	2	0	18.21
1	0	25.89	2	0	17.79
1	1	16.00	2	1	14.90
1	0	17.45	2	0	13.89
1	1	13.49	2	1	10.24
1	1	13.28	2	1	7.58
1	0	9.54	2	1	6.78

组别	状态	时间（月）	组别	状态	时间（月）
1	1	8.67	2	1	6.78
1	0	8.00	2	0	6.34
1	1	7.34	2	1	5.29
1	1	4.22	2	1	5.00
1	1	3.78	2	1	4.90
1	0	3.56	2	1	3.25
1	1	2.22	2	1	3.11
1	1	2.10	2	1	2.99

1.确定分析方法

本例要求对两组企业未发生事故时间的情况进行比较，所以采用生存分析来实现。

2.创建数据集

根据数据表格，用变量group表示组别，group=1表示年均查处事故隐患数≤1次组，group=2表示年均查处事故隐患数>1次组；变量status表示状态，status=0表示失访或未再次发生事故，status=1表示再次发生事故；变量time表示一次事故到再次发生事故的时间。

data;

input group status time @@;

cards;

1	0	35.80	2	0	26.34
1	0	32.65	2	0	21.90
1	0	27.54	2	0	21.33
1	0	26.34	2	0	18.21
1	0	25.89	2	0	17.79
1	1	16.00	2	1	14.90
1	0	17.45	2	0	13.89
1	1	13.49	2	1	10.24

1	1	13.28	2	1	7.58
1	0	9.54	2	1	6.78
1	1	8.67	2	1	6.78
1	0	8.00	2	0	6.34
1	1	7.34	2	1	5.29
1	1	4.22	2	1	5.00
1	1	3.78	2	1	4.90
1	0	3.56	2	1	3.25
1	1	2.22	2	1	3.11
1	1	2.10	2	1	2.99

;

run;

3.进行生存分析

此处选用描述生存分析，采用proc lifetest过程。

proc lifetest plots=（s, ls, lls）; /*分别绘制S图、LS图和LLS图 */

time time*status（0）; /*本例中1表示出事故，0表示未出事故，因此status后面的括号中要写非结局状态0 */

strata group; /*本例只有分组一个因素，直接将其作为分层指标，列出每一层的生存过程描述 */

symbol1 line=1 color=black;

symbol2 line=2 color=black; /*symbol语句主要用于对生存曲线的修饰。生存曲线默认的是不同颜色的实线，symbol语句可实现线条的虚实。"line"选项指定不同程度的虚线，1表示实线，2~46表示不同形式的虚线。"color="指定线条的颜色。symbol1表示第一条曲线的设置，symbol2表示第二条曲线的设置 */

run;

图 9.19 第一组企业的生存过程

层 1: group = 1

乘积极限生存估计

time	生存	失效	生存标准误差	失效数目	剩余数目
0.0000	1.0000	0	0	0	19
2.1000				1	18
2.1000	0.8947	0.1053	0.0704	2	17
2.2200	0.8421	0.1579	0.0837	3	16
3.5600	*	.	.	3	15
3.7800	0.7860	0.2140	0.0951	4	14
4.2200	0.7298	0.2702	0.1035	5	13
7.3400	0.6737	0.3263	0.1097	6	12
8.0000	*	.	.	6	11
8.6700	0.6124	0.3876	0.1156	7	10
9.5400	*	.	.	7	9
13.2800	0.5444	0.4556	0.1211	8	8
13.4900	0.4763	0.5237	0.1236	9	7
16.0000	0.4083	0.5917	0.1233	10	6
17.4500	*	.	.	10	5
25.8900	*	.	.	10	4
26.3400	*	.	.	10	3
27.5400	*	.	.	10	2
32.6500	*	.	.	10	1
35.8000	*	.	.	10	0

Note: The marked survival times are censored observations.

图 9.19 第一组企业的生存过程

结果主要有五部分。第一部分给出了第一组（group=1）企业的生存过程，见图 9.19。结果显示了不同的生存时间（time）的生存率（生存）、结局事件发生率（失效）、生存率标准误、结局事件发生数（失效数目）、剩余企业数（剩余数目）。带 * 号标记的是对删失数据的观测。

时间变量"time"的汇总统计量

四分位数估计

百分比	点估计	变换	95% 置信区间 下限	95% 置信区间 上限
75	.	LOGLOG	13.4900	.
50	13.4900	LOGLOG	4.2200	.
25	4.2200	LOGLOG	2.1000	13.2800

图 9.20 第一组企业的四分位生存时间

图 9.20 给出了第一组企业的四分位生存时间，重点关注中位生存时间为 13.49 个月，也就是说，在第 13.49 个月的时候，50% 的企业再次发生了安全

生产事故。

均值	标准误差
11.1732	1.3921

图9.21　第一组企业的生存时间的均数和标准差

图9.21给出了生存时间的均数（均值）和标准差（标准误差）分别为11.1732和1.3921，这两个指标在生存分析中一般不关注。

			四分位数估计	
			95% 置信区间	
百分比	点估计	变换	下限	上限
75	.	LOGLOG	7.5800	.
50	7.5800	LOGLOG	4.9000	.
25	4.9000	LOGLOG	2.9900	6.7800

图9.22　第二组企业的四分位生存时间

第二部分给出了第二组企业（group=2）的上述分析结果（不再全部列出）。通过比较可以发现，第二组企业中位生存时间为7.58个月，详见图9.22，比第一组企业的中位生存时间短。

		删失值和未删失值个数汇总			
层	group	合计	失效	删失	删失百分比
1	1	19	10	9	47.37
2	2	19	12	7	36.84
合计		38	22	16	42.11

图9.23　两组企业的失效和删失情况

第三部分图9.23显示了两组的结局发生企业数（失效）、截尾企业数（删失）及截尾比例（删失百分比）。

	秩统计量	
group	对数秩	Wilcoxon
1	-1.3715	-34.000
2	1.3715	34.000

	对数秩统计量的协方差矩阵	
group	1	2
1	5.40633	-5.40633
2	-5.40633	5.40633

图9.24a　两组企业生存曲线比较的假设检验和一致性检验结果

Wilcoxon 统计量的协方差矩阵		
group	1	2
1	3979.17	-3979.17
2	-3979.17	3979.17

层间等效检验			
检验	卡方	自由度	Pr > 卡方
对数秩	0.3479	1	0.5553
Wilcoxon	0.2905	1	0.5899
-2Log(LR)	1.0933	1	0.2957

图9.24b　两组企业生存曲线比较的假设检验和一致性检验结果

第四部分是对两条生存曲线比较的假设检验结果，分别给出了Log-rank对数秩统计量、Wilcoxon秩统计量、两种秩统计量的协方差矩阵以及层间一致性检验（层间等级检验）。从图9.24可以看出，三种检验均提示两条生存曲线差异无统计学意义（p=0.5553、0.5899和0.2957），表明两组企业的生存差异无统计学意义。当三种检验结果不一致时，就需要以生存曲线来进行判断。LS图为一条从原点出发的直线时，似然比检验效率较高，LLS生存曲线近似为直线时，Log-rank检验比较常用，S图有交叉时，采用Wilcoxon检验效率高。

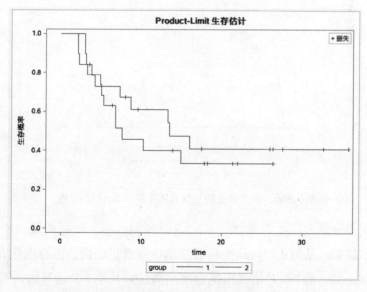

图9.25a　两组企业的生存曲线（S，LS，LLS）图

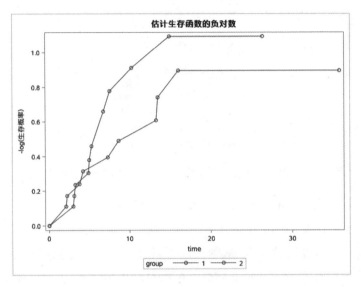

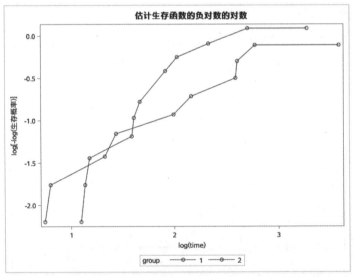

图9.25b　两组企业的生存曲线（S，LS，LLS）图

第五部分给出了生存曲线 S 图、LS 图和 LLS 图，生存曲线图中的圆圈表示截尾数据，见图9.25。从生存曲线图可以看出，两条生存曲线在第7个月以前有交叉。前7个月第二组生存率略高，而从第7个月开始，第一组的生存率高于第二组。由于结果有交叉，因此上述检验中 Wilcoxon 检验的结

果更为可靠。生存曲线图还显示，早期两组的差异和远期两组的差异都差不多（Wilcoxon检验结果主要反映了生存曲线早期或近期的差异情况，Log-rank检验结果主要反映生存曲线晚期或远期的差异情况），Log-rank检验与Wilcoxon检验结果大致相同也表明两组早期和远期都有一定差异，只是差异无统计学意义。LS图显示，第一组可以近似为一条直线，而第二组明显不是直线，提示本例采用似然比检验可能效率不高。LLS图显示，两条曲线并不平行，且第二组也不是直线，提示Log-rank检验效率可能也不是很高。

4.给出结论

上述结果表明，年均查处事故隐患数>1的企业的中位生存时间为7.58个月，年均查处事故隐患数≤1的企业的中位生存时间为13.49个月，但两组的生存曲线的差异并无统计学意义，所以从本例来看年均查处隐患数和事故后企业再次发生事故的时间长短没有关系。

四、半参数法生存分析（Cox 回归）

例9.5

为调查两种控制吸烟的方法是否有差异，对30家吸烟火险严重的企业进行了跟踪调查和信息收集，吸烟情况中0代表无吸烟，1代表有吸烟，发生火灾自动报警器报警情况时0为未报警，1为报警，天数中带"+"号的为删失数据，即直至跟踪调查结束也没有发生因吸烟导致的火灾报警（见表9.5）。试利用Cox回归比较两组控烟办法是否有显著差异。

表9.5　两组控烟方法控制火灾报警的情况

控烟方法 1			控烟方法 2		
有无吸烟	时间（天）	发生火灾报警	有无吸烟	时间（天）	发生火灾报警
1	99	0	1	87	0
0	155+	0	1	89	1
0	88	1	1	169	1
1	137	0	1	55+	0
0	305	0	1	90	1
1	169	1	1	123	0

续 表

控烟方法 1			控烟方法 2		
有无吸烟	时间（天）	发生火灾报警	有无吸烟	时间（天）	发生火灾报警
0	199	0	1	78	0
0	204	0	1	106+	0
1	98	0	0	157	1
1	376	1	0	288+	0
0	156+	0	0	97	0
1	57	0	1	88	1
0	268	1	1	125+	0
1	100+	0	0	120	0
1	150	1	1	60	1

1.确定分析方法

本例要求用 Cox 生存分析对两组企业发生火灾报警的时间进行比较。

2.创建数据集

根据数据表格，用变量 group 表示控烟方法组别，group=1 为控烟方法 1，group=2 代表控烟方法 2；变量 smoke 表示有无吸烟状态，smoke=0 代表无吸烟，smoke=1 代表有吸烟；变量 time 表示生存时间，变量 status 代表是否发生火灾报警，status=0 代表未发生火灾报警或删失，status=1 代表发生火灾报警。

```
data;
input group smoke time status @@;
cards;
1 1 99    0    2 1    87     0
1 0 155   0    2 1    89     1
1 0 88    1    2 1    169    1
1 1 137   0    2 0    55     0
1 0 305   0    2 1    90     1
1 1 169   1    2 1    123    0
```

1 0	199	0	2 1	78	0
1 0	204	0	2 1	106	0
1 1	98	0	2 0	157	1
1 1	376	1	2 0	288	0
1 0	156	0	2 0	97	0
1 1	57	0	2 1	88	1
1 0	268	1	2 1	125	0
1 1	100	0	2 0	120	0
1 1	150	1	2 1	60	1

;

run;

3.进行单因素生存分析

首先通过单因素分析初步探索各变量对进展的影响，并对等比例风险假设进行验证。单因素分析既可以用Kaplan-Meier法分别对每个因素进行分析，也可直接用Cox比例风险模型对各因素分别做单因素分析，这里采用Kaplan-Meier法。

/*对group进行单因素分析*/

proc lifetest plots=（lls）censoredsymbol=none;/*plots=（s）要求绘制生存曲线，censoredsymbol=none表示生存曲线无截尾符号*/

time time*status（0）;　/*status后括号中的数值为表示截尾的0*/

strata group;

symbol1 line=1 c=black;/*线条1设置为实线，颜色黑色*/

symbol2 line=2 c=black;/*线条2设置为虚线，颜色黑色*/

run;

/*对smoke进行单因素分析*/

proc lifetest plots=（s）censoredsymbol=none;

time time* status（0）;

strata smoke;

run;

层间等效检验			
检验	卡方	自由度	Pr > 卡方
对数秩	2.8036	1	0.0941
Wilcoxon	2.9762	1	0.0845
-2Log(LR)	0.9002	1	0.3427

图9.26　group 两组的层间一致性结果

层间等效检验			
检验	卡方	自由度	Pr > 卡方
对数秩	2.7824	1	0.0953
Wilcoxon	2.1754	1	0.1402
-2Log(LR)	2.1114	1	0.1462

图9.27　smoke 两组的层间一致性结果

这里可以直接看各因素的层间一致性检验结果。图9.26、图9.27显示，grap两组和吸烟两组的生存曲线差异均无统计学意义，三种检验结果一致（P>0.05）。

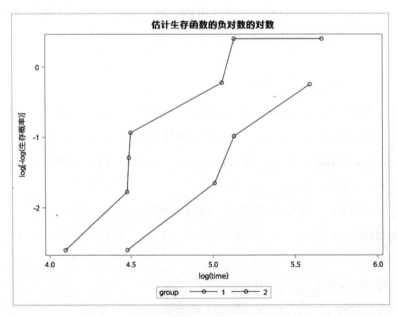

图9.28a　group 两组和 smoke 两组的 LLS 曲线

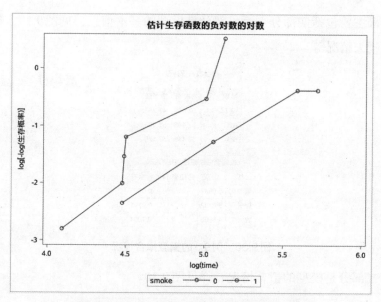

图9.28b group两组和smoke两组的LLS曲线

从图9.28单因素分析结果的LLS曲线可以看出，group和smoke的LLS生存曲线无交叉现象，可以认为符合比例风险假定条件，可以采用Cox比例风险模型进行拟合。

4.进行多因素分析

proc phreg;

model time* status（0）=group smoke/risklimits; /*risklimits选项要求输出风险比HR及其95%置信区间 */

run;

模型信息	
数据集	WORK.DATA39
因变量	time
删失变量	status
删失值	0
结值处理	BRESLOW

读取的观测数	30
使用的观测数	30

事件和删失值个数汇总			
合计	事件	删失	删失百分比
30	11	19	63.33

图9.29 例9.5的模型基本信息

结果主要包括四部分。第一部分是模型的基本信息，见图9.29，包括观测数、删失情况等。

模型拟合统计量		
准则	无协变量	带协变量
-2 LOG L	52.448	47.383
AIC	52.448	51.383
SBC	52.448	52.179

检验全局原假设: BETA=0			
检验	卡方	自由度	Pr > 卡方
似然比	5.0647	2	0.0795
评分	5.0732	2	0.0791
Wald	4.5966	2	0.1004

图9.30　例9.5的模型拟合情况

第二部分是模型的拟合情况，详见图9.30。

最大似然估计分析								
参数	自由度	参数估计	标准误差	卡方	Pr > 卡方	危险率	95% 危险率置信限	
group	1	1.01113	0.66690	2.2988	0.1295	2.749	0.744	10.158
smoke	1	1.09066	0.72303	2.2754	0.1314	2.976	0.721	12.277

图9.31　例9.5的模型参数估计

第三部分是模型的参数估计，见图9.31。结果显示，group 和 smoke 的影响均无统计学意义（P=0.1295和0.1314）

5.给出结论

本例研究采用Cox比例风险模型分析，结果表明，该企业两种控烟方法对是否会因吸烟造成火灾报警无统计学意义。

课后练习：

1.生存分析的基本思想是什么？

2.半参数生存分析和参数生存分析各适用于什么数据？

3.Cox回归有什么优势？

参考文献

[1] 冯国双，罗凤基. 医学案例统计分析与 SAS 应用 [M]. 北京：北京大学医学出版社，2015.

[2] 胡良平. SAS 常用统计分析教程 [M]. 北京：中国工信出版社，电子工业出版社，2015.

[3] 朱世武. SAS 编程技术教程 [M]. 北京：清华大学出版社，2013.

[4] 高惠璇. 实用统计方法与 SAS 系统 [M]. 北京：北京大学出版社，2001.

[5] 巫银良. SAS 技术内幕——从程序员到数据科学家 [M]. 北京：清华大学出版社，2018.

[6] 李晓松，陈峰，郝元涛等. 卫生统计学 [M]. 北京：人民卫生出版社，2017.

[7] 姚鑫锋，王薇. SAS 统计分析实用宝典 [M]. 北京：清华大学出版社，2013.